丛书编委会

学习素养

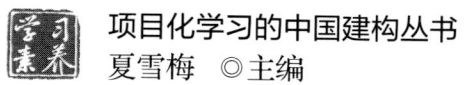

项目化学习的中国建构丛书

夏雪梅 ◎主编

PBL

Chongxin Dingyi Xuexi:

Xiangmuhua Xuexi 15 Li

重新定义学习：

项目化学习15例

浙江省教育厅教研室　组织编写

主　　编：张　丰

副 主 编：管光海　何珊云　刘　徽

教育科学出版社

·北　京·

推荐序

让素养在中国的课堂上真实地生长

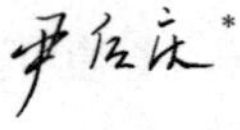*

当前，我国基础教育课程改革正在进入一个新的历史阶段。我们已经提出了中国学生发展核心素养体系，并正在以学生发展核心素养为主线着力建设和完善基础教育课程体系。一系列新的理念和设计贯穿从普通高中到义务教育阶段的课程方案和课程标准的修订，这些理念和设计的落实需要整个教育系统所有人形成共识，共同学习在面向未来的教学体系中需要具备的各种能力。正因如此，我们的任务非常艰巨。假如我们都把自己认定为教育工作者——不管是实践者、研究者还是决策者——我们要共同献身于教育事业的话，哪怕这条道路再艰难，都得去走。

核心素养是个人在信息化、全球化、学习型社会，面对复杂的不确定的情境时，综合运用所学的知识、观念、方法，在解决实际问题时所表现出来的价值观、必备品格和关键能力。核心素养强调的关键是价值观，强调对真

* 国家督学，中国教育学会副会长，上海市教育学会会长。

实、复杂性问题的解决能力。

指向核心素养的教育变革是一个系统的变革。第一，我们需要以核心素养为指引提炼各学科的大观念、大概念，也就是要通过提炼各学科在培育学生核心素养中可能和应该做出的贡献，贯通从知识点走向学科育人目标的全程。第二，我们需要以核心素养为指引和依据来选择学习内容，也就是解决“学什么”的问题。在国家层面，反映为教材的编制；在学校和教师层面，表现为依据学情对教材进行校本化、生本化的探索。第三，我们需要设计保证核心素养目标得到落实的教学过程和教学方法，也就是解决“怎么学”的问题。要从“以知识为本”的教学转变为“以核心素养为本”的教学，从“以讲授为中心”的课堂转变为“以学习为中心”的课堂。第四，我们需要设计与核心素养培育的教学目标和方式相适应的评价标准和评价方法。评价将引导和促进教师在教学中坚持和坚守素养目标。

核心素养培育的落实不仅仅是教学内容的选择和变更，更是以学习方式和教学模式变革为保障的系统变革。要真正实现学习方式和教学模式的改变，需要深刻理解人是如何学习的，需要回归学习的本质，回归学习是对问题的探求。在这个过程中，学习者既能够对外部世界有深入的探求，又能够实现对自己精神家园的建构，这应该是学习的本意。因为学习不再只是把外部世界的知识装进脑袋里，而更应该是学习者在持续地自我发现问题和自主解决问题中，探索世界，认知自我，发展理性。

项目化学习是体现这种学习本质的方式之一。项目化学习要引导学生在真实情境中发现问题、解决问题，又在解决问题过程中去发现新问题，呵护和点燃学生的学习热情，引导学生探究并体验包括学科知识在内的外部世界，发展对学科以及外部世界的内在兴趣。项目化学习最重要的价值是对问题的持续不断的探求，这是学习的本质。探求的过程不仅仅是实现对外部世界的探索，而且要在对外部世界的探索中不断追问自己，不断形成自己的价值观念，不断形成自我的精神世界。这是需要我们在未来的学习中大力倡导的。

今天在我国的教育背景中探讨项目化学习，要立足于我们国家基础教育课程变革的整体环境。项目化学习的探讨和推进不是孤立的，而是要上联对立德树人的思考，下接对学生学习质量的追问，考虑学生的知识学习逻辑和项目逻辑之间的关系。

项目化学习是有思维含量和思维发展意义的学习。项目化学习要让学生透过问题的情境看到问题的本质，要在实际问题的探究和解决中，调动和激活相关的知识，形成可迁移的思维方式，并在项目的完成中实现对不同学科知识的深度理解。从这个意义上说，项目化学习是创造条件让学生不断迸发思维火花、产生精彩观念的过程。

项目化学习要让学生热情而有创意地生活。我们的孩子不能只是学科知识的复制者，而应该是有灵动生命的生活者。项目化学习真实性情境的特征联结了生命、学科和世界，赋予他们探究的双眼、具身的体验，促进他们更热情、更自由、更富有创造性地投入到对世界的探索中。

项目化学习要让学生感受到学习的意义。我们的老师经常会问一个问题：我花比较少的时间就可以把知识教给学生了，而让学生自己去探究需要花很长时间，那教学有效性体现在什么地方？我想，现有知识传授过程中的有效和无效上面，还应该有一项“意义”原则。所谓“意义”，就是人生活的目的，即谋求人与世界更好地相处。具体就是谋求完善自我，完善与他人及社会的关系，谋求人与自然的关系。这个意义是在所谓有效与无效之上的。更好地实现这个意义就是有效。当这个意义无法实现的时候，再多的用符号表达的知识记忆，其意义也是缺失的。项目化学习的过程和成果都应该让学生获得学习的意义。

在这样的学习中，教师的责任是什么？教师要在教学中创造鲜活的、智慧的、符合人的学习成长规律的生活，而不是把教学作为一套机械、僵化、背离人的学习和成长规律的操作程序。项目化学习是教师和学生合作展开有意义的探究的过程，在探究中表达并实现自己的思想和意义。

在复杂的、变动不羁的时代，教育有自己的使命、理想和追求。素养导向的教育变革是这个时代一项伟大而艰巨的使命，需要我们安静和专业地去对待。我相信，只要我们认准一个目标，脚踏实地地去做，目标就一定会实现。学习基础素养项目组6年来的研究和实践历程能够表明，长期扎根于学校课堂的实践和探索，始终致力于素养在课堂中的落地转化，最终是能开花结果的。我们高兴地看到，实践中正在涌现一批生动活泼地探索项目化学习的学校和教师，这是令人振奋的事情。我们需要更多的前行者和探索者，不畏艰辛，勇于思考，积极开拓，让这场静悄悄的变革、意义深远的变革在更多的课堂里生根、开花、结果。

项目化学习的中国建构需要什么？

夏雪梅

一

项目化学习的中国建构需要价值观作为灵魂

我们为什么需要项目化学习？

在第一本书《项目化学习设计：学习素养视角下的国际与本土实践》中，我们提出，项目化学习是为了心智的自由。

这两年来，全球范围内越来越多的不可测事件，促使我不断思考这个命题。心智的自由应该植根于对社会的责任。心智的自由不是放任个体的自由，每一个个体都在和他人的关系中生长，个体要对所处的共同体和自然界负责。今天的教育需要引导我们和我们的孩子思考如何用自己所学的知识创造更美好的世界。

诚信、尊重生命、独立的批判性思考、社会责任感、严谨的科学态度与精神不应该缺席。项目化学习对人的成长意义是在做事中学习，在做事中打

磨和升华自身的价值判断。项目化学习强调要让我们的学生关注真实的世界，不仅仅是为了让学生深度理解和掌握概念，或者锻炼思维能力，同时也是为了引导学生敬畏自然与生命，理解何为社会责任。

在传统的教学中，大量琐碎的知识和机械重复的学习往往无法让学生理解何为对现实的关怀和天下兴亡、匹夫有责的情怀，只抓住细节的点点滴滴不能让学生有大的图景，看到不同的细节和事件背后的相互关联，形成牵一发而动全身的理解。竞争性学习很难让学生体会到共同体的社群价值，理解“我”“你”“他”作为地球公民之间不可分割的关系。

我们需要怀有对自然、对生命、对科学的敬畏之心。

从“全国项目化学习案例平台”几年来收集到的 6000 多份国内项目化学习案例来看，有将近 70% 的案例是在探讨与自我和日常生活、学科知识有关的话题，而较少在日常现象中体现更为深切的社会关怀主题。我们对国际上经典的项目化学习案例进行分析后发现，这些案例往往带有强烈的社会关怀，指向人类普遍关注的重大社会性、科学性议题，如生态环保、太空探索、文化保护等。有研究者通过对美国和中国的 STEM[①] 项目的对比研究也得出了类似的结论。68.75% 的美国 STEM 课程在构建情境时能够结合社会、自然环境等方面的问题或挑战。相比之下，国内能够体现这一评估细则的课程样本仅占 38.46%。（闫寒冰 等，2020）

那么，如何在项目化学习中对学生的价值观进行引导？这并不是停留于空洞的口号或说教，而是要让学生对人类面临的真实问题有“切肤之痛”，产生“关联之感”，使学生主动地、持续地卷入项目探索。在大多数疫情主题的项目中，我们很遗憾地看到，很多学校对疫情主题的学习是一次性的，知识的介入是一次性的，完成的成果也是一次性的。比如，做一个口罩，完成消毒剂的制作，根据各地疫情数据绘制曲线图，将疫情作为项目背景。但是我们是否反思过，做这样的项目的目的是什么？为什么要做口罩，对学生的价值在哪里？又如，对垃圾的处理，如果只对垃圾进行简单改造，将废旧报纸做成手拎包，那这些就只是“花边项目”，并未触及价值观的灵魂。在国际上

① STEM 是 Science（科学）、Technology（技术）、Engineering（工程）、Mathematics（数学）的缩写。

经典的垃圾主题项目中，前端会加上对垃圾来源的考察，链接“我”作为垃圾源，让学生直观地收集一周的垃圾，中期加入对不同类型垃圾的产生原因和处理方式的探索，预测不同类型垃圾的降解时间，后端会让学生生成与垃圾处理相关的经济、商业设计，由此让学生产生“没有任何垃圾是垃圾”的深度理解。这样的项目历程更加上位、开阔和深邃，对学生的价值观引导、情感和思维培育的价值会更大。

一个好的项目不仅需要还原真实世界的本质面貌，更应该具有开阔学生眼界、提升学生格局的立意。项目化学习的中国建构需要有深切的社会关怀，为学生打开面向世界和面向未来的窗口。我们需要抬起头来，仰望星空，从个人扩大到全球、浩渺的宇宙，以人类普遍面临的困境、机遇与挑战为项目契机，塑造自由的灵魂。

二

项目化学习的中国建构要基于理智传统，海纳百川，和而不同

项目化学习的中国建构需要长远而广阔的理智视野。我们需要承认，项目化学习是有其理智传统的，如果不认可、不理解其理智传承中的精髓，实践会变成对历史中走过的弯路的简单重复。项目化学习在西方有着悠久的历史和复杂的来源。最早的一条历史脉络可以追溯至16世纪，以建筑师、画家和雕刻家为代表，他们认为自己的职业与传统的石匠和工匠不同，是有艺术性的，需要科学和艺术的理论知识与长期训练，不仅仅通过口耳相传。所有有志于进入这一行业的学生都要接受“设计的挑战”（design challenges），形成的作品被称为progetti（project），即为今天项目化学习的原型。progetti需要满足五大标准，即今天巴克教育研究所的项目化学习黄金准则的雏形。

（1）挑战性问题，围绕这个问题展开积极的问题解决，而不仅仅是聆听、理解、整合、再现。

（2）真实性，progetti反映艺术家、建筑师的真实期望和工作经历。

（3）为了回应教师提出的真实性问题，学生需要发声和抉择，从而提出

解决方案和模型。在此过程中可能产生多种答案。

（4）产生公开的产品。“产品”一词来源于拉丁文“producer”，意思是“to bring forth”，产品是创造力的外在表现，让学习变得可见。

（5）一旦学习变得可见，那么他人将能够参与讨论，给予反馈，参与批评和帮助改善，作者自身也能形成反思。

近代的项目化学习又融入了杜威“做中学”的科学探究原型，以及医学教育中的基于问题的学习（Problem-Based Learning）的特征，强调在真实问题中运用科学思维和方法进行持续探究。这就使得今天主流的项目化学习带有强烈的设计导向和科学探究意味，体现为映射学科或跨学科的核心概念和原理，以项目成果（人工制品）反映领域专家（科学家、数学家、作家、历史学家、工程师等）的实践活动。

项目化学习的中国建构不能脱离这样的理智传统和国际大背景而展开。项目化学习需要基于特定的质量标准，并不是所有的活动、实践都可以称为“项目化学习”。今天，进入到 21 世纪，在素养的变革浪潮中，国际上诸多国家、地区和创新学校进行了各类学与教的变革，虽然名称不一，但往往具有挑战性问题、真实情境、持续探索、增进反思等要素。这些国际上具有项目化学习要素的课程、教学、评价实践，在本丛书中都有所呈现。这些来自他乡的实践有着多彩斑斓的生态，促使我们思考中国的项目化学习实施之路。

海纳百川，和而不同，是我们进行项目化学习中国建构的原则。

晏婴阐述了中国“和”的思想：

和如羹焉，水火醯醢盐梅以烹鱼肉，燀之以薪。宰夫和之，齐之以味，济其不及，以泄其过。……若以水济水，谁能食之？若琴瑟之专一，谁能听之？同之不可也如是。（《左传·昭公二十年》）

项目化学习的中国建构，不是要发展一个“以水济水”的单一样态，而是尊重现有实践，在各种可能的样态中，用项目化学习的要素，“齐之以味，济其不及，以泄其过”，允许不同样态和阶段的项目成长。在中国广袤的大地上，在中国分学科的情境中，在国家课程、地方课程、校本课程、研究性学习等多样的课程样态中，在德育、劳动教育、艺术教育、科学教育等多样的领域范围内，在学校原有的探究性作业、长周期作业、传统活动中都可以生长、创造出丰富多样的项目化学习样态。《项目化学习的实施：学习素养视角下的中国建构》这本书提出了活动项目、学科项目、跨学科项目这三种类型及不同学校的实施样态，就是一种指向不同课程类型和功能的尝试。

更进一步说，目前全国或区域推行高质量标准的项目化学习的时机还并不成熟，很多教师对核心知识的把握、学习支架的设计的理解还有待深化。在这种情况下，当下大多数的项目还不是严格意义上的项目化学习，但我们不能否认其中有值得肯定的创新因子。所以，我们还需要逐步探索项目升级的阶梯。在原有的基础上向前一步，向上一步，避免太早用统一的标准和架构来进行规范和约束。在教育中，很难有全新的实践，人的理解和实践都要经历慢慢成熟和迭代的过程。

千江有水千江月，实践是千变万化的。人是多样的，社会是丰富的。就如这次突发的新冠肺炎疫情，催生出了以往比较少见的家庭项目以及线上项目。"和"不意味着大家都是整齐划一的，"和"的基础正在于其差异性和多样性：

夫和实生物，同则不继。以他平他谓之和，故能丰长而物归之。(《国语·郑语》)

三

项目化学习的中国建构需要指向我们的教育短板

我们的教育短板是什么？

在国际比较中，中国学生往往被认为基础扎实，但是在创造性、问题解决方面存在不足，甚至是"短板"。(臧莺，2012）中国的基础教育被认为更注重知识掌握和知识体系的构建，而对包括创造性在内的21世纪技能关注较少。(傅冰，2005；朱小虎，2016）我们认为，在当下中国的教育情境中，项目化学习的重要使命之一就是要补足中国教育的这块"短板"，通过多种项目形态，让我们的学生拥有真实的问题解决经历，成为积极的行动者，调动已有的知识经验、能力基础，创造性地解决真实情境中的问题。

Guilford（1967）早在 50 多年前就宣称，创造性是全面意义上的教育关键，也是人类最严重问题的关键。在今天这样一个变动不居的人工智能时代，这一重要性更加凸显。面对错综复杂的不确定的问题，人是否能够创造性地思考，产生尽可能多的新颖方案，因地制宜地筛选适切的方案，成为区别人与人工智能的重要方式之一。创造性思维可以提高许多个人能力，包括元认知、解决问题的能力，促进个人认同和社会参与，提升学业成就和未来职业成就。（Barbot et al.，2017）

项目化学习的中国建构要能引导项目的设计和实施指向让学生更富创造性地解决问题。从 2015 年接受上海市教委任务，成立学习基础素养项目组开始，我们就展开了这样的探索。在我们对素养的理解中，素养、学习、创造性三者之间具有内在的一致性。

素养有两个要素是必不可缺的：

第一，应用自己的所知完成特定的任务或问题；

第二，有能力在不同的情境间进行迁移。（Chisholm，2005）

对情境的学习力和迁移力是素养的核心。素养在情境中形成、抽象、迁移、转换。素养的形成意味着个体在以往的情境中具有足够的学习力，能在新情境中迅速找到自己想要的资源，建立知识间的联系，对新情境进行判断，最终能解决问题。简而言之，这种在不同情境中创造性解决问题的能力就是“素养”。

“素养”蕴含着对学习、学会学习的新的理解。学习不是指被动、机械地习得现成的知识与技能，也不是指孤立地训练各种认知能力，而是指在情境中获得生长性经验，再迁移并进行创造性运用的过程。学习是带有创造性的。

2019 年下半年，我们再次接受上海市教委的委托，根据中共中央、国务院《关于深化教育教学改革全面提高义务教育质量的意见》，研制上海市项目化学习三年行动计划。2020 年，上海市教委发布的《上海市义务教育项目化学习三年行动计划（2020—2022 年）》中，将“创造性问题解决”作为推进目标，并从这一角度对项目化学习进行了界定：

以校长为核心的教育教学团队，在学校活动领域、学科领域和跨学科领域，设计真实、富有挑战性的问题，引导和指导学生在一段时间内进行持续探究，尝试创造性地解决问题，形成相关项目成果。项目化学习要把握育人方向，全过程融入爱国主义、社会主义核心价值观、中华优秀传统文化、公民道德等元素，培养学生创造性思维、批判性思维、团队沟通与合作等重要的终身学习能力，促进教与学方式变革和教师专业成长，激发学校办学活力。

在新一轮的行动中，我们认为，每一个学生都有创造性，学生对一件事的重新理解或新想法就是创造。创造力并不是少数人独有的、神秘的、随意的。创造性是可以培养的，可以通过累积领域知识、思维方法，逐步产生富有洞见的新想法等各种方式产生。（Hung，2015）我们的教育应该创造机会让学生能对经验、行动或事件做新颖的、有意义的诠释，有机会解决日常的、复杂的真实问题，发展自己的创造性。（孙崇勇 等，2016）未来的创新型人才、伟大的发明创造都始于这些微小的创造性想象和解释。（Beghetto et al.，2007；林崇德 等，2012）

创造性问题解决很难通过传统的基于讲授的教学方法习得。（Sweller et al., 2011；Geary，2002，2006）关于生物主要能力（biologically primary abilities）的理论对这个问题提供了生物学层面的解释。该理论认为，生物的主要能力，诸如第一语言、社会能力、问题解决和创造性，是在漫长的积累、实践、获得反馈、改进等过程中形成的能力和技能，不可能通过一次短短的演绎式的教学就可以习得。换句话说，生物主要能力的形成是一个“精耕细作”的过程。

而项目化学习为提升学生的创造性问题解决能力提供了新的可能性，Hung（2015）分析了项目化学习指向创造力培养的不同维度，涵盖项目化学习所引发的学生内在需求、问题本身的开放性和新颖性、深入的社会性互动以及通过小步骤的创造性积累的过程。他进而提出，项目化学习不仅充满了各种能够彰显学生创造性的契机，而且还加快了这一“精耕细作”的过程。

从实证研究的数据来看，绝大多数的元分析（Strobel et al.，2009；Walker et al.，2009）支持项目化学习在知识深度、灵活性、知识持久程度等指标上优于传统的教学方法。有研究者（Sulaiman et al.，2014）的实验研究表明，项目化学习对学生的创造性思维有直接的显著影响。

在新一轮的探索中，我们希望用不同类型的项目带给学生在不同领域、课程中的多样的创造性体验。在活动项目中，引导学生体会日常的、身边的、真实的问题解决过程；在学科项目中，帮助学生形成对知识的新见解，引导学生创造性地用学科知识进行新实践；在跨学科项目中，引导学生关注更具有社会关怀导向的真实而复杂的问题，探索实践不同专业领域的合作地创造性解决问题的方式。

四

“学习素养·项目化学习的中国建构丛书”正是基于上述这些探索而诞生的。

这套丛书将是一个慢慢发展和完善的过程，因为每一个成熟案例的诞生都需要经历实践的迭代。高质量的实践需要时间。

在这套丛书中，有项目化学习的理论构建，有来自国内各先行地区的实践案例，有对国际上项目化学习的样态分析，有基于学校场域的课程结构性的变革，有持续迭代的活动、学科、跨学科项目的经典案例。尽管方向各有不同、样态参差多样，但无一不是躬行实践的结果。

我们希望这套丛书能够给当下国内的项目化学习探索以新的启发，希望用先行者的亲身尝试追根溯源，探索出可行的道路，为我国基础教育课程改革研究和实践提供资源与经验。

本丛书出版过程中得到了编委会的各位前辈和同行的专业引领与支持，与美好的思想和心灵交流是一件很幸福的事，在此一并致以诚挚的谢意！

重新定义学习：
项目化学习 15 例

目录

第二部分 多学科项目化学习

第三部分 学科项目化学习

重新定义学习

张丰

随着课程改革的深化，如何从“知识立意”的教育向“素养发展”取向的学习发展，克服认知学习与应用实践的脱节，克服认知学习与人的社会性成长的脱节，是世界教育改革与发展的时代课题。《中共中央 国务院关于深化教育教学改革全面提高义务教育质量的意见》指出：“着力培养认知能力，促进思维发展，激发创新意识。……探索基于学科的课程综合化教学，开展研究型、项目化、合作式学习。”项目化学习正是综合体现上述精神的学习活动。

在中国，项目化学习备受关注，既是时势之必然，又有实践之机遇。作为体现素养发展取向的学习方式，项目化学习切中我国基础教育之短板，是我们面向未来的学习挑战。

一

21 世纪以来，世界各国共同关注 21 世纪核心素养的培养。美国联邦教育部于 2007 年制定《21 世纪技能框架》，提出 21 世纪美国教育应培养的核心素养和技能，并突出强调“学习和创新能力”。它包括批判性思维和问题解决能力（critical-thinking and problem-solving）、创造性和创新能力（creativity and innovation）、交流能力（communication）与合作能力（collaboration）。伴随着这种主张与建构，人们对于学习的认识逐渐深刻，“重新定义学习”的呼声得到广泛响应。

我们认为，学习是促进人思维发展的过程。从认知学习的角度看，核心知识的学习是重要的，但它应转化为基于理解的可迁移的能力。以往以知识积累为主要目标的学习应走向促进学生深度思考与思维发展的学习，培养学生的批判性思维与问题解决能力。因此，“学习”更多地呈现为学生在情境与任务中的“生长”。它应该是学生主动的经历和有意义的思考，通过解决问题的实践形成自己关于知识的意义建构以及应用迁移的思维范式。

这一关于“学习”的定义，首先强调学习是人主动思考、独立思考的过程，在意义建构的过程中发展批判性思维；其次是关注学习活动中低阶学习与高阶学习的区别，强调基于理解的迁移以及在迁移转化中的思维发展；最后强调学习是一项真实性的实践，以及学习者在其中的个性化体验与成长。

我们认为，学习是促进人形成自我教育能力的过程。学习是为学生成长“植芯”的过程，是促进学生“学会学习”的过程。以往以教师的主动行为来影响与塑造学生的教育活动，应转变为以唤醒学生对于学习与成长的内在理解，并提高其自我管理能力为目标的促进过程。一要帮助学生理解学习的意义，理解学习方式多样化的价值，提升学习的动力，帮助学生树立自信，相信天道酬勤并愿意为之努力；二要帮助学生形成自我监控和指导的学习能力，建立自我管理体系。这既是学习的目标，也是学习的支持体系。

我们认为，学习是促进人的社会性成长的过程。教育不只是授知，更在于育人。学习也是一个社会活动过程，是促进学习者形成积极的社会理解，具备良好的社会技能的过程。如何以积极的态度理解社会现象，以同理心理解他人，形成关于自己及发展的正确定位与规划；如何以有意义的方式组织信息，通过口头或书面的形式与同伴进行有效交流或公开表达，在倾听的基础上给予同伴建设性的反馈；在与同伴一起面对共同任务时，如何通过积极沟通和观念整合形成共识，合理分工或协同配合地解决问题……。许多在认知测验中无法反映出来的却可能对学生未来社会生活产生长远影响的认知与能力都应纳入学习的范畴。因此，真正的学习必须探求认知学习与人的社会性成长的结合。

以上重新定义“学习”的三个维度，体现了学习者必然要经历的“探究性实践、调控性实践和社会性实践”（夏雪梅，2018）[6]，反映了“人的发展”才是学习之核心。它貌似重新定义（rethink），其实是返璞归真，是希望因为功利而迷失的教育尽快返途的呼唤。项目化学习正是体现这些理念的典型实践。其兴起与推广，反映了素养导向的教育改革趋势，迎应了基础教育发展的需要。

二

项目化学习的核心在于“学习”，蕴于“项目”中的是学习活动的机制与特征。教师要创设基于真实情境的挑战性问题，鼓励学生在自主探索与社会互动相结合的综合性地解决问题的过程中，经历应用的学习与探索的学习，形成自己的意义建构，并在展示学习成果的过程中经历深度学习。

回溯我国项目化学习的前身，必然会提及“研究性学习”。世纪之交出现的研究性学习是指学生在教师指导下，以类似科学研究的方式去获取知识和应用知识的学习方式。（张肇丰，2000）它是以学生为主体的活动，教师从教导、传授转为指导、帮助，成为学习的促进者；旨在让学生模拟科学家的研究方法与研究过程，提出问题并解决问题，以课题研究为主要形式，通过自己收集、分析和处理信息来实际感受和体验科学研究的思维方式和知识的生产过程，培养创新精神与实践能力；特别注重学生经历的开放性、探究性的学习过程，关注学生亲身参与研究探索的体验，在获取知识、应用知识的同时，学会分享与合作，培养科学态度和社会责任感。这是将研究性学习视为独立课程的定义。后来，它也泛指学生主动探究的学习活动，渗透在所有学科的学习之中。

项目化学习与研究性学习的意义几乎重合，同为以“创新”为指向的学习方式，让学生经历由自己主导的、以“真实问题”为对象的问题解决过程，推动学生主动开展应用的学习与探索的学习，并进行学习成果的展示与交流。学习者既要运用知识来解决问题，又要在问题解决中学习知识。

但两者也有不同的侧重。研究性学习更强调学生经历体验科学研究的完整过程；较多涉及科学思维，鼓励学生拓展知识，运用知识解决问题；有时与学科联系紧密，有时完全超越学科，呈现更为开放的、超越课程标准的学习；允许个人独立研究。而在项目化学习中，挑战性的问题有时会由教师抛出，其在提出问题环节的开放性稍弱，但在研究与解决问题的过程中开放性有所加强；虽然项目化学习也十分关注过程，但其作品意识更强，更加注重学生对工程思维与设计思维的体会与经历；项目化学习强调基于课程标准确定学习目标，项目是学习的载体，旨在促进学生对核心知识的理解，形成自己的意义建构，达成可迁移的能力；项目化学习注重学习活动中的社会性成长，不建议学生个人研究，希望学生体会社会交往过程中的学习，学会沟通与合作。

尽管有同有异，项目化学习与研究性学习都是较为综合性的学习实践。但实践中，学科项目化学习、多学科项目化学习和跨学科项目化学习并存并相互促进。

在课程发展早期，分门别类学习知识被认为是掌握知识的最好方式，学科课程成为学校教育活动的基本单元。但学科只是人类为了教学的方便而提炼分组的成果，从来就没有一种属于纯学科的事物存在。学生们需要跨越学科界限的整体学习，学会多角度看待并分析世界上相互联系的问题。“跨学科学习”就是基于以上理念的学习实践。

在过去的一百五十多年间，注重“跨学科学习”的课程整合思想与强调分科课程的课程分化主张，一直在相持论争。尽管分科课程在更长时期里占据上风，但课程整合思想仍旧有很多的认同者与实践者。1901 年，杜威针对课程分化的现实，提出“分化的目的是为了更有效地相互作用”，必须重视将不同专门领域的相关要素整合成为一个有意义的整体。他与后来的实践者一起“让‘跨学科学习’与‘课程整合’建基于教育民主的理想，实现儿童经验、社会生活和学科知识的融合，植根于探究学习与项目方法（project method）”（张华，2018）。这是项目化学习的最早萌芽。

“跨学科学习”是指将两个或两个以上学科中的观点和思维方式整合起来的过程，以促进对某一主题的基础性和实践性的理解（Mansilla，2010）。它以产生跨学科理解为目的，通过不同学科的观念与思维方式基于内在联系的整合，帮助学生创造性地解决问题。从整合的程度看，在学科学习与跨学科学习之间存在一个中间地带，被称为“多学科（multidisciplinary）学习”。它既保持学科的原有逻辑，又在学科之间建立联系，同时促进学生的学科理解与跨学科理解，因为“跨学科”不是项目化学习的必需特征，而是项目化学习的常见特征。

项目化学习既是落实跨学科学习的重要形式，也是改进学科教学的新的突破口。从形如“奶昔”的，围绕某个驱动性问题，综合运用多个学科的知识、技能来解决问题的“跨学科项目化学习”，到形如“沙拉”的，围绕某一主题展开各有学科侧重的、有联系的、多任务的“多学科项目化学习”，再到聚焦学科关键概念和能力的“学科项目化学习”，项目化学习给常态学习活动注入了活力。由此，学习机制的突破展现曙光。

三

在浙江，项目化学习的迅速推广必然要提及2016年启动的“STEM教育项目”。在陆续开展“中美STEM教育论坛”“浙江—印州[①]中小学STEM课程平移项目”等活动后，项目化学习得到越来越多中小学教师的认同，随之许多探索在各地展开。

2019年4月，浙江省教育厅教研室在全省第二届中小学STEAM[②]教育大会上提出“推广项目学习设计”的新重点。同年在课程平移项目与海外研修中，重点研究跨学科项目化学习的设计、指导与评价，进行省级骨干教师层面的专业普及。是年10月，在全省STEM教育试点地区工作研讨会上，我们又就推进学科项目化学习组织了学习与研讨，邀请张卓玉、夏雪梅等专家做专业引领。“研究与推进项目化学习”专条被写入浙江省2020年教研工作思路。

2020年年初，突如其来的新冠肺炎疫情打乱了原本正常的教学秩序，但同时加快了STEM项目化学习推广的脚步。浙江省教育厅教研室适时开展中

① 指美国印第安纳州。

② STEAM是Science（科学）、Technology（技术）、Engineering（工程）、Art（艺术）、Mathematics（数学）首字母的缩写。

小学“抗疫情”项目化学习案例征集活动，受到了全省各地的积极响应。许多学校在学生居家学习期间主动开发项目，以项目化学习推动学、教方式的变革。本书正是以这一活动中的优秀案例为“珠”，串成项目化学习的设计与实施之“链”。整个活动的策划与实践包含五个关键词：“推动、响应、研究、挖掘、引领”。

适时的推动：此次疫情出现后，学生在一段时间不得不居家学习，教师发现传统控制式的教学不能够满足师生在线学习的需求。教师对学生的影响必须从实时的控制转换为积极的感召，越来越多的教师开始尝试赋权式的项目化学习，推动了各地各校项目化学习的兴起，成为推广项目化学习的很好时机。

在这样的背景下，浙江省教育厅教研室开展中小学“抗疫情”项目化学习案例征集活动。在活动通知中不仅对案例征集工作进行布置，更重要的是提炼了项目化学习的意义，并通过实际案例明晰类型与标准，指导学校如何开展项目化学习。这份体现指导意义的活动通知不仅推动了全省项目化学习的开展，而且也是对基层项目化学习实践的一种引领。

积极的响应：项目化学习案例征集活动一经发起，便得到全省各地的热烈响应。既有地方教研室、学校等单位的响应，也有学科教研员、名师工作室等教师个人和团队的响应，他们组织教师主动转变教学方式，结合“抗疫情”真实情境设计项目化学习。从本次活动的申报单位看，参与学校包含了高中、初中、小学、幼儿园等所有学段的各类学校，覆盖浙江省所有地市。

深入的研究：本次案例征集活动的最大特点是在广泛实践的基础上，变征集为研究。在全省学校无门槛报名的基础上先组织初评，再组织一支理论与实践相结合的专业团队对每一案例进行复评与研究。他们不仅要对项目化学习案例进行分类与评分，还要对案例进行解构，综述各类项目化学习的设计、实施与学习支持。

将评审转变为深度的研究，形成了以项目化学习设计与实施为线索，以真实典型案例为例证的项目化学习导读。通过这一形式形成基于实践的理论，以在更大范围推进学科项目化学习与跨学科项目化学习，用实际案例拉近项目化学习与一线教师的距离，促进项目化学习、综合实践活动、STEM 教育等面向21世纪的新型学习方式与日常教学的融合，实现常态落地。

充分的挖掘：在案例征集活动中，共收到1150个项目化学习方案，850个项目化学习案例。浙江省教育厅教研室组织研究团队从学生的视角梳理、挖掘项目化学习中学生的思考、实践、收获。特别是针对“抗疫情”项目化学习中学生的实践形态、探索路径、数据分析运用、职业启蒙认识等角度进行研究，以期通过学生视角的具体案例来阐述项目化学习中学生如何开展研究、如何探索实践、有何收获等。

专业的引领：在广泛征集与实践的基础上，我们尝试将优秀的项目化学习案例转化组编成为案例呈现与理论分析相结合的《重新定义学习：项目化学习15例》一书，以期通过典型案例让疫情期间先行的项目化学习探索给一线教师留下感性的经验，从而在“后疫情时代”教师们能够将之反哺运用到日常教学中。浙江大学刘徽副教授、何珊云副教授等应邀加盟，一起对项目化学习案例进行深度解构分析，从理论层面梳理项目化学习的关键特征和操作要领，引导学校继续探索项目化学习。

四

在居家学习期间，为什么项目化学习比实时在线的网课更受学生的欢迎？为什么学生在项目化学习中的收获与进步更令人鼓舞？答案或许就是项目化学习的价值与意义所在。

首先在于项目化学习的赋权意义。不同于以往学生较多地作为教师主导的课堂的陪同者、参与者，项目化学习还“学”于“生”，让学生成为自己学习的主持者。灵活地调用知识，小组合作解决真实问题，这对学生而言是重要的、别样的学习体验。它促使学生成为主动的学习者。

其次是项目化学习的整体意义。它克服了原先“以练代学”中学习过于割裂、碎片化的问题，采用联系真实情境的学习任务，引导学生走向融会贯通与学以致用的学习方式，有助于学生对核心概念的理解并形成迁移能力。

再者是项目化学习的应用意义。它打通了学以致用的“栓塞”，让学生感受到学习的价值和发展性，驱使学生更为自然和广泛地主动学习。它特别关注学生综合运用知识解决真实问题的能力，以及在综合运用过程中的联系、迁移、探究与认知重构的能力。

最后是项目化学习的表现意义。一方面，在疫情特殊时期，能让学生通过第一视角认识在党中央的领导下，全国上下共同抗疫的伟大，增强民族自豪感。另一方面，它注重学生的综合展示，通过学生在“输入性学习”与“输出性学习”之间的切换与体验，使学习不只是关于知识积累的过程，更是综合素养与能力的深度锻炼。

项目化学习的初步实践让老师们感受到其无穷的魅力，进一步推广项目化学习实践成为深化课程教学改革的新切入点。为此，我们组编了这本小书，以真实鲜活的实例阐释项目化学习设计与实施的要点。虽然疫情期间受客观条件的限制，老师们开展的项目化学习有些或许还不是严格意义上的项目化学习，有些项目可能设计的成分多一些，实践成果不多或者有待后续实践继续跟进，但老师们能在特殊时期实践项目化学习，其意义远超过了对项目化学习纯正性的追求，具有重要的实践推动价值。

本书的出版得到了浙江省教育厅教研室任学宝主任的大力支持与指导。从 2 月 26 日活动启动，到 4 月 30 日案例征集截止，再到 7 月 24 日书稿定稿，以管光海博士为负责人的研究团队高效工作，征集、评审、研究、提升、构思、统稿等环节，一气呵成。我们诚挚感谢浙江大学教育学院刘徽副教授和何珊云副教授牵头评审与做专题导读，并担纲主要写作与评析任务，使本书充满专业的张力；感谢所有案例与点评的作者，是你们的智慧让本书保持与实践的亲和；特别感谢浙江省教育厅教研室 STEAM 教育研究工作站赵纪老师在案例征集活动与组稿编辑中的基础工作与穿针引线，编作往来的细节落实保证了全书的质量。浙江省教育厅教研室参与评审研究和书稿写作的还有方凌雁、章新其、斯苗儿老师，是大家的协同努力让我们在项目化学习推进中倍感信心。

由于我们对项目化学习的研究还不够深入，本书难免会有一些不当或错漏之处，敬请读者批评与谅解。希望本书能成为老师们教学实践的伴手，在激活进一步的实践的过程中迭代自己。

2020 年 7 月 30 日

PBL

第一部分

跨学科项目化学习

导读

项目化学习：联结学校教育与真实生活

一、不同历史时期的相同选择

1902 年的一个秋日上午，纽约市哥伦比亚大学教师学院主楼二楼的贺拉斯·曼学校（Horace Mann School）里，小学生们正在做缝纫的作业。他们三五一组，有的学生正对着世界地图研究缝纫原材料的种植区域、加工技术和运输路线，有的学生正在讨论缝纫工具的历史、设计与制作，还有些学生已经开始了缝纫作品的图纸设计，商量着一会儿如何测量与剪裁。学生们学习兴致高昂，热烈地讨论着问题，时不时地在自己的研究报告和设计方案上写写画画，略有沉思。这样的学习方式对贺拉斯·曼学校的学生来说一点都不陌生，除了缝纫作业，他们还需要做类似的烹饪、木艺等作业。

在 20 世纪的美国，生产力因技术进步而迅猛发展，社会经济处于巨大转型之中，在面对“学校教育如何成就学生”的时代诘问中，杜威等进步主义学者们推动学校教育改革，这种充分体现“做中学”理念的学习方式开始进入美国公立教育系统，作为应对学校教育满足当时历史阶段人才培养需求的学习方式。随着学校教育改革的推进，杜威的学生克伯屈进一步发展这一学习方式，并于 1918 年正式提出了“项目式方法”（project method）这一概念（Kilpatrick，1918），项目式方法逐渐发展成为美国教育中的重要学习方式。同时，项目化学习在促进学生的自主学习、提升合作能力、强化学习动机、提高学生的创造力、联系生活世界等方面的优势也得到理论界和实践领域的证实。（Bell，2010）在近十几年的教育改革中，随着建构主义等学习理论的发展以及以素养为本的世界教育变革运动的兴起，项目化学习重新获得研究和实践领域的热切关注，成为智能技术发展、生产方式迭代等引发的新学习挑战的应对之策，并被运用到越来越多的学校和教师课堂教学改进之中。

二、项目化学习的性质与分类

项目化学习实质上是为了更好地联结抽象符号的经验世界和真实具体的现实世界，是为生活中的真实问题找到实际的解决方案的学习过程。在这个过程中，学生提出和界定问题，交流观点，做出假设，设计或实验，分析数据，得出结论，与他人交流想法和发现，提出新的问题或创造产品来解决复杂问题。（Blumenfeld et al.，1991）可以看到，项目化学习以学生为中心、以项目为导向，强调学生彼此合作，共同提出解决问题的可行性方案。

对教师而言，项目化学习是一种课程整合的方式，项目化学习以项目为核心，融合多个学科的内容，提供了丰富、开放、多元的课程体验，是一种整合性课程（integrated curriculum）。此外，它也是一种学习方式。学生需要运用所学所知解决一系列独立或关联的真实情境任务，在完成项目的同时，建构、迁移、应用所学知识和技能，促进素养的发展，是一种深度学习（deep learning）。同时，它也是一种学习评价方式。教师在组织项目化学习过程中需要同时关注学生的学习过程和学习结果，以项目过程中学生的表现和完成的作品为评价的依据，是一种表现性评价（performance-based assessment）。因此，教师应该从课程、学习、评价三个维度来理解和实施项目化学习，既需要关注主题内容、项目情境，也需要关注真实问题的解决、大观念的迁移，还需要关注任务完成情况、过程性评价信息等。项目化学习本身所具备的属性及其实际应用很好地从课程、学习和评价三个角度回应了当下时代对课堂变革和人才培养的需求。

根据学习过程中不同学科整合的程度，可以将项目化学习中的项目分为单学科项目、多学科项目和跨学科项目（见表1）。

表 1　单学科项目、多学科项目、跨学科项目的比较

	单学科项目	多学科项目	跨学科项目
涉及学科	单个学科 + 其他学科元素	多个学科	多个学科
学科界限	学科界限明晰	学科界限明晰	学科融合
问题网络		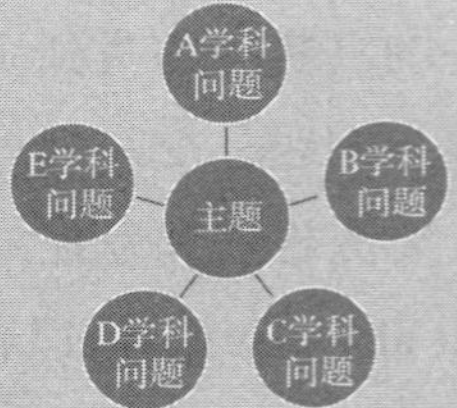	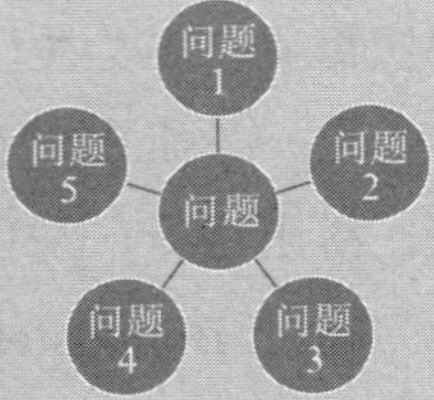
隐喻	“面条”项目	“沙拉”项目	“奶昔”项目

其中，单学科项目就是在某个学科的基础上加入其他学科元素进行学科拓展，如在科学项目中学生通过数学图表呈现科学实验的结果。这样的项目可以被称为“面条”项目，在热腾腾的面条之外，还得加上葱花、虾米等佐料，即在学科问题解决的过程中加入其他学科的元素。

多学科项目则是多个学科围绕某一主题进行组合，项目由多个学科问题组成，学科问题之间以并列的形式存在。多学科项目可以被称为“沙拉”项目，虽然多个学科共同在一个项目中，但彼此依然独立存在，学科界限依然分明。

跨学科项目则是深度整合多个学科，学生在学习过程中将会综合学习和运用多个学科知识来解决问题，问题也将以串联的方式分为若干个子问题。这种项目可以被称为“奶昔”项目，即在项目中打破学科界限，充分整合。

三、跨学科整合项目设计与实施的框架

对于项目化学习的组成要素，有学者从建构主义学习过程出发，认为项目化学习主要由内容、活动、情境和结果四个要素构成。（刘景福，2002）美国巴克教育研究所认为一个好的项目化学习的“黄金标准”（golden standard）应该包括“一个核心七个组成”，即以“关键性知识和技能”为核心，七个组

成部分为挑战性问题、持续的探究、真实性、学生的声音与选择、反思、批判和修改、公开展示作品。除了静态地探讨项目化学习的组成要素以外，许多研究者也提出了项目化学习的行动框架要素。如巴克教育研究所在“黄金标准”的基础上，提出了教师的行动框架，也是“一个核心七个组成”，即以“关键性知识和技能”为核心，七个组成部分包括设计与计划、联系目标标准、建立文化、项目管理、提供学生学习的支架、评价学生学习、参与和辅导。（Buck Institute for Education，2018）

我国项目化学习正经历着理论和实践研究的高增长期，并逐步从理论引入、案例移植阶段进入到本土实践的发展阶段。基于本土教育情境，结合学校校本实施经验，本文试图从驱动性问题、多元性评价、探究性过程、认知性合作、镶嵌性技术五个维度来构建本土项目化学习的实践框架（见图1）。

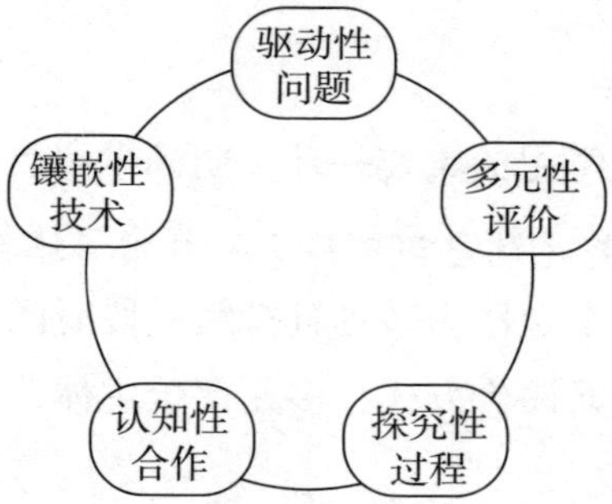

图1 项目化学习的实践框架

（一）驱动性问题

项目化学习主要围绕一个待解决的核心问题展开，这个问题会作为整个学习项目的驱动力而推动学习的进行。驱动性问题的选择与确定需要具备如下特点。

- 指向性：问题需要与学科课程标准（单个或多个）进行匹配，并指向学生的核心素养或学科核心素养。
- 真实性：问题应该来源于真实的生活情境，符合日常逻辑，具有现实意义，能让学生将项目化学习与真实的生活相联系，理解项目化学习对于解决真实世界问题的意义，使学习过程成为一个有意义的过程。

同时，驱动性问题也如真实世界的问题一样，是一个复杂且劣构的问题，难以直接获得问题的答案，因此，项目化学习过程也是一个分析、迁移、转换的过程。

- 综合性：问题的解释和解决需要综合多个学科的知识、技能和思维方式。
- 挑战性：如同维果茨基提出的“最近发展区”理论一样，项目化学习的问题也要有一定的挑战性，能激发学生的学习兴趣和主动性，且具有认知负荷，需要学生合作完成任务，同时在学生各自的努力和互相的合作下，又是可以解决的问题。
- 开放性：项目问题应该具有开放性，没有唯一答案，允许学生提供不同的问题解决方案和多种类型的作品。

（二）多元性评价

评价设计是项目化学习的重要一环。明确学习目标，设计完指向学习目标的驱动性问题之后就该关注评价设计了，并将之优先于教学设计进行考虑。项目化学习是一项以学生合作为基础且持续一段时间的学习活动，在项目化学习过程中，要运用多元评价方式、多元评价主体、多元评价工具和多种评价结果报告方式。

学生是项目化学习过程中的学习主体，同样也是评价的主体。评价方案中，应引入自我评价、同伴评价等以学生为主体的评价。在项目化学习中，教师可以开发或采用作品评价表、个人反思表、项目进度表、研究日志等多种形式的评价工具。这些评价工具根据评价目标和内容的不同可以分为四种类型（见表 2）。

表 2　四种类型的评价工具

维度	类型	内容	工具举例
项目	对项目结果的评价	关注学生最后完成项目的情况，即学生完成的项目“作品”或“表现”	作品评价表、演讲评价表等
	对项目过程的评价	关注项目进度情况、项目化学习问题的解决情况	项目进度表、核心问题概念图等

续表

维度	类型	内容	工具举例
学习者	对学生个人学习的评价	关注学生个人在学习过程中的进展，包括学习、元认知等方面的发展	研究日志、个人成长日志、创新品质测评表等
	对学生小组学习的评价	关注学生小组的合作情况和效果	小组合作评价表等

评价结果的报告形式也可以选择多元方式，既可以采取展览会、报告会、展示墙、学习报告单等线下形式进行报告，也可以利用网站、社交媒体进行线上报告，在学生、家长、社区范围内分享。

（三）探究性过程

如何使学生在项目化学习过程中始终保持探究的学习状态是一个最为关键的问题，因此，在项目设计和实施的过程中，教师需要给学生提供“支架”，以支持和鼓励他们持续进行探究。针对学生在项目化学习过程中可能遇到的不同挑战和困难，教师可以提供思维型、文化型、任务型、资源型等不同类型的支架。

- 思维型支架：这种支架主要给学生提供思维工具，使思维可见，帮助他们像“专家一样思考”。教师具体可以通过示范、案例分析、与专业人士互动、指导等方式，为学生提供解决问题的思维方式。如在“绿色社区”的项目中，学生通过观看建筑设计师的演讲视频来了解建筑设计师在设计时如何考虑社区人口因素、交通环境、区域位置、社区功能等相关因素，从而形成社区整体设计的思维导图和框架，并以此作为学生自身完成“绿色社区”设计的重要思路和基础。
- 文化型支架：教师可以通过破冰活动、游戏、制定班级契约等活动，在学生中建立起尊重、开放、多元的文化氛围，鼓励分享、交流、倾听、合作，营造学生乐于探究的学习文化环境。
- 任务型支架：为了使学生更好地完成项目，教师也可以将总的项目分解为若干个子项目，从而帮助学生以“小步子”逐步迈向项目目标，最终完成项目的学习。如在名为“百万立方”的项目中，要求学生

“利用一百万个 1 米 ×1 米 ×1 米的立方体来设计一个居住社区，要求社区在能源上自给自足，同时满足 100 个人的生活需要”。这个项目中，“能源的消耗和获取如何平衡？”就是一个驱动性问题。为解决这一问题，学生需要将这一驱动性问题进行分解，并以完成任务的方式来逐项解决。例如，在解决“100 个人的能耗如何估算”这一子问题时，教师就发放了家庭能耗调查表，学生通过统计三口之家或四口之家的能耗，推算 100 个人的能耗，从而解决项目中提出的问题。在这里，填写家庭能耗调查表就是学生进一步解决问题的“支架”（见图 2）。

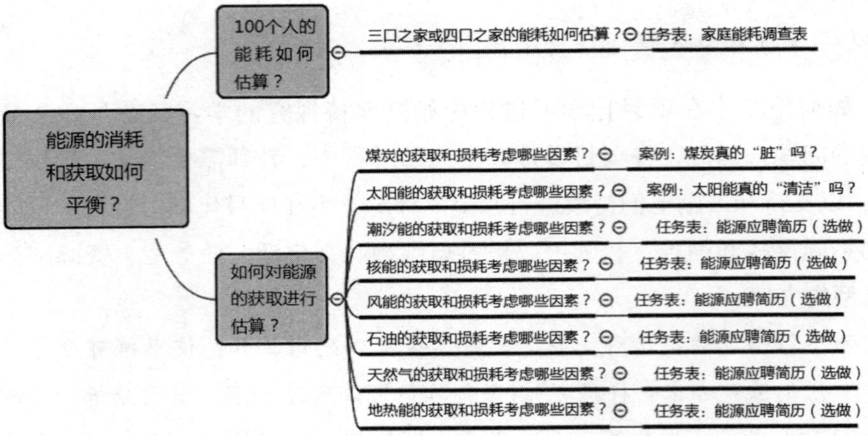

图 2　任务型支架举例

- 资源型支架：在项目化学习过程中，学生需要相关的数据、内容等作为解决项目问题的认知资源，并以此为基础为项目问题提供解决方案。如在某一个项目中，学生想要利用太阳能作为主要的供能方式，教师就将全国太阳日照时间统计表单提供给学生，作为能源密度测算的重要依据。

（四）认知性合作

合作问题解决（collaborative problem solving，CPS）是经济合作与发展组织 2015 年组织的 PISA 测试（国际学生评估项目）中的重要评估内容。

CPS是指学生个体有效参与两个或两个以上个体的问题解决过程的能力，在该过程中他们共享达成问题解决方案所需的理解，同时汇集他们的知识、技能与努力来实现问题的解决。（OECD，2018）

项目化学习本质上是一个合作问题解决的过程，既需要合作，也需要解决问题，是一个认知性合作的过程，既关注学生的认知发展，也关注学生的社交发展。因为一来，社会性的互动对学生的学习和知识的建构具有积极的意义（John-Steiner et al.，1978）；二来，在未来真实社会生活中，学生也都需要在与他人的协作下完成具体的分工和问题解决。

如何促进学生在项目化学习中的有效合作？首先，需要建立“跨文化”的异质小组，即小组内的学生在性别、性格、学业表现等方面都可以有差异。其次，依赖是合作的基础，学生在项目化学习过程中只有形成目标、任务和资源等方面的依赖，才能更好地进行深度交流、分享，形成真正意义上的合作，从而提升学习的效果。在课堂学习过程中，学生可以通过学习目标讨论会，理解学习目标，并将学习目标与每一个人之前的学习经验联系起来，根据个人的学习优势，形成学习目标上的互相依赖；也可以在每节课开始时举行项目工作会议，对项目任务和进度进行分析、解构和安排，提出可行性方案并充分讨论，在小组内进行功能性分工，将任务不断分解为小任务并进行分工，形成任务上的依赖；真实情境中的问题往往是复杂的劣构问题，因此在问题解决的过程中，需要结构化的知识和大量的信息，学生在这一过程中，可以进行知识资源的分工，从而加快整个小组处理信息和资源的速度，保证项目进度和质量。

（五）镶嵌性技术

在中小学的课堂中，技术作为影响教育的重要元素，镶嵌在整个项目化学习的过程中。技术的传统应用主要包括三种形式：教学准备、教学媒介和学习工具。（Inan et al.，2010）虚拟现实（virtual reality）等技术可以模拟真实的情境，使学生进行浸润式学习。互联网技术等可以“将面对面的课堂教学与远程教育传播方式结合起来”（ Osguthorpe et al.，2003），教师可以准备相应的微课程作为支架，支持学生的项目化学习和问题解决。平板等移动学习工具可以在教室中打破知识获取的限制，学生可以通过网络获取大量的信息和知识，并利用社交媒体进行社群讨论和分享。

此外，技术同样也可以作为评价工具应用在项目化学习过程中。教师和学生可以利用微信、小程序等新媒体技术作为评价工具，应用在以下场景中。

- 学生在学习过程中将项目任务卡、反思表以及最终的项目成果拍照上传至小程序，积累了学生个人和小组的项目化学习轨迹，形成项目化学习的电子档案袋（e-portfolio）；
- 学生可以分享项目化学习过程中的作品和精彩瞬间，在保护版权的前提下，学生、家长与教师都可以在小程序上查看各个项目，掌握和监控项目进度、完成情况以及过程中的学生作品和表现，允许点赞并发表评论，获取多主体的形成性评价信息，可以是量化的点赞、评分，也可以是描述性评价；
- 小程序可以根据教师提供的评分标准，结合学生项目化学习过程中获赞及最终打分情况，生成学生个人的学业报告单，将形成性评价（点赞或评语）与终结性评价（评分与评语）、主观评价（评语）与客观评价（评分）等结合起来呈现。

四、项目化学习不只是“做作品（work）”

项目化学习活动如同一座冰山，我们在学习场景中看到的往往是学生外显的手工操作，但这并不是项目化学习的全部。项目化学习更具价值的部分是我们看不见的学生内隐的思维发展、情感与价值的学习（见图 3）。

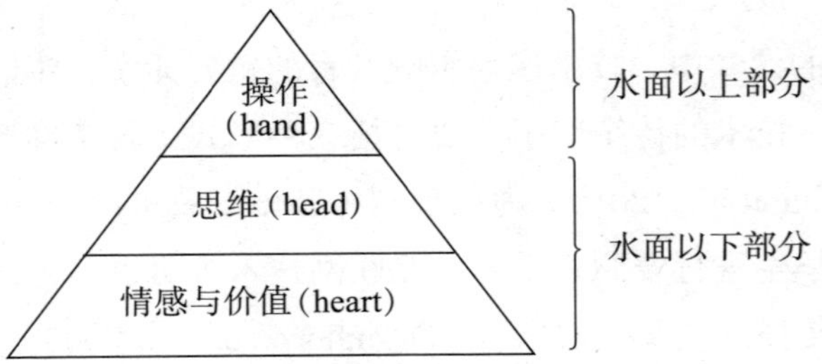

图 3　项目化学习的冰山模拟图

如果我们将项目化学习与“做作品”之间进行对比，不难发现，两者存在着较多的差异。“做作品”强调公开成果和浅层的动手能力的培养，而项目化学习更强调驱动性问题，通过做项目学习核心知识和锻炼高阶思维能力，进行成果的公开和全程评价。项目化学习重视的是学生在完成项目背后，对某一问题进行持续自主的探究，以及探究背后的思维训练和迁移、情感态度价值观的丰盈。

（浙江大学教育学院　何珊云）

项目1

家庭蔬菜种植园的设计与搭建①

一、项目简介

本项目让学生利用家庭平时剩下的蔬菜和现有材料，研究种植容器的设计和家庭蔬菜种植，尝试进行家庭蔬菜种植园的设计与搭建。项目以居家隔离中解决家庭蔬菜短缺为真实问题情境，以“资源整合”为可迁移的核心大概念。学生通过植根于现实的方式分析和应用小学三至六年级科学知识，体验创造的过程。该项目共计 10 个课时，在六年级实施，涉及科学、数学、信息技术、美术等学科知识。

二、驱动性问题

受新冠疫情影响，居家隔离中如何吃上干净新鲜的蔬菜成了需要解决的问题。如何整合有限资源，开展蔬菜种植以满足日常生活需要？

三、学习目标

以“资源整合”中获取资源、甄选资源、组合资源和优化资源为过程线索，明确以下学习目标（见图 1）。

① 本案例由杭州市保俶塔实验学校提供，项目主要成员有吴琳、周华松、李一帆。

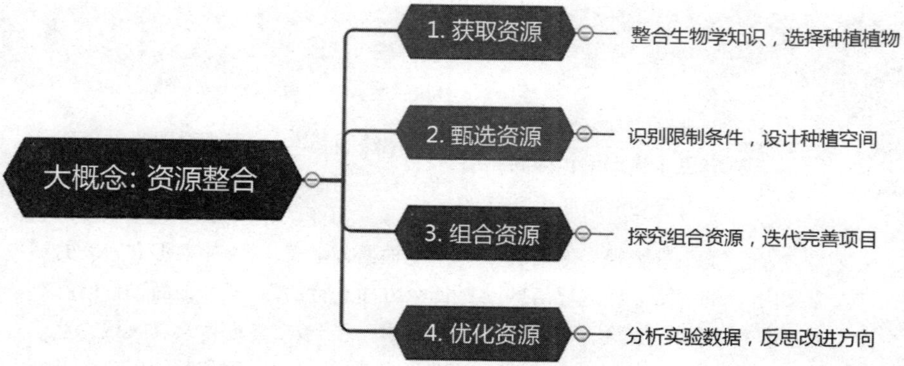

图 1 项目化学习目标结构

1. 通过教师讲解以及互联网获取有效信息，学习植物的生长条件及种植方法；利用思维导图开展信息整合，培养评价、整理、批判性地分析和选取各种来源信息的能力。

2. 学会根据限制条件以及项目任务甄别筛选已有的信息与资源；通过方案表的绘制填写，熟悉创造物品的前期筹划工作，培养项目的统筹规划能力以及自主学习能力。

3. 在具体情境的问题解决中培养学以致用的能力，借助有效失败，初步形成良好的学习品质。

4. 通过项目实践，养成探究习惯，初步形成准确表达与高效合作的能力，逐步形成对社会、人、现象具有同理心关怀的人文素养。

四、项目评价

本项目需要评估学生获取、整理有效信息的能力，创造流程中各环节的落实情况，最终种植容器的成品和植物产量。设计评价量表如表 1 所示。

表 1 评价量表

评价要素	主要指标	A	B	C	等级
定义问题	思维导图绘制	思维导图有层次、有逻辑，整理出各种问题，表达清晰明了	思维导图绘制基本清晰，有一定逻辑	思维导图绘制表达不清晰，逻辑混乱	
方案表、甘特图	方案内容整理	能很好地根据方案表的四个方面进行信息搜索、收藏、整理和归纳	基本能根据方案表的四个方面进行信息的搜索、收藏、整理和归纳	不能根据方案表的四个方面进行信息的搜索、收藏、整理和归纳	
	方案内容表达	方案表的内容完整、准确，组织清晰明了	方案表的内容基本完整，但组织不够清晰明了	方案表的内容不完整，组织混乱	
种植容器	容器种植植物的种类	多于三种	达到三种	少于三种	
	容器的合理性	容器选择非常合理，易获得且适宜植物生长	容器选择比较合理，适宜植物生长，但不太好寻找	容器选择不合理，不适宜植物生长	
	容器的美观度	容器美观，种植的植物成为阳台景观	容器美观，但与种植植物不太搭配	容器粗糙，不具备观赏价值	
种植植物	植物生长情况	植物几乎全部发芽，生长正常	植物生长较好，一部分没有发芽	植物基本没有发芽	
	产量	记录具体数量和重量			
作业展示交流	展示完成情况	视频或三折板将创造过程完整体现并且具有传播功能	视频或三折板任务完成了，但内容凌乱	视频或三折板任务没有完成	
	语言表达能力	语言表达清晰完整，内容有条理，组织有序	整体叙述基本清晰	整个叙述过程含混不清，无法理解	

续表

评价要素	主要指标	A	B	C	等级
作业展示交流	整课学习态度	态度积极热情，主动参与到项目的学习过程中，能不断反思、不断进步	没有在整个过程中保持积极态度，较少进行反思	学习态度不端正，作业效果欠佳，且在过程中很少进行反思	

五、项目实施

项目实施各环节如图2所示。

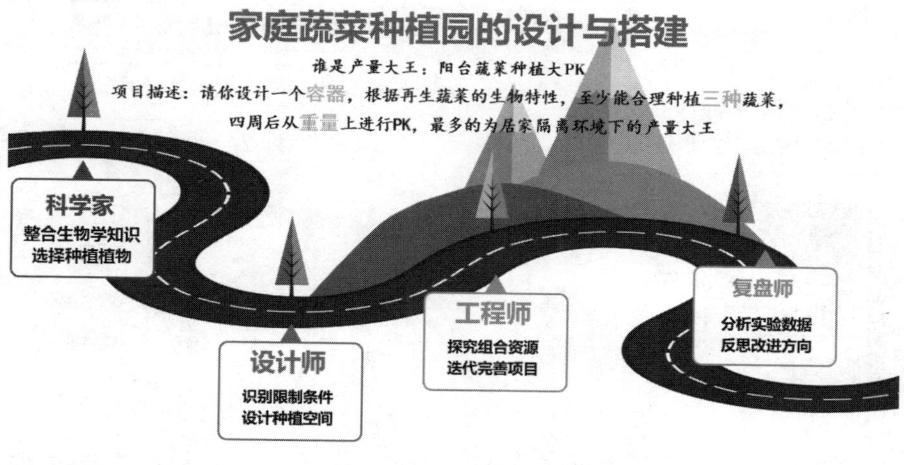
家庭蔬菜种植园的设计与搭建
谁是产量大王：阳台蔬菜种植大PK
项目描述：请你设计一个容器，根据再生蔬菜的生物特性，至少能合理种植三种蔬菜，
四周后从重量上进行PK，最多的为居家隔离环境下的产量大王
科学家
整合生物学知识
选择种植植物
设计师
识别限制条件
设计种植空间
工程师
探究组合资源
迭代完善项目
复盘师
分析实验数据
反思改进方向

图2 项目实施各环节

（一）整合生物学知识，选择种植植物（2课时）

1. 学习目标：通过互联网获取有效信息，了解新冠病毒传播途径，明确构建家庭蔬菜种植园的必要性；了解植物的生长条件及种植方法；能有效利用思维导图对信息进行整合，形成评价、整理、批判性地分析和选取各种来源信息的能力。

2. 核心问题：新冠病毒的主要传播途径有哪些？植物生长需要什么条

件？你所选择的植物的种植方法有哪些？植物共同种植需要考虑哪些因素？

3. 学习活动：真实情境因其复杂性、综合性与灵活性更适合具有跨学科与问题解决特征的项目化学习方式。项目伊始，学生通过报纸、网络了解新冠病毒的特点，明白病毒传播的主要途径。在此基础上，按照教师提供的材料及利用互联网开展信息搜索，明了在防疫隔离下开展家庭蔬菜种植的必要性与可行性，以思维导图的形式对获取的资料进行筛选、归纳、整理，了解植物的生长与温度、光照、水分密不可分。

按照教师推荐的绿豆芽、生菜、胡萝卜、小葱、大蒜、番薯、黄豆芽及自己的选择，从生物学角度对能在同一容器中共生密植的蔬菜进行筛选，对植物生长所需的材料进行初步预设，形成思维导图（见图 3）。

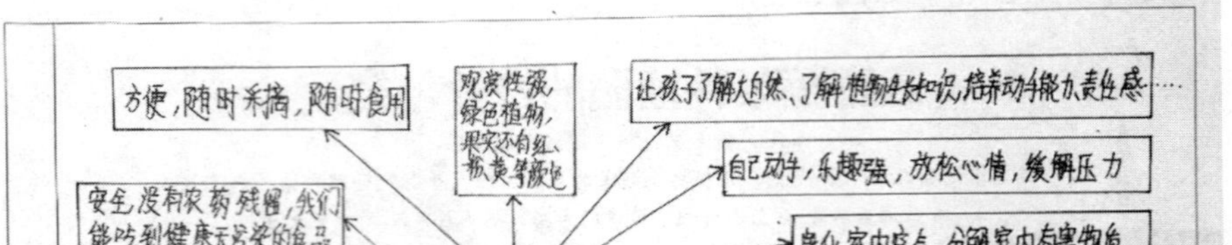

图 3　学生完成的思维导图

（二）识别限制条件，设计种植空间（2 课时）

1. 学习目标：能根据限制条件，初步学会为自己的项目制作与学习设定目标，了解创造物品的前期筹划工作内容；发展对现有资源的识别和配置能力，对项目的统筹规划能力以及监督、规划自己学习的能力。

2. 核心问题：限制家庭蔬菜种植园建设和蔬菜产量的因素有哪些？在兼顾目标评价以及植物生长条件的前提下，怎样整合资源进行容器结构的设计与美化？

3. 学习活动：根据上一环节掌握的资料以及限制性条件（如隔离环境、一个容器至少种植三种植物等），在考虑卫生、材料、美观等因素的前提下，利用 AEIOU 观察记录表进行需求调研，图 4 为六年级学生调研记录。

Activities 活动	Environments 环境	Interactions 交互	Objects 物品	Users 用户
利用家庭阳台进行蔬菜的种植。综合考虑环境、蔬菜品种、设计要求以及条件的制约，设计适合自己家庭的蔬菜种植园。通过上网等，充分查阅资料，了解蔬菜种植的方法，并着手实施。	敞开式的家庭阳台，朝南，四周无遮挡，采光好。阳台比较宽敞，放置花盆很宽裕。护栏边台都比较宽，足以稳稳放下花盆，不会翻倒，所以不用花架。白天把花盆放到围栏上，晚上拿进来包上保鲜膜。	我的种植园设计主要利用了朝南阳台，采光、空气都比较好，选择的蔬菜品种也都是喜阳的。空间宽敞，放置位置适宜，浇水方便。护栏台面易渗水，地砖的地面流出的水，只要拖把一拖即可。	考虑到蔬菜的数量要求，花盆均采用长方形的框架花盆，底部有吸水棉条，有排水口。有对照组的稍大一些花盆，便于比较。单一种植，用小一些的。一共 5 大 2 小。不用花架，直接放置。	原则：“科学种植、用心打理”。每天仔细观察、拍照，并记录详细数据。出现问题，及时查找资料，找出解决办法。根据土壤湿润情况，适量浇水。遇到恶劣天气，把花盆移到室内。

图 4　六年级学生调研记录

在此基础上，绘制填写方案表，整理思路，深入了解项目内容，初步规划项目进程。同时借助网络搜索信息，了解空间与种植的关系，利用空间开展设计，对设计内容进行一定的说明，梳理材料清单，做好过程的记录和预设，实现蔬菜产量最大化。图 5 为六年级学生的方案。

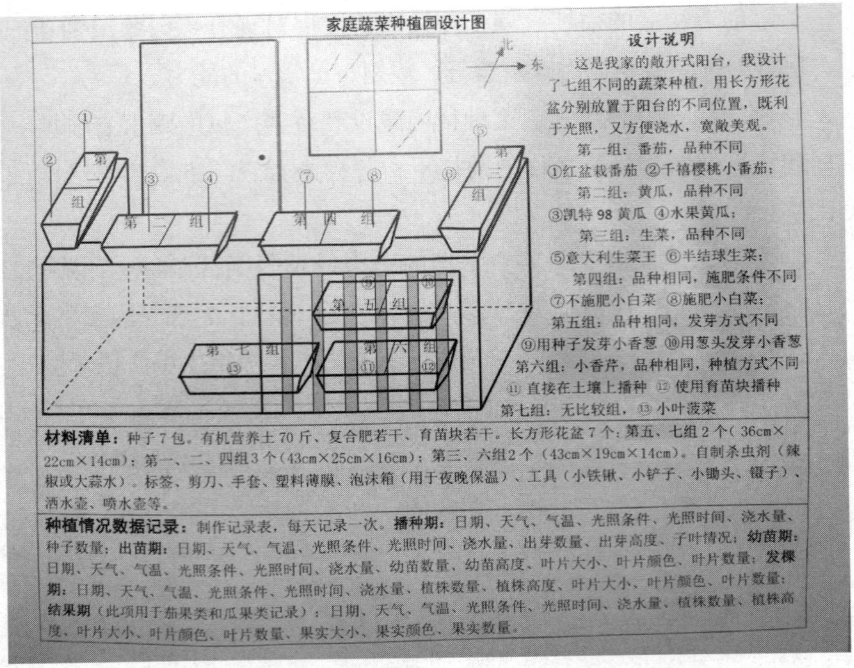

图 5　六年级学生的方案

（三）探究组合资源，迭代完善项目（4 课时）

1. 学习目标：在具体情境的问题解决中培养学以致用的能力；借助有效失败，在实践过程中不断积累问题解决经验，形成为了达成目标持续学习的毅力以及学会学习的品质。

2. 核心问题：哪些因素会影响蔬菜的产量？哪些资源可以帮助你对项目进行迭代？

3. 学习活动：学生通过观看教师提供的微视频和实验照片，根据上一环节任务形成的方案与设计图，利用家庭现有材料，制作种植容器，并根据现实出现的问题迭代修改方案和产品。

根据选择的蔬菜进行种植培育。种植的形式可以多样，如水培、扦插、密植，都是可供选择的方法。在项目化学习过程中要做好对比，设置对照组，即将选择的植物种植在普通容器中。在这个过程中，做好定时拍照和生长记录；对比不同的容器设计与种植方式对产量的影响，积累解决问题的经验。

（四）分析实验数据，反思改进方向（2课时）

1. 学习目标：初步养成探究习惯，学会从数据对比中发掘现象与结论；在信息归纳中了解学科知识与社会、环境间的关系，形成同理心基础上的人文关怀的核心素养。

2. 核心问题：对比实验组和对照组的产量，你有什么结论？如果此项目再做一次，你会在哪些地方有所改进？反思整个项目实施过程，你收获了什么？

3. 学习活动：对收获蔬菜的重量进行统计，选出“产量大王”，通过展示和反思对项目化学习活动的过程进行梳理，对解决问题的方法进行归纳提炼。比如，有学生对种植蔬菜的品种进行了选择，用更易活好种的茄子秧来代替其他需要精细打理的蔬菜。

将实验组和对照组数据进行分析，总结经验。例如，有学生对蔬菜种植失败的原因进行反思，他观察到，香菜种子两周左右都没有发芽，通过思考植物生长的必要因素及容器和空间的位置关系，他得出了“种子不可靠、浇水量不足、土壤养分不够、种植容器设计及摆放不合理”的推断，并做了有针对性的改进，提出了转移种植位置等措施。

学习手机视频剪辑软件，利用视频或三折板来展示制作过程与成品，并利用网络进行推广。

六、项目成效

本项目通过共情式需求分析、创造性的问题解决，为学生埋下了关心社会生活、开展人文关怀的种子，学生的创造能力有一定提升。

（一）基于同理心关怀，提升了学生的分析能力

面对疫情居家隔离的真实情境，从对社会现象的关心、对家庭生活的关心出发，学生发现了如何吃上干净新鲜的蔬菜的问题。

在发现问题后，将项目拆分为如何选择适宜种植的蔬菜品种、如何设计

合适的种植空间等一系列子项目，在完成各子项目的过程中，运用支架工具，分析问题，解决问题，项目化学习开展得有声有色。

（二）以大概念为出发点，发展了学生的创新能力

疫情期间和“后疫情时代”，大量的真实情境的、劣构的问题值得我们引导学生去理解。在分析项目必要条件、无关因素、矛盾挑战以及现实所具备的条件，并据此激活已有认知经验，选择合适的素材资源、恰当的载体进行重构、论证，最后合并形成解决问题的方案的过程中，学生所掌握的不仅仅是蔬菜种植园的设计与搭建，还有在资源整合的大概念统摄下，根据问题情境运用所学知识创造性解决问题的能力。比如，有的学生思考，蔬菜短缺问题能够解决，那么消毒液短缺问题能够通过自己充分运用身边的材料来解决吗？由此设计出了家庭自制消毒液的方案，完成了初步的制作。

（三）以多维指向为切入点，增强了教师的项目化课程实施能力

在此次抗疫情项目化学习过程中，教师充分利用了线上、线下相结合的师生交流模式，将与各阶段学习进程匹配的评价量表前置，突出以终为始、自主评价，不仅可以支持学生学前预习、过程中给予学生反馈指导，促进学生开展讨论、展示、协作等学习活动，而且减少了教师对学生活动的干预，保证跨学科学习的自主性和流畅性。同时，教师提供关键环节中的即时性评价，引导研究方向，激发学生的学习动力。

对学生设计与搭建的种植园及此后种植的成果以多种形式予以反馈，帮助学生进行自我诊断，了解自己项目的完成情况，也为教师的精准教学提供支撑，成为师生改进教与学的重要依据。同时，该活动对学校提炼出的四种项目化教学样态（见图 6）进行了实践，增强了教师的项目化课程实施能力。

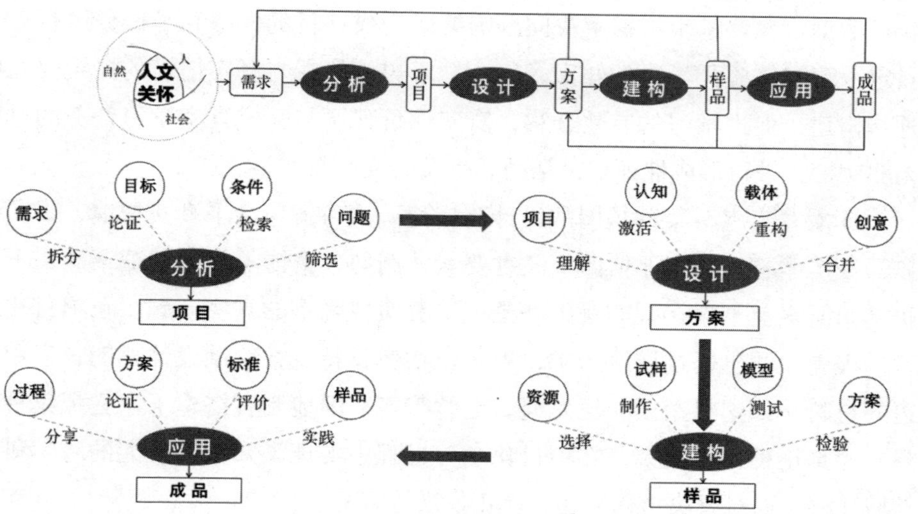

图 6　学校提炼出的四种项目化教学样态

七、项目反思

“家庭蔬菜种植园的设计与搭建”项目的实施卓有成效。学生不仅出色完成了项目化学习的任务，运用工程设计思维完成了种植园的设计与搭建，更种出了蔬菜，解决了面对疫情可能出现的蔬菜短缺问题，实现了疫情背景下的“蔬菜自由”。项目的开展引发了项目研发团队三方面的思考。

（一）真实学习：项目化学习价值取向的核心

21 世纪社会进入一个网络化、智能化与数字化的时代，教育的目的之一就是让学生在未来社会具备解决复杂问题的能力。但是学生接受的问题多数是良构的、封闭的、单一的，而真实世界中的问题往往是劣构的、开放的、综合的。因此，促进学生真实学习与深度学习，建构学生可迁移应用的大概念，成为项目化学习价值取向的核心。

真实学习导向的项目应注重真实情境、真实任务、真实体验和真实评估四个关键要素的设计。只有当知识、方法置于与现实问题和学习者兴趣相关的情境中，才更容易激发学习者的内驱力；真实任务的设计应该是劣构的跨学科活动，允许学生根据解决问题需要对完成项目的任务和子任务进行自主界定；真实体验让学生的知识、行为、思想价值在与真实情境的持续交互中进行构建，促进学习的有效迁移；真实评价强调与完成真实学习任务的过程无缝对接，进行形成性评价，帮助学生及时反思与调整。

此次“家庭蔬菜种植园的设计与搭建”项目就包括了真实情境、真实任务、真实体验、真实评估四个关键要素。例如，疫情隔离期间蔬菜购买不方便，如何吃上干净新鲜的蔬菜就是一个真实情境下的真实问题。在项目化学习过程中，学生通过调研需求，思考植物生长特点，绘制设计草图，运用身边的材料，如塑料盒子、尼龙绳、毛竹竿等，因地制宜搭建了家庭蔬菜种植园，并真正种出了蔬菜，在项目化学习过程中实现了知识和技能的跨学科跨领域迁移，通过解决劣构问题，真正发展了素养。

（二）大概念：项目化学习目标设计的核心

格兰特·威金斯和杰伊·麦克泰格提出：大概念既是各种条理清晰的关系的核心，又是使事实更容易理解和有用的一个概念锚点。浙江大学刘徽副教授认为，大概念是从具体中概括的抽象，是具体与抽象的协同思维，本质不是模仿，而是迁移。

大概念是连接学校教育与真实世界，构建可生长知识，培养可迁移能力的关键。大概念来源于真实生活，是反映专家思维的概念、观点或思考，其答案具有多元性、开放性。因此，提取了项目中的大概念，也就建立了学科知识和现实世界的关键联系。

本项目根据认知和实践两个维度，围绕大概念确定项目学习目标，即回答“学生要学什么？”“掌握何种具体能力？”“通过哪些教学方法与活动方式帮助学生掌握相应能力？”，提炼出项目设计路径（见图 7）。

提炼大概念
提炼项目大概念，并从"认知"和"实践"两个角度确定项目学习目标
落实真实评估
真实评估强调与完成真实学习任务的过程无缝对接，进行形成性评价，帮助学生及时反思与调整
设计真实任务
劣构的跨学科活动，允许学生根据解决问题需要对完成项目的任务和子任务进行自主界定
提供脚手架支持
恰到好处的脚手架，根据具体情境、学生学情以及与核心大概念的关联程度寻求最有利于学习发生的位置

图7 项目设计路径

在"家庭蔬菜种植园的设计与搭建"项目化学习过程中，学习目标设计体现了以用户为中心，学生在关心他人的同时也感受到了技术带来的温度；在项目实施过程中，学生的方案和作品时有失败，通过反思，借助有效失败，学生收获了克服困难的意志品质和元认知能力；学生在设计、搭建、种植等活动中，跨领域、跨学科的综合素养得到了有效发展，比如设计容器就要考虑植物生长的"阳光、空气、水分"等关键因素；线上的交流也培养了学生的沟通能力，在多种思维运用中，项目化学习让高阶学习真正发生，学生的创造性思维也得到了有效的培养。

（三）脚手架：项目化学习活动设计的核心

当下的传统学习，在学习结果的可迁移性、创造性运用方面存在一定欠缺。让学生经历有效失败，自主探究寻找问题答案的过程更利于深度学习的开展。

在开放综合的项目化学习活动中，学生会遇到多样的跨学科现实问题，若根据具体情境提供恰到好处的脚手架支持学习者成功解决问题，是非常有价值的。本项目为学生提供的脚手架包括项目挑战树、方案表、视频、观察表、记录表等。脚手架的设计不必面面俱到，要根据具体情境、学生学情以及与核心大概念的关联程度寻求最有利于学习发生的位置，这也是我们在后续的项目中要认真思考的。

点评

以大概念促真实学习

格兰特·威金斯等在《追求理解的教学设计》中提出，传统教学设计的两个误区包括“活动导向的设计”“灌输式学习”两种类型，前者在于学生“只动手不动脑”，后者在于缺乏总括性目标来引导。对于项目化学习的设计来说，容易出现类似于“活动导向的设计”的情况，仅仅将其定位为学生完成一个项目，而在实施过程中缺乏对项目意义的深度思考。此外，项目化学习还涉及多方面知识点，虽然指向问题解决，但容易出现学习零散的情况。解决这两个问题，无疑引入大概念是关键。大概念是使事实更容易理解的概念锚点，具有可迁移特性，反映专家思维方式，能够帮助我们将离散的主题、知识和技能联系起来。“家庭蔬菜种植园的设计与搭建”较好地体现了对大概念的把握。

该项目将大概念定位为“资源整合”。人类设计的产品、系统以及流程都需要资源，资源是完成技术与工程活动的基本投入。技术与工程的基本资源包括工具、材料、资金、时间以及人力等。家庭蔬菜种植园的设计与搭建需要充分利用空间、设施设备、时间等资源，为此项目驱动性问题设计为“如何整合有限资源，开展蔬菜种植以满足日常生活需要？”，这不仅能激发学习者内在动力，而且有助于学生围绕“资源整合”展开思考和探索。

大概念不仅具有统领性，使项目化学习目标导向更加聚焦，而且具有引导性，任务或活动中的核心问题（一些文献称为“基本问题”）往往围绕大概念的理解展开。例如，“植物生长需要什么条件？植物共同种植需要考虑哪些因素？”“限制家庭蔬菜种植园建设和蔬菜产量的因素有哪些？怎样整合资源进行容器结构的设计与美化？”“哪些因素会影响蔬菜的产量？哪些资源可以帮助你对项目进行迭代？”，一系列的核心问题构成了问题链，贯穿项目化学习的始终。

大概念、核心问题，促进了真实学习的发生。真实学习强调真实情境、真实问题、真实任务与过程、真实结果，其关键是过程真实，即学生是否像专家一样解决问题。而大概念反映了专家思维方式，配套的核心问题有助于激发学生进行与大概念相关的持续性思考，促进学生不断探究。在这个过程中，真实学习发生了。

（浙江省教育厅教研室　管光海）

项目2

小防护，大智慧：父母复工防护计划①

一、项目简介

本项目围绕“如何为复工父母做好防护”这一问题，引导学生通过完成“父母复工防护计划”系列任务，了解父母的工作环境和状态，思考父母复工的内在意义。在注重学科知识、思维训练的同时，也时刻不忘对学生进行感恩教育和爱国主义教育，引导学生用生命去温暖生命。

项目时长：8个课时；涉及学科：语文、科学、道德与法治、美术；涉及年级：三至六年级。

二、驱动性问题

疫情期间，父母上班面临一定的感染风险，无论是上班路上，还是在外就餐，或者在办公室与同事交流，如何为复工父母做好防护以避免感染呢？

三、学习目标

1. 了解新冠病毒的传播方式及感染新冠肺炎的相关症状，掌握防疫的基本措施。

2. 根据不同的交通方式、就餐方式、交流方式存在的利弊，提出合理可行的防护建议，并帮助父母完成下班归家后的居家防护。

---

① 本案例由杭州市淳安县姜家镇中心小学罗晓艳老师提供。

3. 对任务信息进行有效的加工重组，设计出具有针对性的父母复工防护小指南。

4. 在交流讨论中表达自己的观点，也能接受和融合别人的意见，完善和优化设计。

5. 感知并理解抗疫期间的社会生活问题，参与社会生活，学会用行动诠释爱。

四、项目评价

针对项目开展的不同阶段，制定相应的评价标准（见表1）。通过项目评价，促进学生不断反思，让深度思维真正发生。

表1 项目评价表

评价内容	评价指标	自评星级	互评星级
交通方式的选择	1. 能够了解父母的交通方式 2. 能给父母提出正确的出行建议 3. 能够说出选择这种交通方式的理由	☆☆☆	☆☆☆
就餐方式的选择	1. 能通过询问得知父母的就餐方式 2. 能给父母提出正确的就餐建议 3. 能够说出选择这种就餐方式的理由	☆☆☆	☆☆☆
交流方式的选择	1. 能通过询问得知父母在工作中的交流方式 2. 能给父母提出正确的交流建议 3. 能够说出选择这种交流方式的理由	☆☆☆	☆☆☆
归家防护“三步走”	1. 能够写出正确的洗手方式 2. 能够正确说出需要消毒的部位以及物件 3. 能够切实监督父母做到防护“三步走”	☆☆☆	☆☆☆
父母复工防护小指南	1. 能够制作防护小指南 2. 能够在防护指南中搭配相关图片 3. 小指南色彩丰富，有新意	☆☆☆	☆☆☆
总评： 防护小达人	□一星级（0—10颗星） □二星级（11—20颗星） □三星级（21—30颗星）		

五、项目实施

本项目选取新冠肺炎疫情期间“复工”这个社会各界共同关注的问题作为突破点，以学生的视角来有针对性地解决父母复工防护问题。学生从“交通方式的选择”“就餐方式的选择”“交流方式的选择”“归家防护‘三步走’”“父母复工防护小指南”这五个方面开展以“如何为复工父母做好防护以避免感染”为核心的项目化学习。

（一）分解问题，明确防护方向

教师提出驱动性问题“如何为复工父母做好防护以避免感染”，组织学生讨论，对驱动性问题进行分解，形成思考路径和问题链（见表 2）。

表 2　问题分解

如何为复工父母做好防护以避免感染?			
交通方式的选择	就餐方式的选择	交流方式的选择	归家防护“三步走”
如何规避上班路上的感染风险?	如何规避就餐时的感染风险?	如何规避办公室交流时的感染风险?	父母下班回家如何进行防护处理?
设计和制作父母复工防护小指南			

（二）深入调查，确定防护方案

在明确防护方向的基础上，全体学生对自己的父母进行采访，了解父母的交通方式、就餐方式、交流方式等，以便制订具体的防护计划。下面以任务一“交通方式的选择”为例，介绍学生如何开展调查活动。这一环节的操作如下。

任务一：交通方式的选择（1 课时）

目标：了解新冠肺炎疫情期间不同的交通方式存在的利弊，并根据所学知识提供合理可行的防护建议。

学习活动：调查了解父母上班的交通方式，思考这种交通方式存在的安全隐患，收集相关资料并填写父母出行防护建议及理由。

核心问题1：父母乘坐何种交通工具上班？

核心问题2：这样的交通方式存在何种隐患？

核心问题3：如何为父母规避上班路上的感染风险？

学生围绕“乘坐何种交通工具？存在何种隐患？如何规避感染风险”这几个核心问题，开展线下探究式学习。首先，学生明确父母复工选择的交通方式，然后通过观察生活现状、翻看报纸杂志、收看收听电视广播节目、查询网络报道等多种方式收集相应的防护措施，完成操作手册父母复工防护小指南的“交通方式的选择”部分。教师以样例示范，指导学生记录采访的内容，避免信息遗漏，样例如表3所示。由此，教师可以了解学生关于防护的已有知识和经验。

表3 任务一：交通方式的选择

A. 高铁 B. 地铁 C. 公交车 D. 摩托车 E. 电瓶车 F. 自行车 G. 步行 H. 其他__________	
爸爸的选择	
何种隐患	
如何规避感染风险	
妈妈的选择	
何种隐患	
如何规避感染风险	

但仅仅通过调查，学生获得的信息是不全面的、不完整的。学生可以通过钉钉直播等途径与教师、同学分享防护的意见和建议。教师适时引导学生分析他人的发言，提取关于交通方面的多种防护方法。教师层层设问，适时抛出问题，引导学生思考，于学生深思处抓教育点。要注意的是，教师此时提出的问题一定是能够被解决的且真实有价值的问题。

教师引入话题：同学们，你们的父母乘坐何种交通工具上班？

学生回答：我爸爸妈妈在外地工作，他们要坐高铁去上班。

教师继续提问：你认为这样的交通方式存在何种隐患？

学生回答：高铁里人特别多，容易造成交叉传染。

教师继续引导学生深入思考：车厢较为封闭，空气不流通，而且人流量大，你觉得爸爸妈妈怎样才能最大限度地规避上班路上的感染风险？

学生回答：一定要戴上口罩。

教师继续追问：还有吗？

其他学生补充道：不要随意触摸车厢内的物品，不要在车厢内随意走动。

学生在教师提供样例示范、组织讨论的基础上完成任务一，学会初步的探究方式，从而更加高效地完成任务二和任务三（见表 4）。

表 4 项目安排表

任务二：就餐方式的选择（1 课时） 目标：了解不同的就餐方式存在的防护隐患，并根据所学知识提供就餐时的防护建议。 学习活动：调查了解父母在工作单位的就餐方式，思考这种就餐方式存在的安全隐患，收集相关资料并填写父母就餐建议及理由。 核心问题 1：在工作单位，父母如何就餐？ 核心问题 2：这样的就餐方式存在何种隐患？ 核心问题 3：如何为父母规避就餐时的感染风险？
任务三：交流方式的选择（1 课时） 目标：了解在不同时间与地点不同的交流方式的利弊，并根据所学知识提供防护建议。 学习活动：调查了解父母在工作单位的交流方式，思考此种交流方式存在的安全隐患，收集相关资料并填写父母在工作单位的交流沟通建议及理由。 核心问题 1：在工作单位，父母如何进行交流？ 核心问题 2：这种交流方式存在何种隐患？ 核心问题 3：如何为父母规避交流时的感染风险？

学生围绕问题自主学习，探索各方面的知识，也可以形成学习伙伴，通过合作探究来解决复工父母的防护问题。如任务四，我们就可以采用合作探究的方式。

任务四：归家防护“三步走”（1 课时）

目标：帮助父母完成下班回家后的居家防护。

学习活动：思考下班回家的父母可以做的居家防护，写出正确的洗手和消毒方式。

核心问题 1：父母下班回家后如何进行防护处理？

核心问题2：父母下班回家如何正确洗手和消毒？

头脑风暴：父母下班回家如何进行防护处理？

学生形成初步的探究主题，按照归家防护的主题自由选择，分成若干组，明确各组子任务的目标。下面以消毒主题为例进行介绍。学生为验证自己的想法，通过调查得出以下结论：

1. 口罩的处理。口罩摘取后放在准备好的垃圾袋里，用70%—85%浓度的酒精对垃圾袋内的口罩进行消毒。消毒完毕之后将垃圾袋系好密封。

2. 外套的处理。外衣外裤用酒精喷射消毒之后，挂到通风的地方进行晾晒。

3. 随身物品的处理。随身物品如钥匙、手机、眼镜、鞋子等，可以用消毒湿巾，也可以将酒精喷洒在纸巾上对其进行擦拭。进门以后接触的物品，如门把手也需要进行消毒。

4. 酒精浓度以75%为宜。切忌让酒精接触明火。酒精要保存在阴凉、干燥、通风以及避光避火的地方，同时带盖存放，防止酒精挥发。

在各组完成探究活动后，教师指导各小组开展交流汇报，汇总素材，根据主题再次筛选、调整素材，明确归家防护的步骤。

（三）学思并行，成果迭代

围绕驱动性问题，成果会有多种表现形式。同时，成果要指向驱动性问题，体现核心知识。项目成果化环节具体设计如下。

任务五：父母复工防护小指南（4课时）

目标：根据任务一至四，综合考虑，为父母设计具有针对性的复工防护小指南。

学习活动：收集与父母复工防护相关的资料及图片，设计防护小指南。

核心问题1：父母复工防护小指南应该分为几部分？

核心问题2：不同的防护建议如何布局才合理？

核心问题3：通过哪些途径可以收集到设计父母复工防护小指南的相关资料及图片？

学生阅读教师提供的典型指南样例并进行讨论，了解指南设计的基本理念。教师组织学生开展线上头脑风暴：父母复工防护小指南应该分为几部分？学生列出父母复工防护小指南的初步提纲，根据提纲收集素材，进行文字初步撰写、图片寻找等活动。学生汇总所有素材后，根据每部分的防护主题再次筛选、调整素材，完成父母复工防护小指南的第一稿。

因为要综合考虑任务一至任务四的内容，学生在初次设计父母复工防护小指南的初稿时或多或少会有需要改进的地方。教师挑选部分作品，以“小制作，大比拼”为主题，通过线上直播的方式指导学生就他们制作的小指南的版式布局、图文搭配、色彩运用进行分享和讨论。学生在对比自己和同学的作品时，会顿悟“这个问题原来可以这样解决”，会发现并思考“与他们相比，我的作品在这个方面有优势，我怎么才能将这种优势放大”或“与他们相比，我的作品在这方面做得还不够好，我应该怎么改进”。这种意识能帮助学生自主探究更多的问题，实现学习的更大价值。

除了可以通过钉钉直播等形式给予集体性指导外，教师还可以通过微信文字、语音和视频等方式实现在线的个别交流与指导。教师根据每个学生的独特性做到因材施教，以多元化的指导方式满足不同学生的成果迭代目标。教师的引领非常重要，要于好奇处抓教育点，推动学生成果迭代。下面以一名学生的项目成果迭代为例进行介绍（见表 5）。

表 5　项目成果迭代示例

生 ×：罗老师，我的小指南（见图 1）完成了，你快来看看吧！ 罗老师：好的，我来看看。你的小指南是仿照样例完成的，仅仅是修改了文字部分。那么，你的作品和别的同学作品的不一样的地方在哪里？独特性怎么体现？
生 ×：我的第二稿（见图 2）完成了！ 罗老师：这次的小指南有了你自己的特色，值得表扬。你可以给爸爸妈妈看看你的作品哦！ 生 × 家长：哇！这是你给爸爸妈妈制作的复工防护小指南吗？好幸福啊！如果我能随身带着去上班就好了。 生 ×：这可难不倒我，我一定会好好思考，做出让爸爸妈妈满意的复工防护小指南！
生 ×：第三稿（见图 3）来喽！通过上网搜索各种各样的指南，我终于有了新想法。手绘翻页式可折叠指南可以让爸爸妈妈很方便地放进包里，需要时展开阅读即可！ 生 × 家长：我们非常满意！宝贝真棒！ 罗老师：升级版的小指南防护措施详尽，你化身为富有爱心的大白，给你的爸爸妈妈带去了温暖。

续表

罗老师：这个指南值得大家来学习，× 同学你愿意用美篇来分享你的制作小故事吗？生 × 爽快地答应了。于是，美篇云端指南（见图 4）上线了。除了爸爸妈妈可以通过手机端看到防护的温馨提示外，其他同学也可以学习生 × 的方法为他们的爸爸妈妈制作专属的复工防护小指南。

图 1　模板式指南

图 2　手抄报式指南

图 3　手绘翻页式可折叠指南

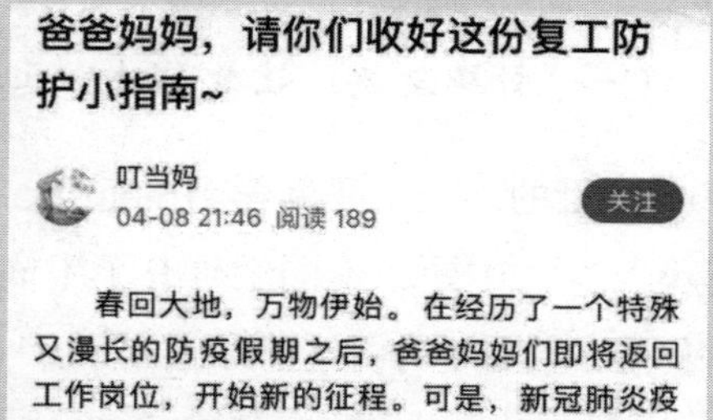

图 4　美篇云端指南截图

任务五是项目成果化阶段的重要环节，学生在此阶段要通过调查总结出针对复工父母的有效防护措施及建议，并且制作成父母复工防护小指南。利用美篇等线上制作展示平台将线下成果转化成有画面、有声音的云端父母复工防护小指南。这种公开成果传播会发动更多的学生参与到为复工父母做防护计划的行列中来。该环节将艺术与科学进行有机融合，推动学生创意成果转化的不断完善与发展。

（四）心怀感恩，助力公益

在完成整个项目后，教师引导学生进行活动反思。

教师：同学们，你们通过这次活动有什么感受？

学生：我发现在抗击疫情的战斗中，有许许多多默默付出的人。我想像他们一样采取行动做力所能及的事，不光只是帮助我自己的爸爸妈妈。我参加了学分公益捐赠活动，捐出了通过完成在线作业一点点积攒下来的所有学分，用来帮助湖北省受新冠肺炎疫情影响的小朋友们。

综观整个项目化学习的过程，学生会不可避免地接触到一线抗击疫情的感人事迹，从内心深处感恩那些默默奉献的人。有的学生通过这次学习体会到了学习的价值，并把这份价值转化成了抗疫帮扶行动的正能量，以己之力，传播温暖。因此，在项目收尾阶段，教师要特别注意情感升华。

六、项目成效

（一）引疑激趣，让教学映照真实世界

项目的终点，是新学习的起点。围绕“如何为复工父母做好防护以避免感染”这一主题，不同学生有了不同的成果。本次项目化学习活动涌现出许多优秀的作品，学生们都交出了令自己满意的答卷。

《父母复工防护小指南》（余臻）

《父母复工防护小指南》（章姜平）

在传播这些成果的过程中，学生得到了积极的、正面的反馈，意识到自

己有解决这类问题的能力。这次的项目化学习从学生的现实生活出发，又回归现实生活，引导他们发现生活中更多有价值的问题，并尝试解决，提高了学生感知社会生活问题的敏感度和参与社会生活的能力，让教学映照了真实世界。

（二）知行合一，让实践渗透生活点滴

知中有行，行中有知。学生通过云端学习不仅掌握了基本的防护知识，形成了科学的防护观念，能够感悟疫情下的公民责任与担当，更懂得如何把通过上网查询、翻阅书籍、观看纪录片、查阅报纸等方式收集到的有效信息运用于生活，改善和服务生活，学会了用行动诠释责任与担当，让项目化学习成为成长的平台。

（三）家校联动，让习惯成就美好未来

在成果交流会上，参与的学生及其家长都针对本次项目化学习分享了他们的体会。学生们各有收获，他们发挥了主观能动性，成为学习的主体。家长和教师都发现，只要给予孩子足够的时间和学习支架，他们能做的事可以超乎我们的想象。教育是舍得的艺术，要舍得花时间让孩子去思考、去探索、去发现，用慢的艺术让他们慢慢成长，用牵着蜗牛散步的心态来陪伴他们。

七、项目反思

（一）总体评价

本项目传递着科学防护的理念，引导学生认识到小防护中有大智慧，要做好科学防护。此次项目化学习还凝聚了抗击疫情正能量，师生共同学习共同改变，潜移默化地将科学的防护方式带回家庭，对身边的每一个人产生积极的影响，从而加强全社会全民参与疫情防控阻击战的效果。

（二）学生：每一次放手，每一点进步

如果把项目化学习比作一个圆，学生一旦在圆内找到了自己的立足点，就可以开始绘制自己的圆。圆的大小不一，主要依靠学生的探究学习扩大圆

的范围。

在本次项目化学习中，学生成了学习的主体，教师由知识的传授者转变为学生学习的引导者和学生发展的促进者。学生在项目化学习中把“解决问题”作为第一准则，分辨他所面对的‘知识’对“解决问题”是否有用。当他发现‘知识’无用时，就会选择把它放到一边，然后继续探寻能够解决问题的“知识”。因此，有学生说：“这次的学习就像是一个闯关游戏，闯到哪一关都要靠我们自己，当我们现有的‘知识’无法满足我们闯关的要求时，我们就会主动地去吸收‘知识’，寻求伙伴、老师和家长的帮助，最终攻克难关，从中我们也获得了深深的满足感。”从一定程度上说，项目化学习使学生的元认知能力得到了极大的提高。

在这一过程中，学生有了不同的收获。有的学生学到了很多有关防治病毒感染性疾病的科普知识，懂得要增强自我防护意识，提高自我防护能力。有的学生意识到了保护环境的重要性，明白了爱护野生动物就是爱护人类自己的道理。有的学生感受到了危机面前中华儿女坚强勇敢、团结一致等优秀品格，坚定了发扬中华民族传统美德的信念。学习的收获应该是开放的而非局限的。学生体会到学习的价值，获得各自的经验和积极向上的情感体验，并且在合作与交往中发现了自我，用自己的方式发光发热。

在此次项目化学习中，教师们也许都发现了让学生获得成长是学习的最终目的，学生才是学习真正的主人。教师要给予学生充足的时间让他们“胡思乱想”，让每一个孩子都用自己的方式去收集资料、整理信息、解决问题。

（三）教师：每一步挑战，每一点突破

如果说把这个项目化学习比作一个圆，那么一开始，教师把自己放在了圆心的位置，学生围绕着教师转。渐渐地，有的学生在圆内找到了自己的立足点，开始往外画圆。教师惊喜又惶恐。惊喜的是学生开始独立思考，积极探索圆外的世界。惶恐的是作为一名教师，遇到了许多的专业瓶颈，这一过程也让教师必须跳出舒适圈，突破边缘，再次窥见外面的世界。

在全民参与疫情防控阻击战的时代背景下，设计和开展“父母复工防护计划”这个项目是一次全新的尝试和挑战。在设计项目化学习的过程中，教

师不断地看书学习、咨询专家，用他们能够想到的、做到的方法去尽可能地拓宽学生的学科视野。在一次次的学习对话中，教师自身的专业素养得到了提升。在用实际行动推动学生感受学习价值的过程中，教师的效能感也大大增强。

由于疫情的影响，教学方式由以教师为中心的课堂教学转变为以学生为中心的线上教学。在线上教学过程中，学生的注意力极易分散。因此，在项目准备阶段尤其要注意于学生动情处抓教育点。最典型的方式就是将微故事融入微课中。比如通过分享微故事《穿着防护服的护士姐姐》，展示科学的防护措施及方式，既凸显防护衣的重要作用，又可以潜移默化地向学生传递众志成城、抵抗疫情的决心。因此，制作项目化学习微课并融入故事情节可以有效地将学生带入情境，于动情处抓教育点，引发学生的情感共鸣。

"小防护，大智慧"教学微课

（四）改进建议

通过采访一些学生，了解到父母复工防护小指南的形式不仅仅局限于纸质形式。学生有很多奇思妙想，比如开发设计父母复工防护手机铃声、父母复工防护手机屏保、父母复工防护电脑壁纸、父母复工防护卡贴和父母复工防护钥匙扣等周边作品。在接下来的实践当中，我们会一步步将上述作品一一呈现。

点评

项目化学习中的驱动性社会问题设计

基于真实情境的问题解决是项目化学习的基本特征。疫情期间，防疫问题、生命教育、公共安全教育、心理健康教育等一系列主题鲜活又具体地呈现在学生面前，“抗疫情大战场”也成为学生项目化学习选题最为直观的情境来源。帮助学生捕捉这一现象背后有意义、有价值的选题，是推进项目化学习的一个重要任务、重要契机。本案例中，学生项目化学习的任务是由抗疫情背景下，“如何为复工的父母做好防护”引发的。通过这一驱动性社会问题的设计，引发学生分析问题、确定主题、深入思考并实践探究。

其一，回归真实情境，引发连续问题。本案例中所有的驱动性问题都围绕“如何为复工父母做好防护”展开。学生如同抽丝剥茧般地解构问题，生成包括放置在“上班路上”“就餐时”“办公室交流”“下班回家”四个情境中的问题设计，体现了将研究问题还原到现象本身的特点，巧妙地引导学生深入了解父母的工作环境和状态，为增进亲子理解、加强交流提供了机会。

其二，引导问题解决，唤醒社会责任。好的驱动性问题设计，需要促发学生社会参与的意愿和责任意识。该项目的驱动性问题设计，指向为父母做好防护提供有效方案。“规避感染风险”成为这一项目中驱动性问题设计的核心。学生在开展项目化学习活动时，不仅要关注父母的复工，更要就复工期间的防疫措施给出自己的方案和对策。这样的问题设计引导学生从“我想知道什么”走向“我能做什么”，通过深度思考和研究，给出自己的对策和发现；同时，这样的驱动性问题促进学生关注社会、理解社会，唤起学生的责任意识，立志通过实践探究寻求解决方案。

（浙江省教育厅教研室　方凌雁）

项目3

设计学校门口体温检测移动房①

一、项目简介

复学在即，为做好新冠肺炎疫情防控工作，学校要购买一个测温安检门、若干个热成像自动体温检测仪，用于进出校门人员的体温检测。但气温、风雨等因素会干扰体温检测仪测量的准确性和速度，为此，学校开展本项目化学习活动，使学生在充分了解新型冠状病毒的特点、传播途径和预防措施的基础上，综合利用所学知识，根据工程设计流程为学校设计一个校门口体温检测移动房，为学校防疫第一关提供自己的设计方案。

本项目适用七至九年级学生，时长4周，共8课时，涉及科学、数学、技术、工程、语文、美术等学科。

项目流程如图1所示。

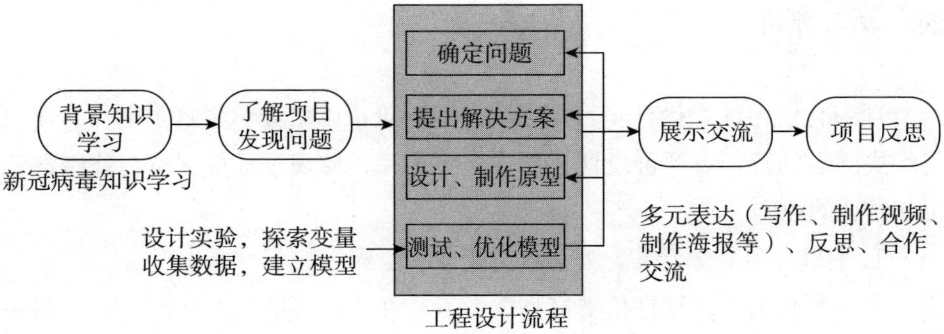

图1 项目流程

① 本案例由绍兴市柯桥区实验中学沈志勇老师提供。

二、驱动性问题

复学在即，校门口的新冠肺炎疫情防控，尤其是对进校人员的体温检测，是学校新冠肺炎疫情防控的第一关，但气温、风雨等因素会干扰体温检测仪测量的准确性和速度，学校上学、放学时段师生进出校门又非常集中，极易产生拥堵和交叉感染，对此如何为学校设计一个既安全、美观，又能够准确、快速检测进出校门人员体温的体温检测移动房？

三、学习目标

1. 了解新型冠状病毒的特点、传播途径和预防措施。

2. 能收集上学、放学人流量数据，并对数据进行处理，制作图表，建立数学模型。

3. 能够根据病毒防控有关规定、数学模型等相关知识和学校的实际情况，考虑安全、材料、性能、效率、美观、成本等因素，按工程设计流程设计解决方案。

4. 综合运用文字、图表、视频等多种形式，灵活地呈现设计方案。

四、学习评价

项目化学习注重设计学习支架和学习评价，以培养学生自主学习、发现与解决问题的意识。评价设计在形式上要多元，体现过程性评价与终结性评价相结合的原则。

1. 明确评价载体标准，覆盖项目化学习全程

基于量规的表现性评价贯穿整个学习过程。采用量规（见表 1）、学习手册等工具，重点评价学生的发展层次和发展水平，关注对学生问题解决能力和创新能力的评价。教师通过钉钉学习平台、微课等方式给予学生个性化的反馈，促进学生对知识的深度加工及核心素养的提升。基于工程设计的项目化学习评价量规的制定包括以下步骤：第一，归纳基于工程设计的项目化学

习流程框架；第二，从项目流程、分享表达、团队合作等维度，确定基于工程思维的项目化学习的过程性目标；第三，编制基于工程思维的项目化学习评价量规，确定一级指标。通过量规，让教师衡量课堂教学离预设的目标还有多远，以便做出基于证据的教学决策；让学生在整个学习过程中清楚自己学到了什么程度，对自己的学习结果有清晰的了解。

表1　项目评价量规

元素	5分	4分	3分	2分	1—0分	得分
学习笔记	笔记完整	笔记完整率达80%	笔记完整率达50%	笔记完整率低于50%	笔记很少或几乎没有记笔记	
设计概要	设计概要包括所有必需的信息，如问题陈述、局限性和可行性等	设计概要完成80%	设计概要完成50%	设计概要完成度低于50%	设计概要完成度低于25%	
研究记录	研究记录包含设计的想法来源，展示四种以上研究资源	只记录部分内容，有一到两种想法没有涉及，只有两到三种研究资源	研究记录很少或没有涉及资源问题	除了教科书或教师提供的资源之外，没有其他的研究记录	几乎没有任何研究记录	
设计草图	所有的草图非常完整，并能标注所有重要的信息。草图设计是原创的且完整	草图缺少一些重要信息，比如标签。草图设计基本原创	草图较完整，但缺少了一半左右的部件标识。草图设计部分原创	草图信息不完整，草图设计非原创	很少或根本没有草图	

续表

元素	5分	4分	3分	2分	1—0分	得分
原型	符合安全、美观、准确、快速、低成本、创意等要求	满足其中四项要求	满足其中三项要求	满足其中两项要求	满足其中一项要求	
测试	设计了影响检测安全性、准确性、速度等因素的实验，在测试中不断改进数据模型，记录详细	设计了影响检测安全性、准确性、速度等因素的实验，数据模型较准确，但缺少迭代，记录较详细	设计了影响检测安全性、准确性、速度等因素的部分实验，有数据模型，记录较详细	模型功能不全，只能测试 1—2 项功能，没有建立数据模型，记录不详细	模型不起作用	
原型改进设计	原型具有创意，设计过程中改进原型四次以上	原型具有创意，设计过程中改进原型三次以上	原型具有创意，设计过程中改进原型两次以上	能够对原型做简单改进	原型没有任何改进设计	
团队工作	建立网络团队，始终能认真倾听团队成员的意见，尊重不同意见，有效沟通，进行合作	建立网络团队，一般能听取团队成员的意见，尊重不同意见，大部分时间可以有效地交流	学生较少听取其他同学的意见或尊重不同意见，不能有效地交流	学生不听取其他同学的意见，也不尊重不同意见，不能有效地交流	学生几乎没有任何交流或合作，不能按时完成项目	

续表

元素	5分	4分	3分	2分	1—0分	得分
评价	能用评价标准进行完整的评价，并且每个团队成员都能得到评价反馈	有些设计无法用评价标准进行完整评价，有些成员没有得到有效评价	部分设计无法用评价标准进行完整评价，多数成员未得到有效评价	大部分设计无法用评价标准进行完整评价，成员较少获得评价	设计不完整，无法进行评价	
反思	能对作品和项目化学习进行反思，在反思中提出四个以上问题，表述清晰	能对作品和项目化学习进行反思，在反思中提出三个以上问题，表述较清晰	能对作品和项目化学习进行反思，在反思中提出两个问题，表述较清晰	反思较少，表述不够清晰	学生没有完成反思，表述不清晰	

2. 设计多元评价，注重全程评价引导

过程性评价与终结性评价相结合贯穿整个在线项目化学习过程，通过评价，引导学生联系具体学科或领域的专业知识进行思考，让高阶学习发生。

每个任务都设计了产出成果，有问题清单、项目研究报告、设计方案、制作出的物品、视频等，家长评价、教师评价与学生自我评价、团队评价结合，围绕学习过程中的数据和结果展开对话，提高学生自我效能感、学习投入度、学习心智水平，促进学生自主学习、自我管理、自我激励，形成对学习质量评价的全程覆盖。

教师主要利用问卷、电子表格完成评价数据的收集工作，利用照片、视频等素材评价目标的达成度、小组合作方面的表现，比如线上组员合作学习的参与度、讨论的自由度和相关度等。家长代替教师完成一部分评价，以获得更好的反馈效果。在教师评价、家长评价之外，线上项目更多地采用学生自我评价与团队评价策略（见表2），它能让教师洞察小组智慧中的个人贡献，同时也促进了团队协作和学生的评价意识、能力的发展。

表 2 团队评价表

团队评价项目	非常同意（3分）	同意（2分）	较同意（1分）	不同意（0分）
我的团队一起工作得很好				
我的团队展示了解决问题的能力				
我的团队态度积极				
我的团队完成了创建任务				
我的团队讨论并反思了我们的工作				

五、项目实施

任务一：了解项目，团队建设（1 课时）

学习目标：提高沟通、合作能力。

核心问题：如何开展线上防疫项目化学习？

学习活动：组建网络学习小组，通过视频会议明确学习目标与意义；学习工程设计流程；完成小组分工安排。

学校召开全校性专题视频会议，明确线上防疫项目化学习的意义与要求。学生在线上提道："第一次接触项目化学习，感觉既新奇又无从下手。"班主任、相关科任教师通过班级视频会议发放学习手册，明确项目目标、任务、流程、日程安排等；指导学生使用学习手册；指导学生组建项目化学习小组，小组队员（包括家庭成员）合理分工；分享项目化学习流程，尤其是工程设计流程，指导学生按流程开展学习与实践；指导学生在解决问题过程中联系具体学科或领域的专业知识，像专家那样思考和解决问题。

例如，七（10）班成立了"超能战队组""雨过天晴组""后盾团队组""异想天开组"四个项目化学习小组，形成了互相竞争、合作共赢的团队机制。学生们相信只要大胆尝试、勇于探索、敢于创造，就一定能交上满意的设计蓝图，为学校抗疫贡献自己的一分力量。

任务二：了解新型冠状病毒（1 课时）

学习目标：通过网络学习，了解新型冠状病毒的特点、传播途径和预防措施。

核心问题：（1）新型冠状病毒是怎样传播的？如何防控？

（2）为防控疫情，学校在校门口该如何做？

学习活动：学生通过网络学习，了解新型冠状病毒的特点、传播途径和预防措施。运用 KWH① 表梳理已经知道了什么、还想知道什么、想运用这些知识解决怎样的问题，用思维导图、海报、笔记等形式进行学习成果的展示。

对于问题"为防控疫情，学校在校门口该如何做？"，学生根据新型冠状病毒的传播特点做了非常好的应对设想。海报、笔记不仅仅是对内容的记载，还针对病毒的特点、传播途径和新冠肺炎的症状提出学生、学校该怎么做的建议，如表 3 所示，学生提出分批上学和放学、建立体温监测点、设置多门多通道进入校园等措施，并分析了各措施的优缺点。

表 3　学生梳理的上学和放学时校门口防疫措施

具体措施	优点	缺点
分批上学、放学	易于施行，能够有效降低人流量	容易引起师生的不满情绪，对于维持秩序的要求较高
建立体温监测点	能有效监控师生的健康状况	需要更多人力支持，且会降低师生流转效率，造成滞留
设置多门多通道进入校园	在出入校园时进行有效的隔离，保障了较高速度的学生进出	需要匹配相应的宣传措施，多门多通道不利于校园人员管理

运用 KWH 表（见表 4）呈现学生的问题，促进学生围绕驱动性问题明确任务流程、学习目标，梳理出个性化的学习内容。如表 4 中"我还想知道什么？"中"最近季节发烧人数在总人数中占比"，"我想运用这些知识解决怎样的问题？"中"发生应急情况时如何处理"等偏离本项目学习目标的问题，

① KWH，分别是 Know、What、How 的首字母，代表已经知道了什么、还想知道什么、想运用这些知识解决怎样的问题。

教师及时做了干预。同时教师从 KWH 表中梳理出学生对概念、问题理解的差异，基于学情预设干预措施。

表 4　KWH 表

我已经知道了什么？	我还想知道什么？	我想运用这些知识解决怎样的问题？
1.新冠病毒的感染症状。(发热，干咳，乏力等) 2.新冠病毒的传染途径。(飞沫传播和直接接触传播) 3.新冠病毒传染的有效预防和隔离措施。	1.学校各时段进校人数分布。 2.红外体温检测仪的正常效率。 3.最近季节发烧人数在总人数中占比。 4.人工检测的正常效率。	1.如何设计通过检测房的程序？ 2.如何在各时段安排志愿者？ 3.发生应急情况时如何处理？ 4.如何保证检测房内的卫生安全？

任务三：明确体温检测移动房的设计要求（1 课时）

学习目标：根据要求与限制条件，明确要解决的核心问题。

核心问题：（1）体温检测移动房设计的目标是什么？

（2）体温检测移动房设计的限制条件有哪些？

（3）如何做到检测安全、准确、快速？

学习活动：学生围绕任务目标和核心问题，通过网络搜索信息、调研、采访学校后勤部门工作人员，收集体温检测移动房的各项要求，明确设计目标和限制条件（安全性、材料、准确性、效率、美观性、成本等因素），分析、提炼出要解决的核心问题。

教师给出解决问题的一般步骤（见图 2），并通过对学生填写的设计问题清单的反馈与指导，让学生明白问题解决是一个明确结构不良问题的目标和克服障碍的过程。如七（10）班学生梳理的问题清单，首先将驱动性问题分解成“学生未戴口罩会带来防疫风险吗？”等小问题，教师指出“我们想实现什么？这个是我们要达到的目标吗？”，将学生拉回项目目标。此外，学生填写的解决方案中，缺少对学校实际情境的有效分析，此时教师指导学生对“现实障碍和可利用资源”进行充分的分析和讨论。

图 2 项目化学习解决问题的一般步骤

任务四：制订体温检测移动房的设计方案（1 课时）

学习目标：（1）通过工程设计流程提出解决方案；

（2）会评价与选择（权衡）各种不同的解决方案。

核心问题：选择这个解决方案的原因是什么？

学习活动：学生围绕分解的问题“移动房尺寸怎么定？测温设备怎么装？需要几个测温门？人流统计和调控怎么办？”等进行头脑风暴，激发创意。从以人为本的角度出发，制订个人方案（见图 3）。之后根据评价标准和决策表确定小组设计方案。最后通过网络交流讨论，完善设计方案。

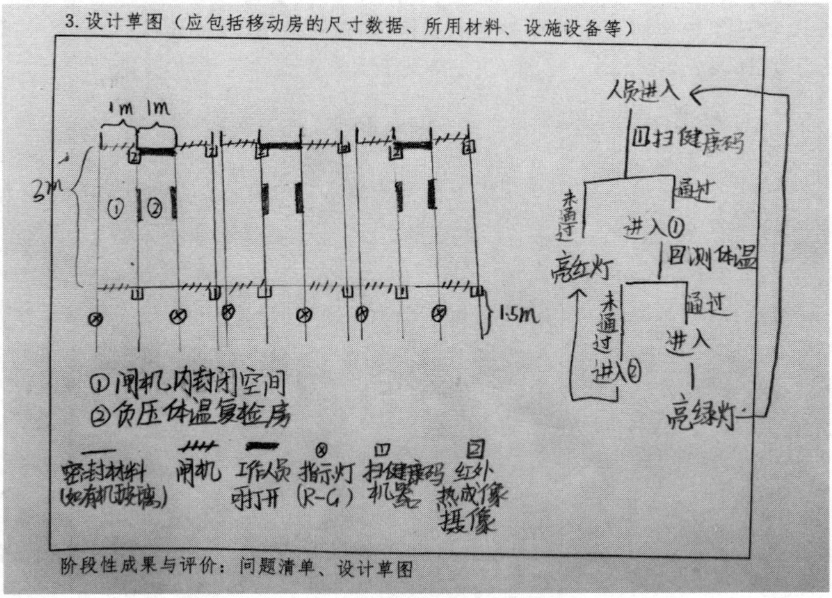

图 3 学生设计的方案草图

学生头脑风暴出尽可能多的解决方案，师生一起讨论、完善体温检测移动房评价标准（见表 5），对测量的准确性与速度赋予更多权重，师生共同形成决策矩阵，团队在线上对照标准做出决策，如表 6 为七（15）班第一组的设计方案决策表。通过这些加强学生对与决策有关的信息进行收集、甄别、分类、组织推理、分析的能力。

表 5　体温检测移动房评价标准

标准	3 分	2 分	1—0 分
安全	体温检测移动房内设计三项及以上防疫措施，无感染病毒风险	体温检测移动房内设计两项及以上防疫措施，有一定的感染病毒风险	体温检测移动房内设计一项防疫措施，感染病毒风险较高
	体温检测移动房结构非常稳定，能抵抗 6 级风力。综合考虑防拥堵踩踏、防消毒中毒、防撞、设备稳固等多项安全因素	体温检测移动房结构稳定，能抵抗 3 级以上风力。考虑两项安全因素	体温检测移动房结构仅能在 3 级以下风力下使用。考虑一项安全因素
美观	造型、色彩非常符合学校建筑整体风格，很好地体现了学校文化	造型、色彩较符合学校建筑整体风格，一定程度上体现了学校文化	造型、色彩未考虑学校建筑整体风格，未体现学校文化
检测准确 ×2[①]	综合考虑流汗、风力、雨雪、空调等测温影响因素，所选设备完全符合学校实际。有二次筛查方案	考虑到了两个测温影响因素，所选设备较符合学校实际	未考虑测温影响因素，所选设备不符合学校实际
检测快速 ×2	针对上学、放学不同时段的数据模型，采取不同的检测方案。每个学生能在 3—4 秒进、出校门，校门口不拥堵	针对上学、放学不同时段的数据模型，采取不同的检测措施。每个学生能在 5—6 秒进、出校门，学生需排队进校	未采集上学、放学不同时段的数据，采取的检测措施不合理，每个学生进、出校门在 6 秒以上，造成校门口拥堵
成本	总体成本控制在 9—11 万元，有具体的成本规划	总体成本在 5—8 万元或 12—15 万元，有较具体的成本规划	总体成本 ≤ 5 万元或 ≥ 15 万元，未做具体的成本规划
创意	作品新颖、构思独特且符合科学、技术等标准，作品具有想象力和个性	作品新颖，构思较独特，作品具有一定的想象力和个性	作品来源于测温产品说明书

① ×2，表示双倍记分。

表6 设计方案决策表

班级：七（15）班第一组

方案	优点	缺点	方案决策
方案1	1. 结构简单。 2. 移动方便。 3. 造价低廉。 4. 可以做到快速测温通行。	1. 不符合项目中所提供的设备条件。 2. 测温受外界影响较大。 3. 不美观。	1. 方案1测温受外界影响较大，也不符合项目中所提供的设备条件。 2. 学校与实验小学和柯桥中学在同一地段，早、晚三所学校已经实施错峰上下学来缓解交通压力。如果采用一个测温安检门，由于测温速度限制，要按年段错峰上学和放学，和其余两所学校的上学、放学时间会重合，交通拥堵，影响学生到校和离校时间。 3. 一个测温安检门如果发生故障，用手持测温仪进行补充测温，测温速度更慢，会发生校门口拥堵现象。 4. 采用三个测温安检门测温速度快，可以按正常上学、放学时间，设置好隔离栏后，学生可以快速、有序进出学校，学生的学习时间也相对一致。 5. 采用三个测温安检门测温，测温效果保障率高。 综上，经过小组讨论，决定采用方案3。
方案2	1. 结构坚固安全。 2. 测温环境相对稳定。 3. 达到美观要求。	1. 造价较高。 2. 体积较大，移动相对不便。 3. 因测温房内只有一个测温安检门，测温速度较慢。	
方案3	1. 结构坚固安全。 2. 测温环境相对稳定。 3. 达到美观要求。 4. 采用三个测温安检门同时测温，测温速度快。	1. 造价最高。 2. 体积较大，移动不方便。 3. 每天设置移动隔离栏，比较麻烦。	

1. 每个方案的优、缺点至少要有三条。

2. 优、缺点要基于证据，进行简单的分析或解释，表达要具有说服力。

任务五：制作、优化体温检测移动房的模型（2课时）

学习目标：（1）通过工程设计构建、测试、修改模型；

（2）解释影响检测安全性、准确性、速度的因素，以预测体温检测移动房的效果；

（3）掌握科学方法、数学建模。

核心问题：（1）体温检测移动房内的不安全因素有哪些？

（2）影响检测准确性的因素有哪些？

（3）影响检测速度的因素有哪些？

学习活动：学生围绕任务目标和核心问题，根据家里的材料进行草模制作，设计探究影响体温检测安全性、准确性、速度的实验，在实验中不断改进数据模型，完成初步测试。学生通过网络发布草模，立体化表达设计，与家人、同伴交流，在教师引领下反思、优化方案。

学校体温检测移动房必须配备采用移动支架的备用测温设备（见图 4），它的检测准确率跟哪些变量有关？学生们在线上讨论，设计相关实验，探索变量，在家用手机和移动支架模拟实验，在交流合作中得出移动支架的最佳高度、最佳角度等。

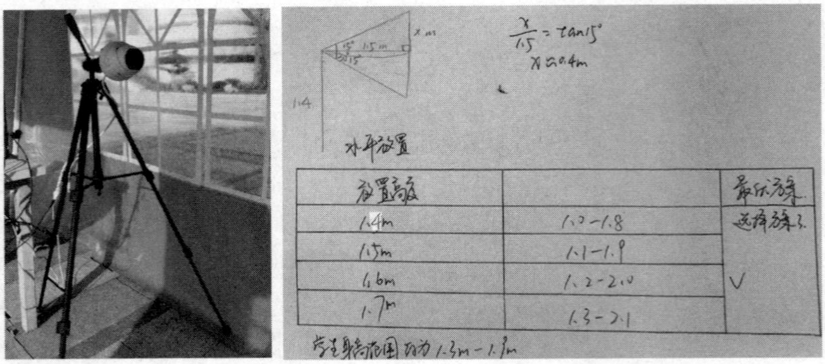

图 4　采用移动支架的测温设备的最佳高度设置

学生能结合生活经验，进行晴天、雨天简单的问题分类，会采用问卷星开展调查与数据采集，但在问卷设计、数据采集中容易出现问题。如八（9）班某小组对早晨各时段进校学生人数进行统计，但该小组只获取了 63 个有效数据，样本容量太小，不具代表性，而且统计时选择了不能反映具体数据的扇形统计图。进一步了解发现，首先，该小组没有设计详细的调查方案，没有设计让更多的同学参与网络调查的方法，缺乏调查的经验；其次，该小组缺乏通过网络与其他班、其他组合作、共享数据的能力。因此，学校 STEAM 教育团队制作了辅导微课，将调查核心概念分解成若干小问题，开展专题讨论和辨析。

首先，在讨论阶段提出如下问题：

（1）在我们的项目中为什么要对上学、放学时段进、出校人数进行统计？

（2）请你制作一张“柯桥区实验中学学生进校统计图”，制作统计图的步骤有哪些？

（3）你如何获得数据？要选取多大的样本容量？怎样的数据才具有代表性？请跟小组成员讨论，制订方案。

（4）在收集到的数据中，哪些数据是有用的？哪些是无用的？你是如何决策的？

（5）你如何用样本估计总体？请将你的统计结果与其他同学的进行比较，看看谁的统计结果更加准确，并找出其中的原因。

学生在此基础上开展统计图表相关内容的自主学习，并通过网络与同学、教师讨论、交流，对调查方案做出改进。

其次，结合一些班级小组的具体案例与学生进行讨论。

如七（15）班第一小组的学生在设计方案中选择的测温安检门的测温响应速度为 1 秒，但通过分析安检门厂家提供的视频，发现一名学生正常通过测温安检门需要的时间在 1.5—2 秒。学生通过对早晨学生进校情况的统计还发现阴雨天 7：00 —7：05 时段有 205 人左右进校门。据此小组同学认为：一个测温安检门每分钟可以检测 30—40 个学生，5 分钟只能检测 150—200 个学生。因此，建议安排测温志愿者进行人工测温。而经测试，测量一名学生的额温需要 10 秒，所以在此时间段，安排了 1 名测温志愿者。学生最后根据“柯桥区实验中学学生进校统计图”，制作了学生早晨分时段到校数与体温检测数的数据模型，并据此设计了设备配置方案。

师生通过上述活动讨论案例的优点与问题，各小组分享自己的做法及数据模型。教师引导学生在测试、交流的过程中不断改进数据模型。

任务六：展示设计成果（1 课时）

学习目标：多样、灵活表达设计成果。

核心问题：如何让学校采用你们小组的设计？

学生活动：学生通过网络展示设计成果和学习过程，并分享在整个项目化学习中学到了什么，以及如果再次接受挑战会采取哪些不同的方法。

各小组将整个学习过程、设计成果、学习体会等，采用视频、海报、新闻稿、PPT（幻灯片演示文稿）等形式，分享在班级钉钉群、微信群，班主任择优推送至全校钉钉群，学校通过校公众号、当地报刊、各级网络新闻媒体推送优秀作品，学生从中进行比较、分析，体会每个小组在学习过程与设计成果上的优势与不足。学校结合项目评价量规（见表 1）开展校级评比，并在建设校门口体温检测移动房的时候采纳了一些小组的设计成果。

任务七：项目反思（1 课时）

学习目标：以项目实施过程为思考对象，对自己的行为、决策、结果进行审视和分析。

核心问题：小组设计的成果是否解决了实际需求？

学习活动：学生回想整个项目实施过程中收获了什么，并与学校最终建成的体温检测移动房进行比较，思考自身设计的优缺点有哪些，如果再做此项目需要在哪些方面做改进。填写反思表、项目化学习评价表等资料。

教师对学生填写的反思表、个人评价表、团队评价表、项目化学习评价表、学习手册等进行评价与指导。

六、项目成效

本次抗疫情项目化学习，强调学生高阶学习的发生和核心素养的提升，学生采用线上、线下相结合的学习方式，联系具体学科或领域的专业知识与思考，尝试运用工程和设计思维解决疫情后期学校复学面临的真实问题，全体学生经历了一次完整的项目化学习过程。学生从学会解决书本中的问题到学会解决生活中的真实问题，独立思考、自主创新、合作交流等核心素养得到提升，敬畏生命、不负使命、勇于担当的社会责任感和爱国主义精神得到增强，他们与时代同频共振。

学校收到了各班丰富的学习成果，如项目化学习手册、海报、展示 PPT、视频等内容，存量达 50G。最终结合学生学习过程和结果进行评价，27 个小组方案分获一、二、三等奖。学校在建设校门口体温检测移动房的时候，借鉴采纳了学生们的设计方案，最终安装了一道测温门和一套移动自动体温检测仪，三个年段分别错时 10 分钟上学，2600 多名学生在 30 分内按防疫要求上学、放学，为学校防疫筑好了第一道防线。

七、项目反思

尽管我们已经经历了 STEAM 课程平移、拓展课程 STEAM 课程体系的开发和实施，但是设计项目化学习方案的时候，我们还是遇到了很多的困难，如混淆了主题性学习、综合性学习与项目化学习的一些特征，项目设计流程错位，提炼的驱动性问题不确切，在浙江省教育厅教研室管光海博士等专家的指引下，我们规范了项目设计的流程：

课程标准→核心概念、能力→本质问题→驱动性问题→任务→活动

学校 STEAM 教育团队按照规范的项目设计流程，通过线上视频会议、协同办公等方式，设计项目方案：（1）确保项目呈现内容的完整性；（2）准确设置驱动性问题；（3）有序安排项目实施环节。围绕驱动性问题解决过程，我们精心设计并安排体现实践性、探究性、自主性的学习任务，各个环节整体考虑，有序安排。此外，为保证项目设计的落地，还预设了促进高阶学习的支架与评价。

然而，在一个多月的项目实施中，我们也感受到一些教师对 STEAM 教育理解有偏差，高阶思维引导、实践过程指导策略缺失，使班级学生的整个项目化学习趋于“小制作”活动。

点评

项目化学习中的工程实践

项目化学习强调跨学科，但从涉及的学科来说，项目化学习有不同的侧重，比如社会领域的项目化学习、科技领域的项目化学习的侧重略有不同。而项目化学习与 STEAM 教育的结合无疑是当下的热点，这种结合带来的是对工程实践的关注。本项目清晰地呈现了工程设计的流程，包括发现问题、明确问题、提出解决方案、制作模型或原型、测试并优化。虽然不同项目的侧重点有所不同，或不同年级项目流程的复杂程度有所不同，但该流程涵盖了工程设计的基本环节。不过，若仅仅关注流程，而没有抓住实施的关键，会使项目的实施流于形式。因此，在实施中我们要抓住关键。该项目很好地抓住了实施的关键。

从工程实践来说，项目化学习解决的是真实世界的复杂问题，因此实施的关键之一在于让学生考虑现实限制条件。该项目在任务中设置了相应的活动，要求学生"通过网络搜索信息、调研、采访学校后勤部门工作人员，收集体温检测移动房的各项要求，明确设计目标和限制条件"。对限制条件的分析，不仅能促使学生调动各方面知识，而且能促进学生系统性思维的发展。

工程实践的关键之二在于创造性地解决问题，从表现形式来说体现为提出多种问题解决方案。该项目要求学生头脑风暴出尽可能多的解决方案，多方案引发的是学生的比较、权衡、决策等高阶思维，这正是项目化学习所追求的。

工程实践的关键之三在于模型的制作。模型的价值不仅在于为学生提供实践的机会，而且在于为学生提供探究的机会，更在于让学生通过试验检验方案的可行性、合理性。模型以实物的形式让学生的成果显性化，并在具体情境中进行评价。因此，模型不仅能促进学生动手实践能力的发展，而且能促进学生模型思维、科学思维等高阶思维的发展。

（浙江省教育厅教研室　管光海）

项目4

儿童防疫用品的设计与制作[①]

一、项目简介

本项目以“认识如何处理人类和自然的关系，从切断传播途径角度设计制作儿童防疫用品”为主线，关注疫情下儿童防疫需求，引导学生透过疫情下的数据、新闻等信息，理性思考人和自然的关系，个人与社会、生命与科学的关联。学生根据切断病毒传播途径的相关知识，结合儿童的特点，综合考虑儿童防疫用品材料的特性、外观、成本等，经历设计、制作、测试、改进防疫用品的过程，使其具有良好的功能性、科学性、实用性、便利性。

本项目共计9课时，适用于三至六年级，融合科学、数学、技术、艺术、工程领域，项目实施和教学主线分别如图1、图2所示。

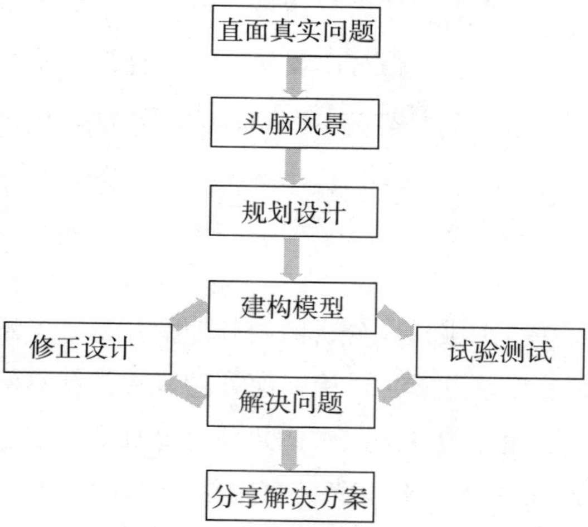

图1 项目实施

① 本案例由衢州市新华小学陈红霞老师提供。

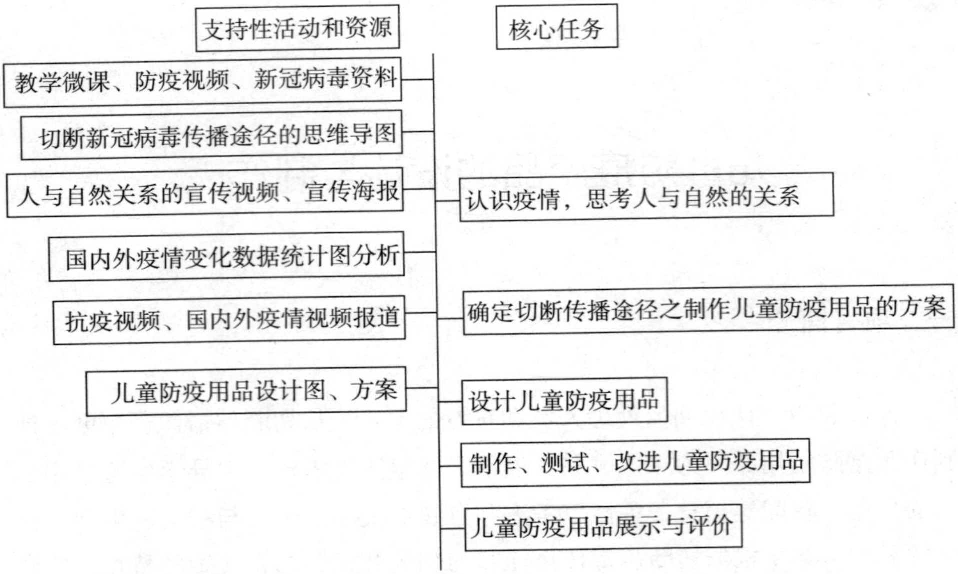

图 2　教学主线

二、驱动性问题

疫情期间，我们每个人都要做好防护工作，儿童属于易感人群，更要注意保护自己。但疫情期间物资相对比较紧缺，适合儿童使用的防疫用品更是紧缺。我们如何利用身边材料设计制作适合儿童的防疫用品呢？

三、学习目标

科学领域：关注有关报道，分析国内外疫情数据，了解新型冠状病毒的特点，认识新冠病毒传播方式，讨论如何处理好人类和自然的关系；知道切断呼吸道传染病传播途径的方法；根据儿童自身真实防护需求，了解不同材料的特性，选用合适的材料制作儿童防疫用品。

数学领域：分析疫情数据，认识疫情给人们带来的影响，分析中国防疫措施的有效性；利用比例尺知识同比例缩小儿童防疫用品并进行设计；根据设计图，同比例放大制作儿童防疫用品。

人文领域：知道人类是自然的一部分，尊重自然、敬畏自然；学会将艺术创意与生活实际需求相结合进行加工设计；感知科研人员、医务人员的艰辛；感受产品需要经历不断设计、改进、完善的过程，以便于人们生活。

艺术领域：绘制海报，拍摄视频，呼吁人们处理好人与自然的关系；设计儿童化作品。

工程领域：知道设计制作一款适合儿童的防疫用品需要综合考虑材料、型号、防护性能等多方面的因素；了解防疫用品的形状应和功能相适应，学会简单设计图纸，并制作测试和改进优化；培养工程思维。

四、项目评价

1. 教师通过钉钉平台反馈。教师对学生的思维导图、宣传海报、视频、设计图等项目成果和发现问题、解决问题、改进想法、交流、展示等项目环节展开评价，利用钉钉给学生评语 + 星级反馈。

2. 团队自评。团队依据自身表现做出评价，学生根据评价标准完成评价。评价标准见表 1。

3. 团队互评。团队制作 PPT，展示、分享设计和制作过程、测试改进后的亮点和团队收获。团队、教师评价。评价标准见表 1。

4. 嘉年华。学校微信公众号推送发布，学校、家庭、社会云评价，复学后实物展示，包括学生绘制的防疫思维导图、人与自然关系宣传海报、儿童防疫用品工程书及相关模型。

表 1　项目评价表

等级 / 项目	☆☆☆	☆☆	☆	等级
倾听	成功地与同伴进行交流，倾听他人意见并表示尊重	能与同伴进行交流，倾听些许意见，但不愿意改变自己的想法	独立工作，不与同伴交流，不接纳他人意见	

续表

等级 项目	☆☆☆	☆☆	☆	等级
坚持毅力	面对失败，坚持不断地尝试，直到找出解决方案	能多次修改自己的想法，但没有找到最终的解决方案，放弃尝试	面对一两次失败便放弃不再尝试	
尊重	尊重教师，尊重课堂，尊重他人的想法，在听取他人建议时也有自己的见解	尊重教师，尊重课堂，尊重他人的想法，但缺少自己的想法	课堂上比较孤立，固执己见，不听取他人合理的建议	
友好	乐于助人，能站在他人角度考虑问题，交流语气友好	乐于助人，缺少换位思考，但能委婉表达自己的想法	不关心团队，缺少换位思考，不友好	
整理	能自觉及时地对材料、所学的知识进行整理，实验材料干净有序	能在教师、同伴的提醒下及时对材料、所学的知识进行整理，实验材料干净有序	需要多次提醒才整理材料、整理知识	
分享	积极交流分享自己的想法，项目展示时，主动介绍自己的作品	在教师引导下，能积极分享自己的想法和作品	不愿意和他人分享自己的想法和作品	
态度	用积极的态度迎接各种挑战	被动接受挑战	消极抗拒挑战	
团队合作	团队分工合理，各成员积极参与，协作良好	有基本的分工合作	没有分工合作，成员的角色不清晰	
敢于提出自己的想法	有主见，想法有一定的科学理论支撑，能联系生活主动发现、提出问题	有一定想法，能在教师引导下提出自己的想法	容易和其他同学想法一致	
敢于表达	积极主动发表自己的想法	在教师引导下能表达自己的想法	不主动表达自己的想法	

续表

等级 项目	☆☆☆	☆☆	☆	等级
明确问题解决方案	解决方案实用性、可行性强，且具有新颖性和创造性	解决方案具有一定的实用性、可行性	没有提出明确的问题解决方案	
项目设计	方案能解决问题；团队分工明确，成员各司其职；设计图具有科学性、完整性，标明材料和尺寸、防疫功能；方案具有创新性，操作性强	方案能解决问题，但实用性一般；团队分工、任务安排较明确；设计图简单，较合理；设计图有解释，但只有若干处有细节或标注	没有方案，或方案没有解决实际问题，没有设计草图；仅有少数图片或者解释	
制作模型	模型能基本解决真实问题，和设计图非常吻合，有较强的创新性，较为美观	模型能基本解决真实问题，和设计图比较吻合，但创新性不够	模型不能解决真实问题，没有依照设计方案来建立模型	
测试改进	对模型进行测试优化，并根据问题及时对设计方案和草图进行详细修改与标注，改进效果明显	测试改进，及时收集相关数据和问题，设计方案略有改进，设计图标注不详细	在一定程度上做测试改进，但没有记录相关问题，设计图改进效果不明显	
展示交流	汇报展示详细，能完整表述项目流程，对设计阐述科学合理、清晰、逻辑性强，表达方式新颖	汇报展示多样，整个项目流程表达较清晰，对设计阐述较合理，逻辑性一般	汇报展示单一，表述不清晰	
我想说	根据实际情况，小组成员进行自评、反思，说说心里的感受和想法 教师根据小组项目实施或展示等过程中的表现，说说想法和建议			

五、项目实施

任务一：探究新冠肺炎控制举措

活动目标

分析疫情实时数据，认识疫情带给人们的影响。了解新冠病毒的特点，认识疫情产生的原因、控制方法，懂得并呼吁人们处理好与自然的关系。

活动时间

40 分钟线上学习 + 线下自主安排。

学习活动

活动 1：了解新冠肺炎疫情现状。

1. 查阅疫情实时数据，思考它对人类造成了什么影响。

2. 新冠肺炎是如何产生、传播的？儿童易感人群如何预防和控制被传染呢？

活动 2：认识并思考呼吸道传染病的控制方法。

1. 阅读资料：预防呼吸道传染病的一般措施。

2. 假如你是一名医生或单位负责人，请罗列切断病毒传播途径的措施，绘制思维导图，为阻断呼吸道传染病传播出谋划策。

活动 3：观看《大自然在说话》视频，反思人与自然的关系。

1. 结合疫情思考人类应该如何处理与自然的关系，并设计一期宣传海报。

2. 阅读表 1 项目评价表，表 2 任务评价表，明确团队任务要求。

表 2　任务评价表

等级 项目	☆☆☆	☆☆	☆	等级
关于切断病毒传播途径措施的思维导图	有想法，思维导图逻辑性强，排版有创意	有想法，思维导图有一定逻辑和思维导向	有想法，但思维导图绘制没有逻辑	
处理人与自然关系的宣传海报 / 宣传视频	宣传号召力强，具有新意，海报设计排版美观（宣传视频清晰，有感染力）	具有一定的影响力，号召力较强，海报设计排版效果一般（宣传视频清晰，无杂音）	有宣传标语，但海报设计排版杂乱（宣传视频杂音多，背景乱）	

项目化学习以家庭亲子团队展开，教师整合视频、数据、新闻报道、微课等支架，抛出话题，引发学生共情与探讨。学生分析数据，认识新冠病毒的特点和传播途径，了解传染病的控制方法，为提出阻断传染病传播措施做知识性铺垫，尝试从医学角度思考如何预防控制传染病。教师出示项目评价表、任务评价表、任务单等支架，帮助学生明确任务内容、目标和要求，指导学生开展项目化学习。学生以绘制思维导图和宣传海报（如图3所示）的形式将控制传染病措施、人与自然关系的思考可视化。

部分思维导图

部分宣传海报

图3 宣传海报

任务二：确定儿童防疫用品设计初案

活动目标

分析国内外疫情数据，认识中国防疫措施的有效性。根据防护需求，知道切断病毒传播途径的方法，确定儿童功能型防疫用品设计方案。

活动时间

40分钟线上学习+线下自主安排。

学生活动

活动1：分析国内外疫情防控情况，发现控制传染病的有效举措。

1. 纵向分析全国疫情数据变化，对全国疫情累计确诊区块和现存确诊区块疫情数据统计变化图进行分析。

2. 横向分析国内外疫情数据，查阅国内外控制传染病、抗击疫情的相关视频和报道，以及世界卫生组织对中国抗疫举措的肯定，感受和评价中国防疫举措的效果。

3. 总结交流中国防控疫情的有效措施。通过钉钉各班级批量分享优秀作业，同时以一名同学的思维导图（如图 4 所示）为例进行重点点评。

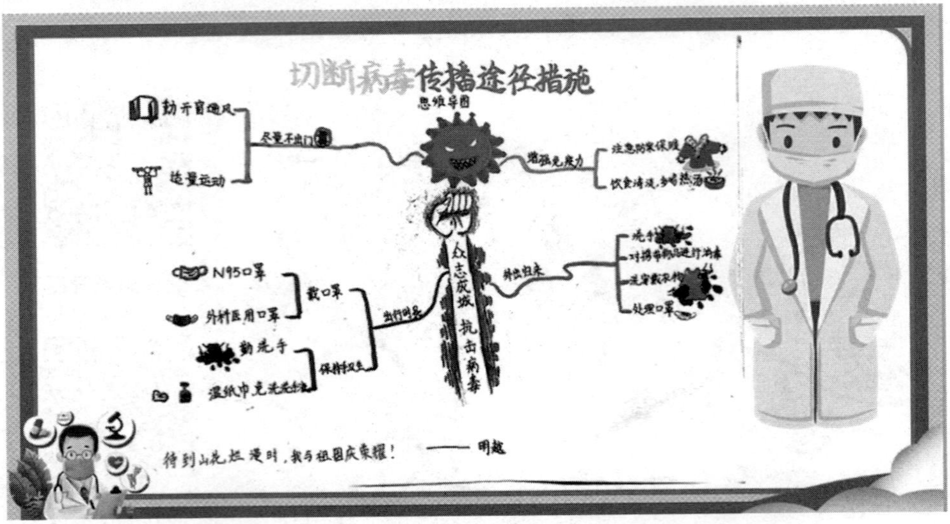

图 4　切断病毒传播途径措施思维导图

活动 2：结合儿童特点，确定切断病毒传播途径的有效方案，设计儿童防疫用品。

结合儿童自身特点，阅读表 3、表 4，思考设计什么类型的儿童防疫用品能切断病毒的传播途径。

表 3　任务二评价表

等级 项目	☆☆☆	☆☆	☆	等级
根据疫情统计图，思考近一周内浙江省的疫情变化	借助疫情统计图分析非常清晰，有自己的 3—4 条发现	借助疫情统计图分析比较清晰，有 1—2 条发现	借助疫情统计图能大致分析疫情变化趋势	

续表

等级 项目	☆☆☆	☆☆	☆	等级
儿童防疫用品方案初稿（含设计草图）	确定要制作的防疫用品，设计方案规划全面，有很详细的设计图	确定要制作的防疫用品，设计方案有规划，有简单的设计图	确定要制作的防疫用品，设计方案没有规划，但能书写内心想法	

表 4　儿童防疫用品设计方案

儿童防疫用品设计方案　　时间：________　成员：________	
儿童防疫用品类别	
设计理念	
准备材料	
防疫用品作用	
防疫用品设计图第一稿	
可能遇到的困难及解决方法	

本次任务结合我国疫情暴发初期和近期的数据比较，观看中国抗疫宣传视频，了解国外疫情近况以及世界卫生组织对中国防疫措施的肯定，激发学生的爱国之情，让学生直观认识数字背后政府、人民所做的努力与牺牲，感受中国防疫举措的实效性。教师要向学生明确任务评价表的使用，使自主学习有明确目标，激发学生学习的积极性；同时，教师提供设计方案学习支架，引导学生从设计理念、准备材料、防疫用品作用和设计、可能遇到的困难及解决方法等视角进行思考。这一活动是引导学生由国家、他人回归自我的思考。图 5 是部分儿童防疫用品设计方案初稿。

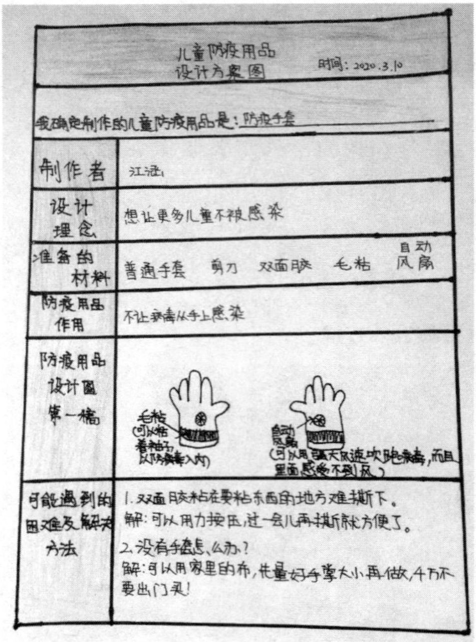

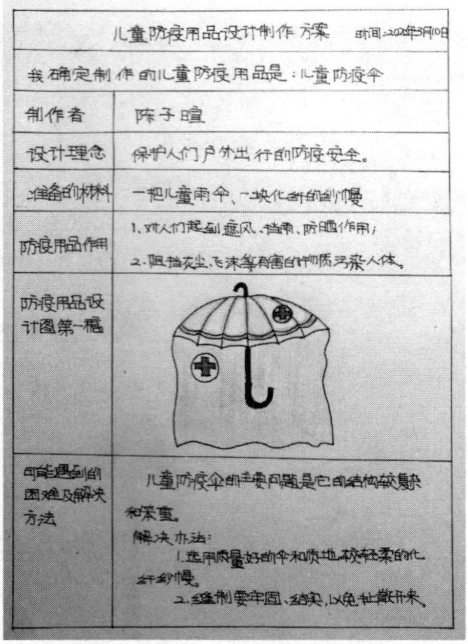

图 5 儿童防疫用品设计方案初稿

任务三：细化儿童防疫用品设计方案

活动目标

了解防疫用品的形状应和功能相适应，同比例缩小设计儿童防疫用品，将艺术创意与生活实际需求相结合，细化设计方案。

活动时间

40 分钟线上学习 + 线下自主安排。

学生活动

活动 1：了解不同材料的特性，选择合适的制作材料。

1. 防疫用品应该选择什么样的材料？

2. 探究不同材料的特性，完成材料特性评价表（见表 5），选择合适的材料。

表 5 材料特性评价表

项目	标准	材料 1：____	材料 2：____	材料 3：____	材料 4：____
防水性	防水能力强	☆☆☆☆☆	☆☆☆☆☆	☆☆☆☆☆	☆☆☆☆☆
防菌性	有效防止病菌透过	☆☆☆☆☆	☆☆☆☆☆	☆☆☆☆☆	☆☆☆☆☆
透气性	透气性能好	☆☆☆☆☆	☆☆☆☆☆	☆☆☆☆☆	☆☆☆☆☆
舒适性	穿戴舒适	☆☆☆☆☆	☆☆☆☆☆	☆☆☆☆☆	☆☆☆☆☆
性价比	花费少	☆☆☆☆☆	☆☆☆☆☆	☆☆☆☆☆	☆☆☆☆☆
透明度	透明度高	☆☆☆☆☆	☆☆☆☆☆	☆☆☆☆☆	☆☆☆☆☆
柔韧性	易折叠	☆☆☆☆☆	☆☆☆☆☆	☆☆☆☆☆	☆☆☆☆☆

注：非常好为 5 颗星，很好为 4 颗星，好为 3 颗星，较好为 2 颗星，一般为 1 颗星，差为 0 颗星。

活动 2：绘制设计图，确定设计方案。

1. 儿童防疫用品在尺寸上有什么特殊要求？设计图如何绘制才能确保科学规范？

2. 团队如何分工制作防疫用品？完成任务三设计单（见6表），自评见表1。

表 6 任务三设计单

改进材料	
选择理由	
设计图 第二稿	
发现问题	
修改与完善	

教师通过视频、图片、评价记录单等支架引导学生从防水性、防菌性、透气性、舒适性、性价比等角度观看材料特性鉴定视频，了解并测试材料特性，完成材料评价表。学生通过观察设计图，初步了解设计图需要标出所用材料、尺寸，明确具体用途。教师再次提供项目评价表让学生反思整个环节中自己的优缺点，认识小组合作的重要性，不断改进，养成 STEAM 的学习模式。学生根据防疫用品方案和上述不同材料的特性，重新选择需要的材料，亲子团队进行讨论思考，完善防疫用品设计单。在这一环节，个别团队根据设计尝试制作出了防疫用品初模。图 6 为部分儿童防疫用品设计第二稿方案。

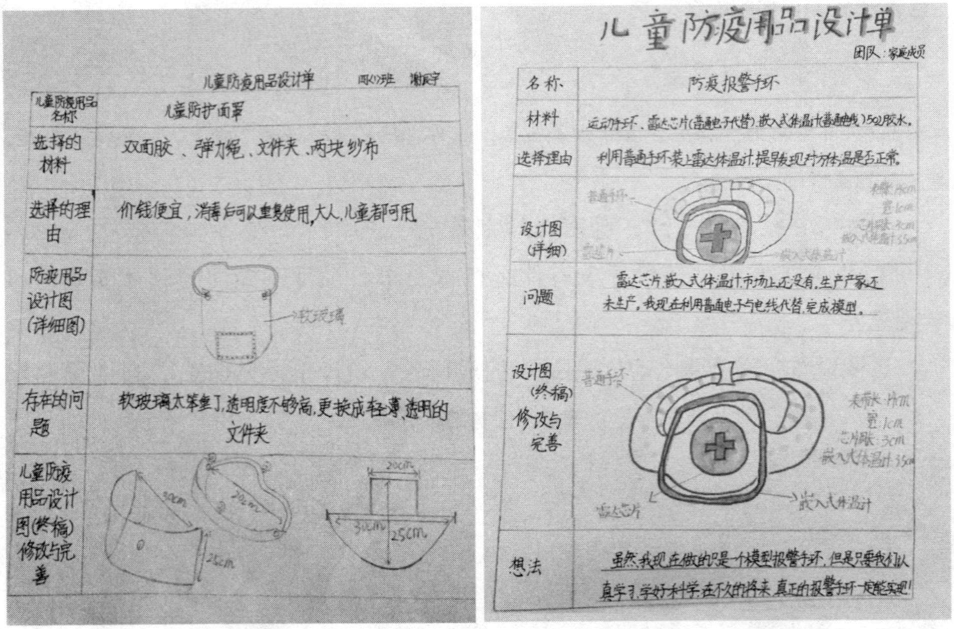

图 6　儿童防疫用品设计第二稿方案

任务四：制作并改进儿童防疫用品

活动目标

根据材料性能，选用合适材料，结合儿童特点同比例放大制作儿童防疫用品，不断设计改进，在迭代中不断完善。

活动时间

40分钟线上学习＋线下自主安排。

学习活动

活动1：制作防疫用品。

如何测试防疫用品的防疫功能？

学生以团队形式按照设计图制作防疫用品。

活动2：测试防疫用品，结合评价标准，发现问题。

根据防疫用品测试后的效果，结合任务四评价标准（见表7），你发现了什么问题？

表7 任务四评价表

标准	等级
舒适度：口罩戴着耳朵不会不舒服；防护服穿着行动比较方便；护目镜戴着不会模糊，不会很紧	☆☆☆☆☆
防护效果：口罩戴着能防护唾液和飞沫；喷水测试效果时，穿着防护服能防护里面的衣服不会湿；戴着防护眼镜能防止唾液进入眼睛	☆☆☆☆☆
美观度：比较美观整洁	☆☆☆☆☆
贴合度：完整贴合	☆☆☆☆☆

注：非常好为5颗星，很好为4颗星，好为3颗星，较好为2颗星，一般为1颗星，差为0颗星。

活动3：分析问题，测试改进。

根据测试结果，如何修改设计图？如何改进产品？

教师提供评价表、部分学生优秀作品赏析，引导学生结合自身设计方案制作测试，引导学生思考：我这样制作出来的防护用品有效吗？如何进行检测？检测后出现了哪些新的问题？如何改进呢？学生在设计制作过程中领悟到制作产品要经过反复研究改进，提高了解决问题的能力。

任务五：儿童防疫用品展示与评价

活动目标

产品展示交流，自评互评。感知科研人员、医务人员的艰辛。

活动时间

40 分钟线上学习 + 线下自主安排。

学习活动

活动 1：防疫用品展示交流。

1. 你们团队为什么要设计这款防疫用品？

2. 这款防疫用品有什么防疫功能？有什么特色？

3. 团队在整个设计、制作、测试、改进环节遇到了哪些问题？团队是如何解决的？最大的收获是什么？

活动 2：防疫用品自评互评。

1. 从功能、制作、外观、成本等方面进行评价，完成任务五评价表（见表 8）。

表 8 任务五评价表

内容 分值	功能	制作	外观	成本
3 分	与防疫用品介绍一致，且实用	按设计制作，产品精良	精致美观	具有高性价比
2 分	能大致达到预期的功能	能大致按设计制作，略有瑕疵	好看但不精致	成本控制良好
1 分	与介绍的功能差别很大	与设计差别大，制作粗糙	外观尚可	有成本控制，但考虑得不全面
0 分	无实际功能	与设计无关，制作不完整	外表毛糙难看	无成本控制，材料选用较混乱
得分				

2. 用 PPT 介绍儿童防疫用品项目化学习的整个过程。

3. 分享交流儿童防疫用品项目化学习的收获。

4. 学校为学生设计制作的作品组织展示、评价、交流活动。

学生团队制作 PPT 或视频，分享展示防疫用品设计理念、思路、功能、优缺点，设计制作过程中遇到的困惑与问题、解决的方法与收获。教师提供评价表、学生直播展示平台，联系学校微信公众号推送文章，组织线下嘉年华展示等作为支架，让学生进行自评、互评。复学后学生实物展示思维导图、海报、工程书、防疫模型等，线上、线下双线评价，建立多向互动，帮助学生获得更多成功体验，激励他们不断探索。

六、项目成效

（一）激发学生自主学习，促进高阶思维发展

1. 优化改进的过程促进了学生 T 形思维[①]的发展

学生在项目化学习活动中不断修正优化问题解决方案，制作防疫用品或防疫用品模型，不断加深对防疫用品的结构功能、穿戴体验等方面的认识，促进学生形成 T 形思维。

2. 发展学生的设计思维

学生不断发现问题，不断改进设计。从原始设计不断趋于专业设计，学生像服装设计师一样标注尺寸和材料等，同时认识到真实防疫用品对材料、设计、形状、尺寸、缝合等方面的考究。

3. 固定思维迁移发散

学生有许多看似“天马行空”的想法，如红外线消毒间、儿童自动消毒手环、防疫报警手环、无接触按电梯装置等，因知识储备所限无法形成成品。教师引导学生深入思考，对作品进行完善，以后利用所学知识和科技实现想法。如消毒间设计激发学生思考：紫外线代替高温消毒法，紫外线能杀死新冠病毒吗？少量紫外线能够帮助人体消毒，大量的紫外线会诱发癌变，那人可以在有紫外线的房间里吗？学生通过分享交流对作品进行重新反思。

---

① T 形思维是用字母“T”来表示知识结构特点，“–”表示有广博的知识面，“|”表示知识有深度。T 形思维是指既有较深的专业知识深度，又有广博的知识面。

4. 单一思维扩展多维

学生由驱动性问题激发出多种设计方案。作品从最初设计的面罩到防疫帽 - 面罩组合，防疫面罩 - 口罩组合，防疫眼镜 - 口罩组合，衣服、眼镜、手套、口罩、帽子等整体组合（见图 7），体现学生不断完善的多元思维。

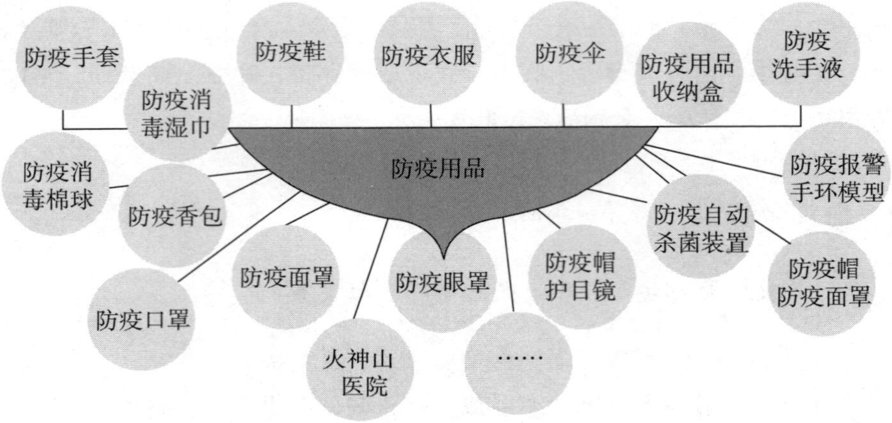

图 7　防疫用品思维拓展图

5. 逆向思维，换位思考

通过此次项目化学习活动，学生逆向反思人与自然的关系。学生制作宣传海报、拍摄宣传视频，呼吁人们处理好与自然的关系。有位学生以月球的角度反观人与自然亟须和谐相处，富有创意。

穿戴体验，换位思考。学生亲身体验测试，换位思考医护人员穿戴整套装备时闷到无法呼吸，工作辛苦劳累，领悟到所有的岁月静好都是默默付出的英雄们在负重前行。

（二）形成基于设计思维的 STEM 教学模型

项目实施过程中结合美国斯坦福大学设计学院提出的 EDIPT[①] 模型中非线性可迭代的五个阶段，引导学生以“人的需求”为中心，通过团队合作解决问题，并在 EDIPT 模型基础上新增展示交流阶段。项目实施过程注重培养

① EDIPT，是 empathize、define、ideate、prototype、test 首字母的缩写，代表设计思维的五个阶段。

学生创造性地解决问题的能力，注重设计制作与思维发展双螺旋促进，关注学生思维的外显化。具体模型如表 9 所示。

表 9　基于设计思维的 STEM 教学模型

阶段	学生任务	教师任务	教学任务	支持性活动
共情（同理心，empathize）	感受真实问题情境	创设真实问题情境	结合生活、时事培养学生发现问题的能力	多观察、发现生活中的事物
定义问题（define）	整合信息，归类问题，分析、明确问题，将任务与生活相联系	引导学生明确问题，跨学科学习定义问题	收集相关信息，确定已知信息，提供可参考的信息	视频、资料
创意构想（头脑风暴，ideate）	产生想法，针对问题提出并设计各种可能的解决方案	引导学生跨学科学习，展开思考	寻找多种解决问题的措施，罗列比较，选出最佳方案	头脑风暴、九宫格法、列举法、思维导图
原型制作（prototype）	充分利用身边的材料快速实现想法，解决问题	鼓励学生尝试解决问题，设计制作原型	设计解决问题的方案，并选择合适的材料进行制作	设计方案、设计图、制作参考材料
测试（test）	模拟真实问题情境检测问题的解决方案，相互交流，针对性改进	引导设计者测试，互相交流并改进方案，教师可添加限制条件	检测解决方案是否真能解决问题，并进行必要的改进	相关检测活动
展示交流	介绍自己作品的优缺点，分享解决问题的方案和收获	引导学生开展分享交流会，分享作品优缺点、问题解决方案和收获	学生互相交流分享，认识到在从不断失败走向成功的过程中，解决问题的方法很重要	分享交流会

七、项目反思

（一）设计与思维贯穿教学，达到双向促进

教师引导学生与家长组成亲子团队，自主实践、思考、分享、设计、测试、改进，在解决问题的过程中激发学生的主人翁意识和社会责任感，注重学生设计制作与思维发展双螺旋促进。具体活动如表 10 所示。

表 10 儿童防疫用品 STEM 活动

阶段	教师活动	学生活动
共情（同理心）	结合疫情，收集有关新型冠状病毒的介绍、控制传染病资料、《大自然在说话》视频、国际疫情报道、国内抗击疫情宣传视频、国际国内疫情数据分析介绍	查找疫情相关资料、控制传染源方法，结合生活中的所见所闻，密切关注疫情相关报道，认识人类如何切断疫情传播途径，处理好人与自然的关系
定义问题	分析疫情防控措施和国内外疫情现状，评价学生罗列的切断疫情传播途径措施的有效性	罗列切断疫情传播途径的措施，呼吁人们要处理好与自然的关系，制作儿童防疫用品
创意构想（头脑风暴）	指导学生选择一种切断疫情传播途径的方法展开研究，制作儿童防疫用品，引导学生利用身边的材料，结合儿童特点设计儿童防疫用品方案	设计切断疫情传播途径措施的思维导图，确定制作一款儿童防疫用品，寻找生活中可以模拟的材料
原型制作	鼓励学生利用身边可替代的材料进行制作	利用身边的材料进行制作，将心中的设计图做成现实成品
测试	指导学生在防水性、贴合度、尺寸大小、舒适度等方面进行穿戴测试，寻找缺点，并有针对性地改进，再次穿戴测试、改进，不断迭代	根据家里有的材料进行穿戴测试和改进，增强防水性、舒适度、贴合度等性能
展示交流	引导学生介绍作品优缺点，分享解决问题的方案和收获	开展分享交流会，分享作品优缺点、解决问题的方案和收获

（二）搭建四类学习支架，支持各项任务

资源型支架——提供与任务相关的图文、视频、数据等资源，补充、丰富、拓展学习认知。

交流型支架——提供与任务相关的话题、新闻报道等，建立交流话题，激发交流动机，激活学生思维，使学生打开设计思路。

活动型支架——提供跨学科活动情境，将数学统计分析、美术海报设计等学科知识与技能融入实践活动中。

任务型支架——提供设计方案、设计图、评价单、记录单，将学生发现问题、解决问题的思维可视化呈现，帮助学生自主建构知识，进行批判性思考，解决问题。

（三）落实开放项目活动，促进深度学习

1. 防疫材料用替代性材料，注重工程思维培养

本项目开展时防疫用品的选材是一大问题，具有防疫效果的材料很难收集，且学生处于居家学习状态。项目开展后学生利用身边能收集到的材料进行替代性的产品设计制作。教师注重学生的设计思维发展，鼓励学生动手制作改进，发现问题，解决问题，注重引导学生经历工程设计流程。

2. 鼓励失败，从失败中找方法，激发深度学习

教师采用开放式教学，激发学生产生多种多样的想法。教师在评价中以鼓励为主，鼓励学生自主发现设计的不足。学生不断改进方案，从最初设计稿到终稿，自我质疑和调整，如从防疫智能手环到防疫用品收纳盒。教师鼓励失败，引导学生从失败中找答案，促进深度学习的发生。

3. 基于具体评估的反思迭代，推动深度学习

本项目化学习采用的评价方式：星级评价，语言评价，将学生作品收集起来制作微课来展示，将学习过程在微信公众号中推送展示，学校展示等。考虑到空中课堂的学习特点，学生将文字介绍和 PPT 介绍、直播交流相结合，鼓励学生展示交流。

点评

项目化学习中学习支架的设计

项目化学习强调以学生为中心，强调学生学习的自主性。如何从以传统教师教授为主的教学转向以学生实践为主的学习，学习支架的设计是关键。在“儿童防疫用品的设计与制作”项目中，学习支架的设计体现为以下几个方面。

首先，将项目分解为阶段性任务。这在项目化学习中已经成为常识，但实施中容易出现只关注阶段而忽视如何帮助学生学会自主学习的问题。其中的关键在于让学生建立全局观，自己把握过程。与传统教学中学生跟着教师一步一步往前走不同，项目化学习中教师提出阶段性任务和要求后，以学生开展探究等实践活动为主。他们需整合多方资源，考虑多个因素，在规定时间内完成任务。而教师往往以支持者身份存在。

其次，区分了核心任务和支持性活动。核心任务是围绕驱动性问题的解决展开的，如确定方案、制作原型、测试、展示。而支持性活动是为了帮助学生解决知识、技能不足等问题而设置的。传统教学中，往往先学知识、技能，再去应用知识技能来解决问题。而项目化学习在学习方式转变方面的关键恰恰在于在解决问题的过程中根据需要去获得知识、技能。支持性活动就是为这种因需而学的方式设计的。例如，该项目中，针对学生不了解如何进行图样表达的情况，教师安排了绘制设计图的学习活动，让学生了解图样表达的尺寸要求、绘制基本规范等。

最后，提供了丰富多样的任务单支持学生学习。例如，任务二中的儿童防疫用品设计方案，通过表格指导学生设计方案要关注设计理念、材料，而且提示学生设计是一个不断迭代的过程。任务三中的材料特性评价表，不仅提供了材料选择需考虑的因素，而且为材料选择决策提供了支架。而各种量表，则让学生明确了完成活动的目标，以及自己的成果所达到的水平。

（浙江省教育厅教研室　管光海）

项目5

疫情中的三百六十行[①]

一、项目简介

2020年年初，新冠肺炎疫情暴发，各校“停课不停学”，学生开始居家学习。本项目以各行各业抗击新冠肺炎疫情为真实情境，以问题解决为导向，学生在此过程中，以“线上项目引领＋线下实践探究”的形式，开展了长达两个多月基于项目任务的科学探究、数据分析、方案设计、工程建模等跨学科学习。本项目的学习目标是引导三到六年级的学生了解有关新冠肺炎疫情的防控知识，感受各行各业的奉献精神，丰富对不同职业的社会价值、职业特性、职业情操等的认知和体验，树立正确的世界观、人生观和职业观。本项目每个学习主题有6课时，在三到六年级实施，涉及语文、数学、科学、信息技术、美术学科。

二、驱动性问题

在新冠肺炎疫情背景下，我国全社会各行各业齐心协力，共同战“疫”，使疫情得到有效控制。那么，有哪些行业人员参与其中？他们发挥着怎样的作用？他们是怎么做的？

① 本案例由杭州市余杭区良渚古墩路小学提供，项目主要成员有陆颖、赵纪、陈萍萍、庞梅、柯露、姚攀云、陆佳惠、李倩倩、杨依丽。

三、学习目标

本项目基于真实疫情背景，精心甄选抗“疫”事迹，综合语文、数学、科学、信息技术、美术等多个学科的核心素养，以学习任务为主导，以核心问题为线索，以实践活动为载体，引导学生进行自主实践、合作探究，依托互联网开展“线上＋线下”的学习。

（1）对各行各业有初步的认识，感受此次战“疫”中医护人员的奉献精神，感受建筑行业的“中国力量”和“中国速度”，感受科学家不断探究真相的科学精神与严谨的工作态度，感受科技力量对疫情精准智能防控的作用。

（2）聚焦职业认知，初步树立正确的世界观、人生观和职业观。

本项目各子项目的学习目标如图 1 所示。

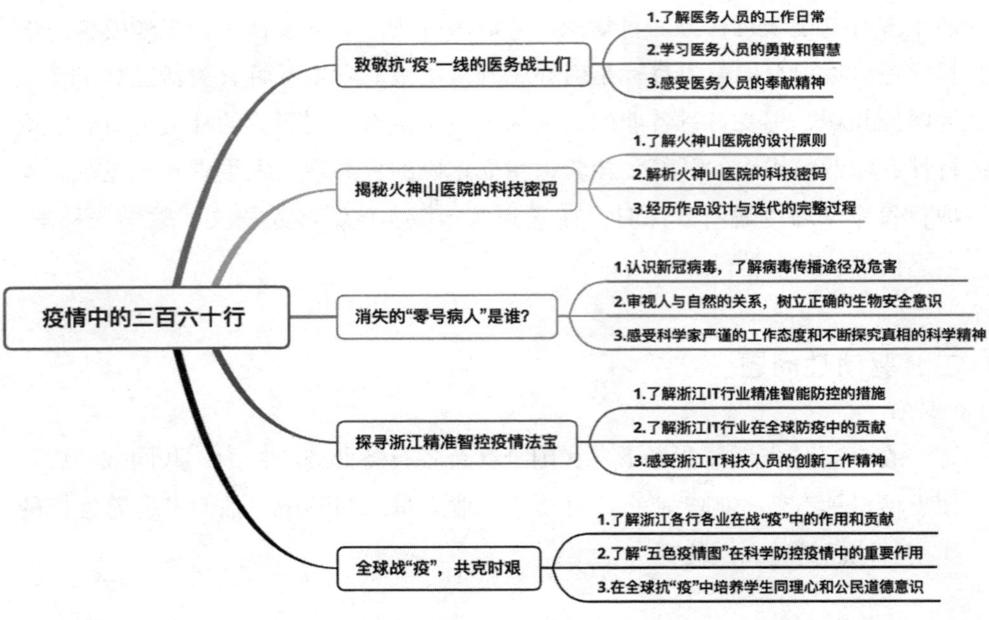
疫情中的三百六十行
致敬抗“疫”一线的医务战士们
1.了解医务人员的工作日常
2.学习医务人员的勇敢和智慧
3.感受医务人员的奉献精神
揭秘火神山医院的科技密码
1.了解火神山医院的设计原则
2.解析火神山医院的科技密码
3.经历作品设计与迭代的完整过程
消失的“零号病人”是谁?
1.认识新冠病毒，了解病毒传播途径及危害
2.审视人与自然的关系，树立正确的生物安全意识
3.感受科学家严谨的工作态度和不断探究真相的科学精神
探寻浙江精准智控疫情法宝
1.了解浙江IT行业精准智能防控的措施
2.了解浙江IT行业在全球防疫中的贡献
3.感受浙江IT科技人员的创新工作精神
全球战“疫”，共克时艰
1.了解浙江各行各业在战“疫”中的作用和贡献
2.了解“五色疫情图”在科学防控疫情中的重要作用
3.在全球抗“疫”中培养学生同理心和公民道德意识

图 1 各子项目的学习目标思维导图

四、项目评价

在项目评价上，一方面要明确评价载体、标准，将评价设计与抗“疫”主题整合，对学习过程和作品开展过程性评价与终结性评价相结合的评估。以评价量规、信息化评价手段为工具，重点评价学生完成项目化学习后的发展层次，对行业、职业的价值观培育贯穿整个学习过程。另一方面要关注成果展示交流，通过在线专题学习、小组分享等形式进行线上、线下混合式成果展示，帮助学生聚焦驱动性问题的解决，关注职业观培育目标的落实，帮助学生梳理职业体验实践的收获，表达对职业的深度体验。

（一）过程性评价

教师与学生一起制定项目化学习过程性评价表（见表1），进行自评、组评，还通过线上产品云介绍及投票互评的方式，交流、评价阶段性成果，完成过程性评价，以此帮助学生把握成果形成的方向，激发学生的学习热情，也可以进一步发挥以评促学的作用。

表1 项目化学习过程性评价样表

	A	B	C	D	等级
明确问题	辩证思考设计方案的优缺点，提出问题，有解决方案	认识到设计方案的部分优缺点，提出问题，无解决方案	提出的问题相关性不强，无解决方案或较难实践	没有发现问题，无解决方案	
设计方案	方案有较强的科学性、实践性，有详细的方案说明	方案有一定的科学性，但实践性不强，方案说明能理解	方案有较多瑕疵，科学性不够，缺乏说明	没有涉及方案或产品说明	
创作作品	作品质量颇高，富有创造性，能够合理使用数据和资源	作品质量一般，有些许创造性，基本能合理使用数据和资源	作品质量较低，毫无创造性，不能合理使用数据和资源	没有作品	

续表

	A	B	C	D	等级
展示作品	作品展示具有独创性，能让观众获得非常好的观赏体验	作品展示有一定独创性，能让观众获得较好的观赏体验	作品展示方法一般，观众的观赏体验感一般	没有展示作品	
评价与修改	合理评价作品，根据评价完善作品，修改质量高	评价作品较合理，根据评价完善作品，修改质量一般	作品评价不合理，不能根据评价完善作品	没有进行反思和相应的评价	

（二）终结性评价

本项目充分考虑到线上学习成果与线下学校复学的衔接，从学校层面设计了终结性成果评价方法，即开展校内项目化学习成果评比活动。学生的成果经历自评、展板互评、学校参评（评价维度见表 2）的过程，其中优秀成果在校内展出，供大家参考学习。有的成果如防疫方案、古小健康码方案，经学校论证后被运用于学校的真实防疫、复学中，体现了项目化学习的价值与意义。

表 2　项目化学习终结性评价样表

	A	B	C	等级
主题	主题明确，内容扣题	主题较清晰，少部分内容离题	主题不明确，内容完全离题	
产品科学性	科学性强	较科学	无科学性	
设计	十分协调	较协调	不协调	
模型	结构完整，充分体现工程思维	结构较完整，部分体现工程思维	结构不完整，且无工程思维	
修改	认真全面地修改	做了较少修改	无迭代修改	

五、项目实施

本项目设置五个学习主题（见表 3），即五个子项目，每个主题由三个任务组成，以“线上 + 线下”的方式开展学习。课前学生利用项目导学单进行线下自主混合学习，课上学生联系跨学科知识进行线上的交流讨论及学习成果的具体展示，课后学生进行线下的自主实践、合作探究活动。

表 3　项目化学习架构表

子项目名称	实施年级	关联学科	培养能力	学习方式
致敬抗“疫”一线的医务战士们（6 课时）	三年级	科学、美术、信息技术、工程设计	工程思维、绘画审美、动手实践、创新能力	线上项目引领 + 线下实践探究
揭秘火神山医院的科技密码（6 课时）	四年级	科学、数学、信息技术、工程设计	信息技术、工程思维、动手实践、数学应用	
消失的“零号病人”是谁?（6 课时）	五年级	科学、语文、美术、信息技术	信息收集、分析应用、绘画审美、语言能力	
探寻浙江精准智控疫情法宝（6 课时）	六年级	数学、美术、科学、信息技术	数学应用、绘画审美、语言能力、创新能力	
全球战“疫”，共克时艰（6 课时）	三到六年级	数学、科学、美术、信息技术	分析应用、绘画审美、数学应用、信息技术	

前四个子项目分别在不同年级同步实施，最后一个子项目三到六年级学生共同学习。项目创设了融合联通“线上 + 线下”的跨学科学习方式，即“线上项目引领 + 线下实践探究”。这里以“揭秘火神山医院的科技密码”的项目实施过程为例进行详细展示。

（一）典型实践：揭秘火神山医院的科技密码

表 4 揭秘火神山医院的科技密码项目化学习活动安排

学习活动	学习目标	核心问题	学习任务
想一想，为什么要将火神山医院设计成鱼骨状布局？（2 课时）	1. 深入分析火神山医院的设计原理，了解传染病医院的设计原则。 2. 了解火神山医院建筑背后的科技元素。	①武汉为什么要快速建成火神山医院？还建了哪些救治新冠肺炎患者的医院？ ②火神山医院的地理位置有什么特点？火神山医院为什么要这样选址？ ③火神山医院鱼骨状的建筑设计对于治疗新冠肺炎患者有什么好处？	小组合作召开一场模拟的火神山医院建设新闻发布会。
探一探，火神山医院的科技密码。（2 课时）	1. 亲子合作，动手体验火神山医院快速建成的过程，感受建筑设计的科技力量。 2. 经历设计的全过程。	①火神山医院快速建成的诀窍是什么？（材料、人工合作、科技等） ②你还收集了哪些有关火神山医院的水电、保暖、科技等方面的资料？ ③你可以用哪些材料和技术来制作火神山医院的模型？	用最快的速度搭建火神山医院的模型，要求将时间记录下来。（纸模型、塑料模型、3D 模型均可）
创一创，帮助美国设计一家美国版的火神山医院。（2 课时）	在有限的时间内运用所学知识，学会进行知识的迁移。	①美国纽约市的地理及气候有什么特点？根据城市布局，哪里适合建设患者集中收治医院？ ②根据中国在设计、科技、建设等方面的经验，预计你的建设方案需要多长时间竣工？ ③预测美国的疫情发展趋势，根据可能感染人数，你打算设计多大的患者集中收治医院？	帮助美国设计一家美国版火神山医院。

1. 聚焦任务，分析问题：小组合作召开模拟的火神山医院建设新闻发布会

项目伊始，教师线上呈现资料，组织学生通过对火神山医院进行剖析，深入了解火神山医院在选址、建筑材料、设计、科技等方面的考量，了解传染病集中收治医院在设计上的基本元素和中国经验。同时，引导学生思考火神山医院快速建成的背后除了设计因素之外，还包含着各部门的合作等团队因素。学生线下深入分析问题，线上合作讨论交流火神山医院建筑设计时考虑的因素，在这过程中学生根据评价量规（见表5）自行评价。

表5　任务一评价量规

评价维度	A	B	C	D	等级
研究内容	能全面、多角度地对火神山医院进行深入分析研究	能较为全面地对火神山医院进行分析研究	能从几个方面对火神山医院进行分析研究	不能对火神山医院进行分析研究	
呈现方式	能够用多样的、富有创意的方式对研究结果进行清晰的表达	能够用较有创意的方式对研究结果进行表达，或者能清晰地表述成果	能用自己的方式进行表达，表达效果一般	不能对研究结果进行表达	
小组合作	能在实践的过程中和同伴、家长开展有效的合作学习，小组成员互相启发，全体成员积极参与	能在实践过程中和同伴、家长开展较为有效的合作学习，能互相启发，全体成员参与度较好	部分组员能在实践过程中和同伴、家长合作学习，效果一般，全体成员参与度一般	在实践过程中不能和同伴、家长开展合作学习	

通过深入的研究，学生对火神山医院的剖析主要集中在以下几个方面：地理位置、人口容量、交通、设计结构及建筑需求。面对这些因素，学生认识到火神山医院在选址及设计上的良苦用心，感受中国建筑行业、传染病防治行业及政府部门之间合作所发挥的作用，深度剖析火神山医院快速

学生的新闻发布会

建成的秘诀。教师引导学生准备一场线上新闻发布会，并在学习小组内进行交流，培养学生的表达交流能力。

2. 设计制作，交流迭代：用最快的速度设计搭建火神山医院的模型

充分研究火神山医院的建成秘诀后，教师组织学生设计制作火神山医院模型。考虑到本项目在学生居家学习期间开展，因此，教师引导学生用身边的材料、以最快的速度设计搭建模型。这样组织的原因，一方面是将学到的知识在限定条件下进行运用，学生通过动手体验火神山医院建设者的伟大与艰辛；另一方面学生能够充分运用技术与工程知识进行学习，也为复学后的深入项目化学习奠定基础。学生在线上讨论完方案后，线下进行火神山医院建筑模型设计，并在全班交流，听取教师及其他同学的建议，再次对方案进行修改，在此过程中学会绘制设计草图或3D模型图。学生根据评价量规（见表1）自行评价。

根据设计方案，学生利用居家学习条件下申报的材料制作模型，并在小组内进行模型展示、修改。教师要求学生在制作的过程中记录全过程的完工时间，对比火神山医院的10天建成奇迹，从方案设计到模型制作，在培养学生高阶思维的同时，激发学生的行业认同感与爱国主义情怀。

3. 迁移运用，实现价值：帮助美国设计一家美国版的火神山医院

教师组织学生对美国疫情高发的纽约市进行气候和地理条件分析，帮助美国纽约市进行传染病患者集中收治医院的选址，并引导学生通过调查，对美国疫情的发展趋势进行整体分析，让学生从时间、面积、物资等多角度进行整体考量设计，经历工程设计的全过程。学生根据评价量规自行评价（见表6）。同时引导学生与家长进行亲子合作学习，并通过多种方式呈现学习结果。

表6 任务三评价量规

评价维度	A	B	C	D	等级
选址设计	能够按照美国纽约市的地理环境和疫情分布情况，合理地设计选址	基本能够按照美国纽约市的地理环境和疫情分布情况，较为合理地设计选址	考虑到了美国纽约市的地理环境和疫情分布的部分情况，设计选址较为一般	不能够按照美国纽约市的地理环境和疫情分布情况设计选址	

续表

评价维度	A	B	C	D	等级
工程设计	材料的选取能全面考虑到科技、建筑时效、保暖、隔离等因素；建筑模型设计能充分体现传染性医院的特征	材料的选取能比较好地考虑到科技、建筑时效、保暖、隔离等因素；建筑模型设计能比较好地体现传染性医院的特征	材料的选取能考虑到科技、建筑时效、保暖、隔离等部分因素；建筑模型设计部分体现传染性医院的特征	材料的选取没有考虑到科技、建筑时效、保暖、隔离等因素；建筑模型设计没有体现传染性医院的特征	
技术实践	在建筑模型制作中能很好地进行合作，建筑模型美观性、实用性强	在建筑模型制作中能较好地进行合作，建筑模型美观性、实用性较强	在建筑模型制作中合作程度一般，建筑模型美观性、实用性一般	在建筑模型制作中没有开展合作，建筑模型缺乏美观性、实用性	

（二）实施框架：其他子项目学习活动实施架构

本项目的其他子项目按以下实施框架（见表7）开展学习活动，让学生充分经历职业启蒙。

表7 项目化学习活动实施框架

子项目	学习活动	学习目标	核心问题	学习任务
致敬抗“疫”一线的医务战士们	记一记：光荣殉职的医务英雄。（2课时）	1. 了解科研、医务等职业的工作特点。 2. 培养对医务战士的关爱之情。 3. 设计、制作预防新冠肺炎的物化作品。	①你知道新冠肺炎疫情“吹哨人”“武昌英才”是谁吗？ ②是什么原因让那些医护战士失去了他们宝贵的生命？	为医护人员设计、制作防毒“神器”。

续表

子项目	学习活动	学习目标	核心问题	学习任务
致敬抗“疫”一线的医务战士们	夸一夸：勇敢而智慧的“逆行者”。（2 课时）	1. 收集此次战“疫”中医务人员的感人事迹。 2. 感受医务战士等“逆行者”的勇敢担当的奉献精神。 3. 设计制作医务英雄宣传画册。	①你知道首批派出医疗队支援湖北的是哪两个省市吗？ ②医疗队中哪种医务人员最多？为什么？ ③此次战“疫”，全国有多少奋不顾身的医务“逆行者”？	设计、制作一本抗“疫”英雄、医务战士事迹宣传册。
	议一议：少年要有怎样的人生职业理想？（2 课时）	1. 对行业、职业有正确的理解与认识。 2. 形成对自己未来行业的规划。 3. 树立正确的人生观和职业理想。	①抗“疫”中，你觉得哪个行业是不可或缺的？ ②年轻人为何多崇拜演艺明星？你赞同李兰娟院士的提议吗？ ③你曾想长大做什么工作？你现在想未来从事这样的职业工作吗？为什么？	设计一份你未来的人生职业规划。
消失的“零号病人”是谁？	认一认：2019 新型冠状病毒病原体。（2 课时）	1. 认识新冠病毒，了解病毒传播途径及危害。 2. 了解科学家严谨的工作态度和不断探究真相的科学精神。 3. 掌握日常生活中预防新冠肺炎的方法。 4. 能用科学知识解决复学学校预防新冠肺炎的实际问题。	①新冠肺炎在武汉是什么时候被发现的？ ②新冠病毒到底长什么样？ ③新冠病毒是如何进入人体的？ ④新冠病毒传播的主要途径有哪些？	马上就要开学了，请你为学校、学生设计一份新冠肺炎防控方案。

续表

子项目	学习活动	学习目标	核心问题	学习任务
消失的“零号病人”是谁？	辨一辨：新冠病毒溯源。（2课时）	1. 了解人类要与野生动物和谐相处，敬畏大自然，树立生物安全意识。 2. 能对人类生活进行反思，培养社会责任感，树立正确的世界观。	①新冠病毒在自然界的天然宿主是谁？谁是中间宿主？ ②科研人员是怎么界定这些问题的？你的观点呢？	为避免疫情再次发生，提出一份“防控疫情灾害”的倡议书。
	猜一猜：消失的“零号病人”是谁？（2课时）	1. 学会像科学家一样思考，探究“病毒源”真相。 2. 学会辩证地思考问题。 3. 体验科学家研究的过程。	①新冠肺炎患者的症状有哪些？ ②新冠病毒的起源地是武汉华南海鲜批发市场吗？ ③科学家是依据什么来推测“零号病人”是谁的？	像科学家那样，尝试找寻消失的“零号病人”。
探寻浙江精准智控疫情法宝	理一理：“杭州健康码”的精准防控体系。（2课时）	1. 了解浙江精准智能防控新冠肺炎疫情的措施。 2. 感受大数据、健康码等对科学防控疫情的作用。 3. 了解家乡科技行业的职业特点。	①“杭州健康码”是哪个企业研发的？科技人员用了多少时间研发成功？ ②“杭州健康码”是从哪些方面设计评估健康色的？为什么非绿码者要隔离7天或14天？ ③“杭州健康码”的评估对防止病毒传播起到什么作用？	请用思维导图复盘健康码设计的大数据链。

续表

子项目	学习活动	学习目标	核心问题	学习任务
探寻浙江精准智控疫情法宝	辩一辩：“杭州健康码”何以快速在全国推广？（2 课时）	1. 了解家乡 IT 行业的发展。 2. 感受 IT 科技人员的创新工作精神。 3. 增强家乡自豪感。	①“杭州健康码”为什么快速推广至全国？健康码对于抗“疫”期间的社会有何意义？ ②全国版健康码的中国速度是怎么跑出来的？ ③余杭区是首个推广健康码的地区，作为余杭学子你想对研发团队说什么？	设计一份产品宣传单，向美国政府推荐“杭州健康码”。
	创一创：学校复课在即，设计一个校园版的健康码。（2 课时）	1. 体验系统地建构防控体系的重要性，了解政府部门及科技行业的工作特点。 2. 掌握知识迁移运用的过程。 3. 树立正确的职业观。	①复课开学后，我们学校在健康、卫生、防疫方面要注意什么？ ②怎样设计古小[①]校园健康码的评估导图？	给学校、班级设计一套古小健康码评估方法。
全球战“疫”，共克时艰	赞一赞：浙江抗“疫”取胜硬核。（2 课时）	1. 了解浙江省各级政府、不同行业和职业在战“疫”中的作用和贡献。 2. 体会抗“疫”期间志愿者义务工作的人文情怀。 3. 了解社会职业的系统协作。	①浙江省各级政府在此次抗“疫”过程中有哪些有效作为？ ②为什么浙江能在1281 例感染患者情况下保持 1 例低死亡率？ ③有哪些行业的志愿者为我们冲锋陷阵？	编一份介绍浙江各行各业抗“疫”的小报。

① 古小，指杭州市余杭区良渚古墩路小学。

续表

子项目	学习活动	学习目标	核心问题	学习任务
全球战“疫”，共克时艰	理一理：“疫情五色图”是怎样预警病毒传播风险的？（2课时）	1. 了解“疫情五色图”的由来。 2. 通过体验、研究，认识科学防控疫情的重要作用。 3. 在研究过程中增强民族自豪感。	①“疫情五色图”是哪个部门（单位）的科研人员设计的？ ②“疫情五色图”是如何评估确定风险等级的？ ③“疫情五色图”在抗“疫”中发挥了哪些作用？	撰写2月9日—2月28日浙江“疫情五色图”评估追溯报道稿。
	创一创：利用“疫情五色图”助力全球精准科学防疫。（2课时）	1. 利用“疫情五色图”帮助全球科学防疫。 2. 培养同理心和公民道德意识。	①截至当下，国外新冠肺炎疫情如何？为什么？ ②全球各行各业是怎样支援美国、印度等疫情严重国家的？	为全球设计疫情评估标准并制作一期国际版“疫情五色图”。

六、项目成效

（一）构建了“线上＋线下”互动融合的职业启蒙教育方式

1. 创设了融合联通线上、线下的跨学科学习方式，即“线上项目引领＋线下实践探究”

根据小学生的年龄特点，以多样化的学习形式提高学生学习兴趣，发展学生学以致用的实践能力。以疫情为背景，根据跨学科学习理念，充分运用“互联网＋”的教学资源，开展基于项目任务的调查、访谈、探究、方案设计、产品（作品）制作等不同形式的问题解决式学习，努力创设“线上项目引领＋线下实践探究”的居家学习新方式。在“职业启蒙”STEAM项目化学习开展过程中，线上学习是有关疫情问题情境分析、项目任务布置、成果分享，线下学生利用多种学习资源开展问题解决式实践操作，以此引导学生像科学家一样思考，像工程师一样创造。

2. 形成了以学习任务为主导、核心问题为线索、实践活动为载体的职业启蒙教育

项目实施过程中，指导学生联系跨学科或领域的知识，开展探究式学习。通过核心问题，引导学生在解决问题的过程中联系学科或者领域的专业知识进行思考，尝试运用工程和设计思维解决问题，培养学生的高阶思维。通过学习任务引导学生立足社会生活实际，依托互联网开展与疫情相关的各类项目的研究，从而对社会各行各业在科技、经济发展中的作用有初步的认识，能感受此次战“疫”中涌现出来的一线医护战士的勇敢奉献精神，了解科技力量对精准智能防控疫情的作用，从而初步树立正确的世界观、人生观和职业观。

（二）形成了“主动＋输出”赋权式的学习态度与方式

1. 培养了学生在成果输出中的创新实践能力

学生的在线项目化学习取得了阶段性的丰硕成果（见图 2）。学生通过观看电视新闻、网络新闻，进行文献资料查询、家庭亲友采访等，获取全国同心、科技助力抗击疫情的相关信息，并进行充分的分析、思辨和展望，最后以形式多样的物化作品呈现项目化学习成果（作业）。我校的战“疫”项目化学习成果对学校和社会抗击疫情、复工复产有现实意义，被多家媒体报道，这对项目化学习成果的推广起到了积极作用。

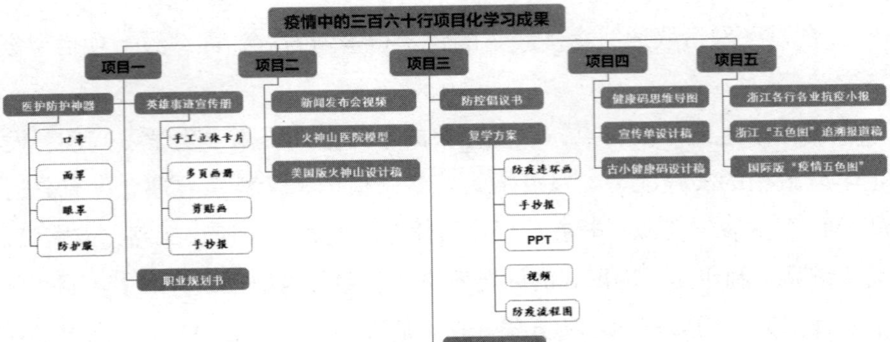

图 2　学生成果形态汇总图

2. 引导学生形成了积极主动的学习方式

此次项目化学习结合抗“疫”的现实背景，以生动的真实问题吸引学生，学生开始主动地关注身边的事物，运用已经学过的知识分析问题、解决问题。这种形式使学生由被动学习转化为主动学习，调动了他们学习的积极性和主动性，也提高了学习效率。学生通过动手实践，用作品（见图 3、图 4）、思维导图、视频等形式物化学习成果，升华了认知，丰富了技能；“线上 + 线下”的实践活动经历增强了学生们的学习主动性，让很多在不同方面有特长的学生都能参与其中，并且发挥了他们的想象力和创造力。小组合作的研究，帮助学生实现全面而有个性的发展，丰富了学生线上学习的方式，让他们在特殊时期也能快乐、健康地学习和生活。

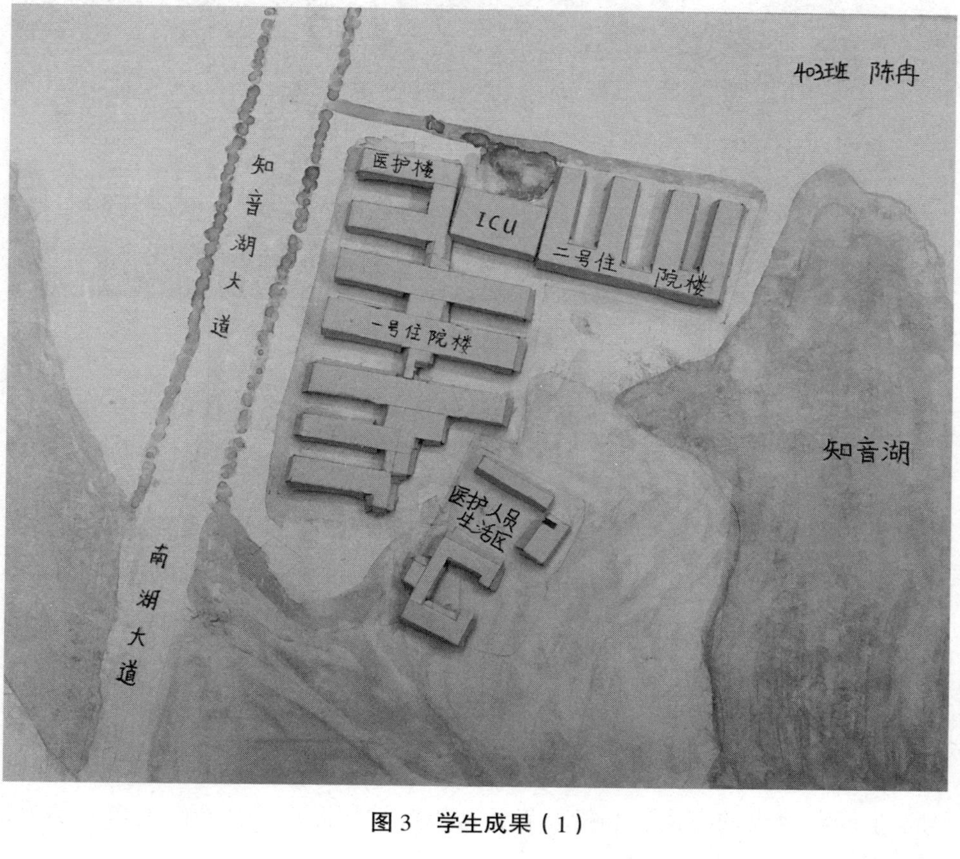

图 3　学生成果（1）

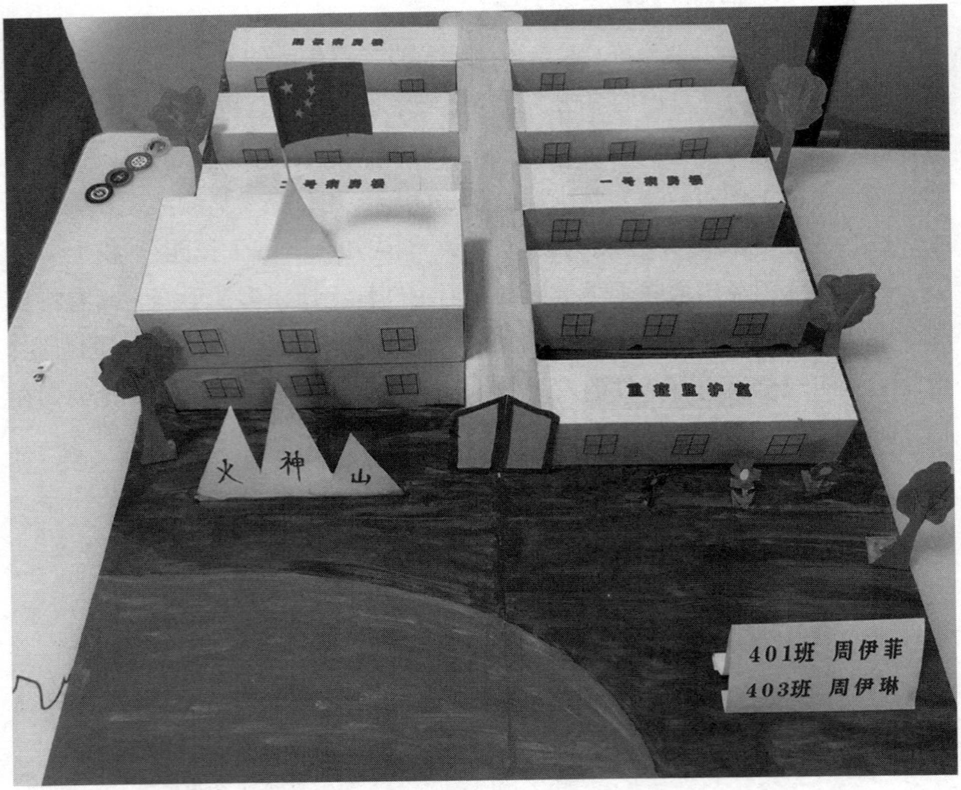

图 4　学生成果（2）

（三）更新了“跨科 + 统整”学科融通的教学行为与模式

1. 打破了教师固有的学科本位

在传统的教学中，由于固有的学科本位意识，教师大多是独立完成教学工作，这就造成了学生知识获取的碎片化。但项目化学习活动的设计打破了原有单一学科的局限性，教师在调用本学科的专业知识与技能的同时，还需了解其他相关学科甚至是跨学科的知识与技能。项目化学习要求教师基于真实问题情境开展教学，充分挖掘适合学生开展的跨学科探究活动，这符合人才的培养目标。项目化教学过程中的不确定性和不稳定性因素，要求教师成为学生问题解决的咨询者和指导者，这就对教师提出了全新的要求和挑战，从而打破了固有的学科本位。

2. 改变了教师从设计到实施全方位的教学行为

在此次项目化学习过程中，教师开展线上教学，短期内学习使用软件录课、剪课、直播课，提升了上课技能。此外，疫情相关的信息多而杂，教师需要在海量的信息中选取合适的视频与图片，为项目化学习的开展做好充足的准备，由此教师自身查找、筛选信息的能力得到有效提升。同时，在以往传统的教学中，教师往往给学生提供纸质或相对静态的教学资源，如习题集、练习册等，而在疫情居家学习期间，这样的教学资源显然不能满足学生的需求。项目组教师充分开发“互联网 +”的学习资源，为学生定制数字导学案，推送二维码学习资源，设计混合式学习导向的导学单，引导学生正确、绿色使用网络资源。教师适应了新的教学模式，与学生携手与时俱进。经历了项目化学习过程后，学生呈现的作品是创新的、多元的。教师则熟练使用评价表，多角度观察学生，更新了评价学生的方式。

七、项目反思

首先，学生从确立课题、选定素材到实践以及根据教师的指导意见对作品进行迭代，都需要花费大量的时间，而每周线上教学的时间是有限的，因此课上时间不足以使教师进行充分的指导，造成学生前期信息获取不足及对任务目标理解有偏差。

其次，线上教学充分依托学生自主合作式学习，学生自己在线上组建小组，但是组员之间不能面对面交流沟通，且交流的效果还会受到设备、网络等条件的限制，因此合作学习的效果受到了一定程度的影响。

再者，如何更好地将线上学习与复学后的学习进行有机整合，让学习成果在“后疫情时代”能够延续，是需要深入研究和思考的有挑战性的问题。

点评

线上、线下混合，促学生学习方式转变

突如其来的新冠肺炎疫情使得许多线下教学和活动成为泡影，但也反过来促进了线上教育的发展，打开了平衡线上、线下教学形式的探索新局面。

该项目创设了融合联通线上、线下的跨学科学习方式，充分结合防疫现实组织课程，也有力地促进学生学习方式的转变。项目以多样化的学习形式提高了学生的学习兴趣，发展了学生学以致用的实践能力。学校充分运用“互联网 +”的教学资源，开展基于项目任务的调查、访谈、探究、方案设计、产品（作品）制作等不同形式的问题解决式学习，创设出了“线上项目引领 + 线下实践探究”的居家学习新方式。

项目各个主题给学生提供了丰富的学习资源。教师充分利用“互联网 +”的学习资源，通过二维码将资源推送给学生，让学生有充分的素材开展项目化学习。而这些线上素材来自对全民抗击疫情隐含着的丰富教育资源的挖掘，包括科学教育、生命教育、职业启蒙教育、STEAM 教育等，让学生通过对真实问题的科学探究、合理推测、数据分析、方案设计、工程建模等，掌握防控病毒传播的科学方法，丰富学生对不同行业的社会价值、职业特性、职业情操等的认知和体验。

同时，该项目另一个亮点在于充分考虑到了复学后项目化学习的有效衔接，从学校层面设计了成果终结性评价，有的成果如防疫方案、古小健康码方案还被学校总务处、学生处采纳，运用于学校的真实防疫、复学中，充分体现出了项目的现实价值与意义。

（浙江大学教育学院　刘徽）

项目 6

家庭防疫用品设计[①]

一、项目简介

新冠病毒传染性极强（飞沫、接触传播等），做好防疫就能有效阻止病毒传播。即便隔离在家，也要对病毒严防死守，保护好自己，也保护好家人，因此防疫用品必不可少。但是疫情期间，家庭防疫用品短缺（如口罩）且不易购买，如何解决这一问题呢？本项目化学习引导学生研究病毒的传播途径、适合家庭使用的防疫用品及其是如何发挥作用的等，尝试利用身边材料动手制作家庭防疫用品。项目指向的本质问题是“病毒可以被消灭吗”，引导学生追寻病毒的本质，探索与病毒“共存之道”。

本项目共计 8 个课时，在六年级实施，涉及数学、科学、信息技术、美术学科。

二、驱动性问题

疫情期间，防疫迫在眉睫，然而防疫用品等资源非常紧缺，如何利用身边的材料设计制作家庭使用的新冠病毒防疫用品，保护自己和家人不受病毒的感染呢？

三、学习目标

针对“家庭防疫用品设计”项目，我们制定了 6 条学习目标，这些目标

---

① 本案例由杭州绿城育华亲亲学校提供，项目主要成员有蔡文艺、陈燕燕。

涵盖项目实施的整个过程，并且适合进行过程性评价和终结性评价，以达成学科（跨学科）核心概念的理解和关键技能的培养。

1. 了解人的呼吸系统与能量交换，了解新冠病毒相关知识以及新冠病毒传染性强的原因，知道日常生活中病毒传播的途径以及隔离病毒的有效措施等。

2. 了解人们的生活习惯，能够透过现象发现深层问题，明确要解决的问题，确定项目产出。

3. 在方案构思过程中，能够考虑产品的材料、性能、美观、成本等因素，运用估计与测量、比例尺、物体特性等相关知识完善方案。

4. 能够有意识地使用信息技术工具查阅资料、寻求帮助，善于发掘和运用身边的材料；基于设计思维制作产品模型，通过测试与不断改进，提升产品性能。

5. 能够运用文字、图片、声音等多种方式，灵活地表达想法、创意和研究成果，进行展示和交流，善于听取他人意见，进行反思和优化。

6. 在项目化学习过程中，能够与他人有效合作，不怕失败，能够批判性思考与解决问题。

四、项目评价

整个项目化学习采用“过程性评价 + 终结性评价”的方式，强调表现性评价，发挥评价的导向、促进功能。整个项目评价设计如图 1 所示。

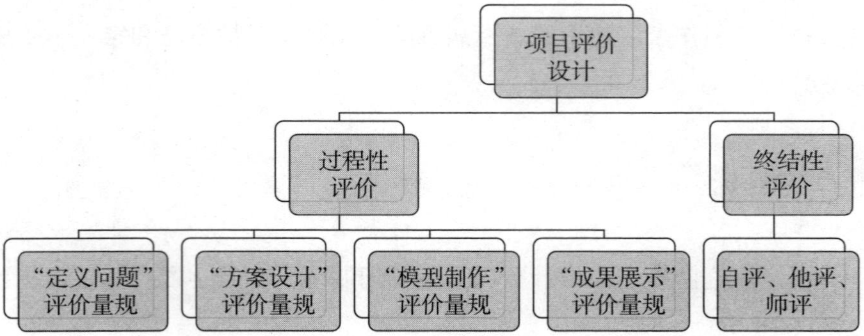

图 1　项目评价设计

围绕项目化学习的进展和阶段性成果，为每个关键环节设计具有“向导”作用的评价量规，抑或教师带领学生一起设计。如在制订方案环节，设计一个“方案设计”评价量规，引导学生在开展任务过程中进行自适应评价，知道“怎样做才能达到目标要求”“做到什么程度才算好”“我还可以从哪些方面努力”等，进而自主完善每一阶段的成果和作品。

这些过程性评价是整个项目评价的一部分，各占一定的比例；终结性评价主要评价学生的最终产品、展示交流能力、小组合作能力等，通过自评、他评、师评的方式进行，过程性评价和终结性评价的比例根据项目目标和自身特点来确定。最后教师在对项目进行整体评价的时候，采用等级评价，并对每个等级的情况进行说明，让学生知道整个项目的优点和不足在哪里，同时知道在哪些地方可以进一步改进。

五、项目实施

本项目化学习的实施分为四大环节：发现和定义问题、方案构思与设计、模型制作与测试优化、展示交流，用任务的形式串联，每个环节完成一个主要任务，每个任务为期 2 个星期，整个项目持续 2 个月。（见图 2）

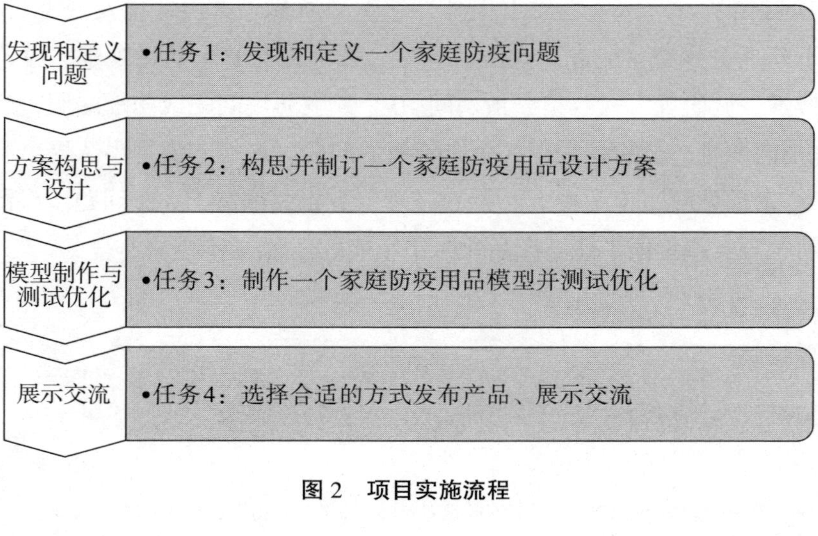
发现和定义问题
•任务1：发现和定义一个家庭防疫问题
方案构思与设计
•任务2：构思并制订一个家庭防疫用品设计方案
模型制作与测试优化
•任务3：制作一个家庭防疫用品模型并测试优化
展示交流
•任务4：选择合适的方式发布产品、展示交流

图 2　项目实施流程

（一）发现和定义一个家庭防疫问题

发现问题是项目的起始环节。“家庭防疫用品设计”这个项目是跨学科项目，它的起点是解决一个现实生活中的真实问题。因此，“问题”是跨学科项目化学习的根本。本环节具体设计如下：

学习目标

1. 能够基于居家生活情境，提出自己感兴趣的、务实的家庭防疫问题。

2. 通过与家人讨论，运用思维工具等确定要研究的问题和项目产品。

评价方式

“定义问题”评价量规。

核心问题

1. 目前家庭防疫的漏洞和短板在哪里？

2. 如何定义一个有价值的问题？

学生活动

1. 通过观察、讨论或网络调研收集疫情期间 10 个家庭防疫问题或防疫漏洞。

2. 通过分析和筛选保留 3 个问题，根据问题定义公式进一步明确问题。

3. 根据 POV① 表格进行打分，确定要研究的核心问题和相应产品。

项目化学习对情境的要求很高，学生必须基于真实情境发现真实问题，才能不断展开探究。为此，在项目伊始，教师先让学生通过观察、讨论或者网络搜索、调研等方式收集疫情期间 10 个家庭防疫问题或防疫漏洞，然后对这 10 个问题进行分析，保留 3 个有价值的问题。如战“疫”小队提出疫情期间的 10 个常见问题（见表 1），经过整理与分析，保留了 3 个问题。保留的标准是问题有实践价值、能够产品化、小组能胜任解决等。

---

① POV，即 point of view 的缩写，是针对特定对象的问题陈述，用于了解目标群体，提取用户需求，然后运用收集到的信息表达见解。

表1 战“疫”小队的问题发现和分析

发现的10个问题	问题分析
坐电梯的人都要手按电梯键，怎么保证安全？	这两个问题比较急迫，关系到进出单元楼拿快递或者必须出门工作的人。
口罩紧缺，怎么出门？	
家里如何有效消毒杀菌？	这两个问题是关于“杀毒”的问题，通过学习病毒传播知识等不难解决。鞋底携带病毒怎么办，需要考虑一个简单又保险的办法。
外出回来鞋底如果携带了病毒，怎么办？	
在家闲着无聊，如何打发时间？	这两个问题不急迫，但是是基于人的真实需求，具有比较长远的市场价值。
有些口罩舒适度和安全性不高，如何改进？	
如何控制门把手间接交叉感染？	勤洗手、定期消毒可解决。
隔离在家，不方便进行垃圾分类处理，怎么办？	环保问题，是疫情期间居家隔离附带产生的问题，个人难以解决。
怎么做才能既节省防护用品又保证安全？	这个问题知识性很强，具有社会价值，但不易产品化。
外卖小哥不能进小区，怎么解决？	这个问题具有很强的时效性，解决难度较大。

通过上述环节，学生保留了3个问题：（1）外出回来鞋底如果携带了病毒，怎么办？（2）在家闲着无聊，如何打发时间？（3）有些口罩舒适度和安全性不高，如何改进？这样，学生对自己的项目有了一定的方向，但是尚不能明确这些项目是否真有价值。家庭防疫用品是为人服务的，只有站在“用户”的角度设身处地去思考，才能真正发现用户的“痛点”和需求。这时候，教师引导学生借助POV表格（见表2）对自己保留的3个问题进行复盘分析，从“我观察了”“我发现了”来探索问题的来源，促使学生思考问题背后的原因，找到问题的“症结”之后寻求解决之道，从而“定义”出最终要解决的问题。

表 2 POV 表格

<table>
<tr><td>我观察了</td><td>（请写下你观察的用户）</td><td rowspan="4">驱动性问题的四个维度：
1. 人：为某用户思考；
2. 物：能用产品的形式解决；
3. 真实：问题与场景相关，真实存在；
4. 目标：有考虑最终目标。</td></tr>
<tr><td>我发现了</td><td>（请写下你新奇的发现）</td></tr>
<tr><td>我猜想这可能是因为</td><td>（请找出问题背后的真正的原因，写下你的猜想、假设、推理）</td></tr>
<tr><td>因此我要解决的问题是</td><td>（我们该如何，为谁，做点什么，以解决什么问题）</td></tr>
</table>

定义最终要解决的问题需要考虑四个维度：我们该（如何），为（谁），做点（什么），以解决（什么问题）。通过问题定义的公式，教师引导学生用简单的语言明确地告诉他人接下来要解决什么问题，项目指向是什么。如战“疫”小队最终将问题定义为：“了解病毒传播的途径和预防方法，为外出的家人设计鞋底消毒装置，来避免病毒通过鞋底潜入家中。”

定义问题之后，引导学生通过评价量规来审视自己的问题，从产品机会、社会价值、经济价值、团队支持四个方面去评价问题，将问题与产品密切关联。（见表 3）

表 3 “定义问题”评价量规

评价维度	标准描述	5 分	4 分	3 分	2 分	1 分
产品机会	问题可以用产品的形式来解决，最终可以形成一个具体的产品					
社会价值	问题具有普遍意义，对社会有积极作用，具有明显的社会价值					
经济价值	产品可以被生产和销售，为生产者带来收益					
团队支持	团队对问题的解决可以提供必要的知识、能力支撑，具有可行性					

（二）构思并制订一个家庭防疫用品设计方案

方案设计，即学生完成项目的规划和蓝图，就像工程施工之前绘制的图纸，必须考虑到项目的方方面面，如产品结构、外观、材料、工具、费用、可操作性等。这个环节是一个思维发散和聚合的过程。创造并非一件简单的事情，在方案构思的时候，鼓励学生自由畅想，头脑风暴，提出尽可能多的想法。之后再进行思维的聚合，将这些想法提炼论证，根据实际情况进行取舍，最终形成方案。这个环节具体设计如下：

学习目标

1. 知道方案设计的要素，体会方案设计在工程中的必要性。

2. 能够根据自己（或小组）所选项目，构思初步方案。

3. 通过各种途径细化、完善方案。

评价方式

"方案设计"评价量规。

核心问题

1. 一个"好"的项目方案应该是怎样的？

2. 你的项目方案的可实现性如何？

学生活动

1. 根据教师提供的视频、书籍等资源，了解人的呼吸系统，完成基础的病毒传染和防疫知识学习。

2. 根据最终的产品设想，借助网络，查阅相关资料，构思实现项目产品的方案。

3. 通过与家人讨论、教师在线指导，对自己或小组的方案进行完善，综合考虑产品的材料、性能、美观、成本、创新等因素。

学习过程中有两个关键地方教师要进行重点指导。一是在方案构思的时候，教师要引导学生把脑子中的想法"拿出来"，进行"可视化"地表达。如创意小队根据要解决的核心问题，以"新型口罩"为中心词，创建思维导图，以利于发散思考。在这个过程中，学生能更全面、更深入地去考虑产品设计的多种因素，如技术、创意、外观、材质、功能等。

二是引导学生站在“方案阅读者”的角度，思考“一个好的方案应该是怎样的”。通过对已有案例的分析与讨论协商，学生和教师达成一致意见，认为一个“好的方案”要从呈现方式、呈现内容、可实现性三个角度去考量，并制订出每个维度的评价等级：新手水平、合格水平、熟练水平。（见表 4）

表 4 “方案设计”评价量规

等级 维度	新手水平	合格水平	熟练水平
呈现方式	通过图像、文字、表格等多种形式呈现，呈现方式清晰、具体，便于他人阅读与理解	能够用图文结合的方式呈现，但是较为简单，他人获得的信息量有限	呈现方式单一，如只有绘图，没有文字说明，比较潦草
呈现内容	内容丰富，考虑周全，能够从真实问题出发，对产品的设想、构造、材料、分工等方面进行全方位、多角度呈现	内容较为简单，没有全面呈现产品设计的各个方面	呈现内容过于简单，只考虑到产品设计的某个方面
可实现性	可实现性强，通过对方案的解读和材料准备，设计的项目能够付诸实践，变成现实的“产品模型”	有一定的可实现性，但是从方案里不太能看出来	可实现性差，方案里几乎看不出来

通过评价量规指引，学生制订出比较完善的方案，为项目的下一步开展打下良好的基础。如图 3 和图 4 所示，“鞋底消毒器”和“新型保健口罩”的方案图纸，学生将自己要设计的产品从原料、功能、结构等角度进行多维发散，解读清晰，具有较强的可实现性。

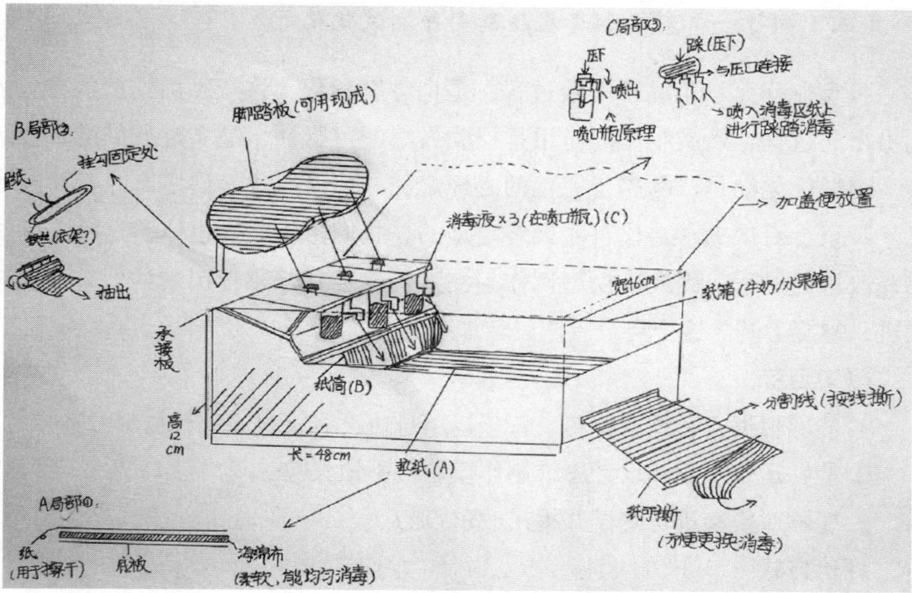

图 3 “鞋底消毒器”方案图纸

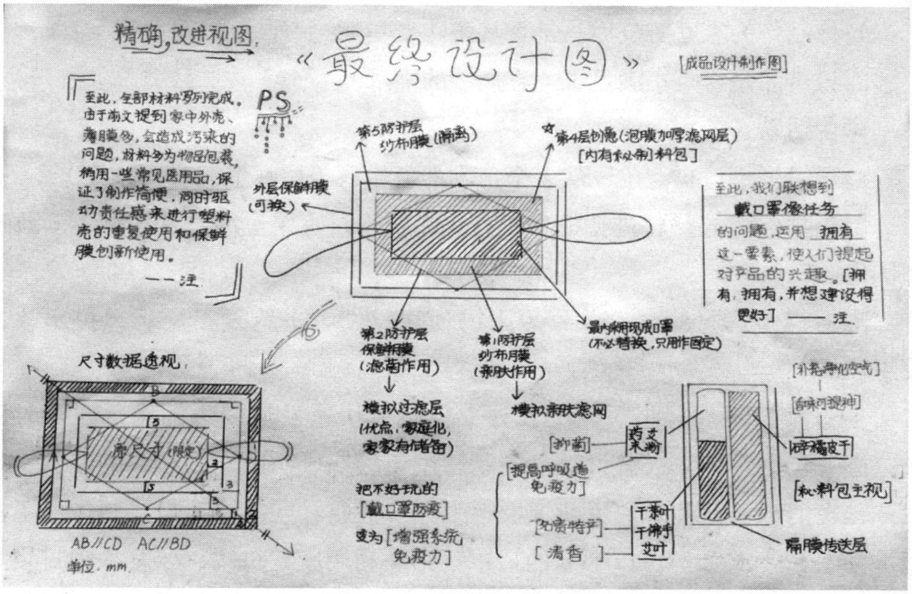

图 4 “新型保健口罩”方案图纸

（三）制作一个家庭防疫用品模型并测试优化

模型制作是一个动手实践过程，是把方案物化、将产品用模型的方式表达出来的过程。模型制作的作用是检验方案的可行性，是实现产品的重要环节。测试优化则是产品趋于完善的必经之路。信息时代，许多产品都是经过几十甚至上百次的“迭代”才最终定型的，我们希望学生也体验这种不断试错和改进的过程。因此，模型制作与测试优化经常是结伴出现的，并且相互促进，螺旋上升。这个环节具体设计如下：

学习目标

1. 能够根据方案准备材料，善于运用身边已有材料或进行材料改造。

2. 能够运用工程和设计思维制作模型，不怕失败。

3. 能够对模型进行测试并提出改进设想。

评价方式

“模型制作”评价量规。

核心问题

1. 你制作的家庭防疫用品是否具备防疫功能？

2. 该产品是否真正满足了“客户”的需求？

学生活动

1. 通过列举材料清单，从多个角度准备材料（如家里废旧物品等）。

2. 根据收集的材料进行模型制作，在制作过程中运用设计思维不断改进和优化。

3. 对模型进行测试，收集家人的使用反馈，进行复盘反思，提出改进设想。

通过模型制作，将平面的设计立体化，快速发现新的问题，并及时记录，进一步完善方案或修订核心问题，避免后期成品制作中材料的浪费。比如“鞋底消毒器”就是利用硬纸板、废弃喷雾瓶、纸巾棉等材料制作成了模型（见图 5），又如“可以喝水的口罩”则是利用废弃口罩、导管、密封袋等材料制作而成的（见图 6）。

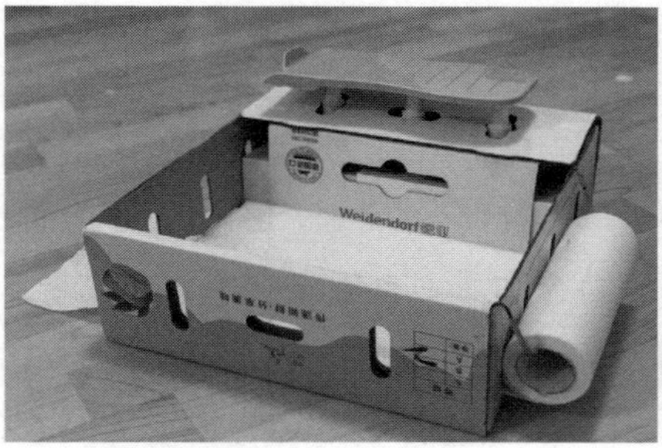

图 5 “鞋底消毒器”产品模型

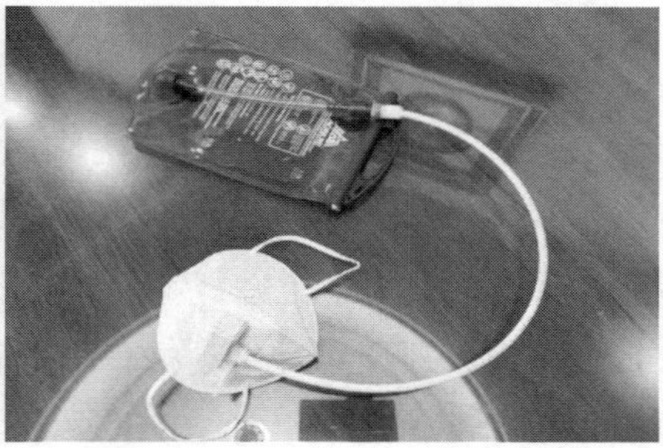

图 6 “可以喝水的口罩”产品模型

在模型制作过程中，学生会遇到很多问题，比如材料的切割、工具的使用、尺寸的把握等，教师发动家长参与孩子的项目，将其作为亲子沟通的途径和载体。同时，鼓励小队通过钉钉群、微信群等及时沟通，集中智慧解决困难。教师则进行线上指导和点评，即时跟进每个小队的进展。

模型制作好之后，学生通过模型的直观演示，发现新的问题和需要完善的地方。借助“模型制作”评价量规，从人本、科学、技术、艺术、创意五个维度，多个一级指标和二级指标进行评价，找出模型的优点和不足，进行迭代改进。（见表 5）

表 5 “模型制作”评价量规

评价维度	一级指标	二级指标	分值（1—5 分）
人本	功能	能够充分考虑用户的特点，产品使用符合年龄特征	
	需求	能够解决用户的真实需求，不带来新的问题	
科学		讲解员能正确、清晰讲解产品所用到的科学知识	
技术	核心	能合理使用裁剪、切割、3D 打印等技术，达到产品效果	
	质量	产品各个部位粘贴牢固，整体制作扎实	
艺术	美感	工艺良好，外观精致	
	设计	设计自然、协调，主题突出	
创意		市场上无同类产品	

（四）选择合适的方式发布产品、展示交流

在“展示交流”环节，学生成为产品“代言人”，自主准备演讲稿，像一名工程师那样介绍自己的产品，以期得到同行与“专家”的认可，教师开发多种评价工具对学生进行评价。展示的内容和形式有展板展示、产品展示、项目化学习手册展示和活动过程陈述等。展示活动对学生来说是一个非常重要的学习经历，是学生总结反思，锻炼语言表达能力、整理资料能力及合作能力的又一次挑战。学生在展评过程中，团结协作、群策群力，既重新认识了自我，又培养了团队意识和合作精神。这一环节具体设计如下：

学习目标

1. 能够站在“用户”的角度改进产品。

2. 能够基于设计思维解读自己的产品。

3. 能够大方、清楚、自信地介绍自己或小组的项目研究过程和成果。

评价方式

“成果展示”评价量规。

核心问题

1. 如何让你的“产品”得到用户的认可？

2. 对项目进行交流和展示的意义何在？

学生活动

1. 梳理自己（小组）的项目研究过程，整理资料，决定用某一方式（视频、PPT、文本等）展示自己或小组的成果。

2. 运用合理的方式汇报自己（小组）的项目经历和成果。

教师引导学生通过梳理自己的项目研究过程，首先在钉钉群中进行展示，其他组的学生作为评委，提前了解评价量规（见表 6），根据评价量规进行点评。

表 6 “成果展示”评价量规

评价维度	具体指标	分值（1—5 分）
演讲表现	声音适度，举止大方，吐字清晰，注意演讲礼仪	

续表

评价维度	具体指标	分值（1—5分）
过程展示	能够图文并茂或者以多种形式讲述项目化学习的探究过程，包括遇到的困难和问题等	
小组合作	小组分工明确，配合默契，团队氛围温暖	

之后，每个项目小组可以根据同学们的评价进一步修改项目产品，在钉钉班级圈云展示自己（小组）的项目成果，其他学生进行点赞或评价。将自评、他评与信息技术紧密结合起来。同时，为了对学生的创意进行正面激励，我们开展了学校疫情期间项目化学习成果评比，包含“最佳制作发明奖”“最佳创意设计奖”“最佳实用设计奖”，以评比的形式引导学生梳理、总结研究成果。

六、项目成效

（一）提升了学生设计思维能力，使学生学会关爱家人

设计并制作家庭防疫用品，学生必须站在“他人”的角度，运用同理心思考问题，发现家人的真实需求，制作满足家庭使用需求的产品，这一过程既是交流的过程，也是发现的过程。学生把目光从自己身上转向他人，为家人服务，这也是一种爱的表达。同时在设计制作的过程中，为了使产品更加完善，需要不断迭代更新，这一过程提升了学生的设计思维能力。如图7所示，项目小组为小区电梯间设计了一款“一次性手套自动装置”，防止接触传染；图8，从同样的思路出发，学生研发了“电梯按钮消毒笔”。

图 7　一次性手套自动装置

图 8　电梯按钮消毒笔

（二）培养了学生在特殊时期的问题解决能力和创新能力

疫情期间，存在大量真实的问题，这些问题具有很强的教育价值。我们的“家庭防疫用品设计”项目化学习，把与疫情相关的问题转化为学生的实践探究项目。学生通过项目探索和产品制作，不断解决其间遇到的各种问题，不仅提升了学生的问题解决能力，更提高了学生的创造能力。如有学生设计了便于携带的“防疫纸箱”（见图 9），里面装有消毒酒精、口罩、体温计等，方便出差在外的人随时取用，降低了人们出门在外被病毒感染的风险；有学生设计了适合弟弟妹妹阅读的“儿童防疫立体书”（见图 10）。

图 9　“防疫纸箱”模型

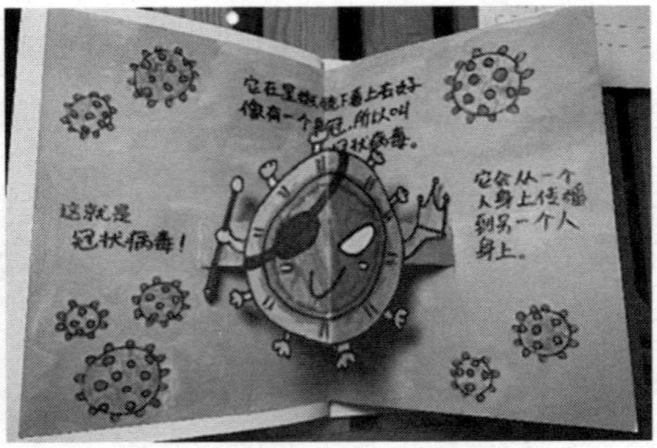

图 10　“儿童防疫立体书”模型

“在这次项目开展中，我们不仅是创造者，更是学习者。……每个人要发挥自己的长处，也要积极去尝试自己没有接触过的或者不擅长的事情。从一个个生活中的问题出发，发散思维，通过自己独特的视角来看待问题并提出解决方案加以实施，我们的最终成果可能还略显粗糙，但是这个创造的过程所带来的收获是充盈的，是不可言喻的。”——钱同学

（三）提升了教师课程开发、跨学科执教的能力

项目化学习的开展，要求教师具有较强的课程设计、信息技术运用能力。我们通过在线教研、双师协作的方式，将线上项目化学习落到实处，并且在课程实施的过程中不断反思改进，综合运用各种信息技术改进教育教学。此外，项目化学习对教师的跨学科素养和执教能力提出了挑战，要求教师除了站在自身学科角度，更要站在多学科的角度高位设计，这个过程倒逼教师自发学习和反思，加上学校外聘专家的专业引领，教师自身的专业成长很快。我们还推出了疫情期间教师项目化学习案例评比，教师们参与的积极性空前高涨。

七、项目反思

“家庭防疫用品设计”项目受到学生普遍欢迎，课程结束时问卷调查结果显示，学生对本次课程的满意度平均分为 9.01 分（满分 10 分），认可度较高。但是也存在一些需要改进和反思的地方。

（一）在线学习亦有“不完美”，如何兼顾“后三分之一”

我校此前有开展项目化学习的基础，很多学生自主学习能力较强，但是疫情期间学生都居家学习，尽管学校尽可能多地提供指导与帮助，但是“后三分之一”的现象仍然是存在的。这部分孩子能力较弱，平时在项目小组里还可以力所能及地做一些事情，但是一旦需要自己全力完成时就出现困难。虽然他们对项目也很感兴趣，但是由于自主学习能力的欠缺，有些孩子遇到困难就放弃，使得项目开展不下去，或者为了应付老师而完成任务。对这部分学生，如何提供更好的指导，提升其兴趣，是我们在以后的项目指导中要重点考虑的地方。

（二）项目化学习是一个迭代过程，如何看待“失败资源”

众所周知，项目化学习是一个不断迭代的过程，在每个学习阶段学生都有可能遇到困难，需要不断反思与改进，即便我们提供了学习支架、思维工具，学生最终的成果总是参差不齐，甚至到最后宣告失败。我们总是下意识地忽视或者否定这些失败和错误，这样是不对的。经过反思，我们认为，要利用好这些“失败资源”，首先承认失败是在所难免的，但重在学习过程，重在从失败的经历中吸取有益经验，锻炼自己的能力，同时让学生明白，在科学研究和科学发明过程中，失败是一件很正常的事情，这亦是一种科学精神的培养。其次，如何“肯定”与“利用好”这些“失败资源”，将其转化为项目的一部分，也是值得思考的方向。

（三）跨学科的项目化学习，如何兼顾学科核心知识与综合素养

项目化学习是一个运用多学科知识综合解决问题的过程。我们在设计目标的时候，以核心素养与关键技能为导向，围绕项目探究主题，整合学科课程标准，确定基于项目开展的有限目标，让目标可评、可测。但是，由于每个学生的知识接受能力和运用能力不同，教师提供的知识基础或高阶思维的运用方法也就因人而异，这给教师的指导带来挑战和困难。同时，项目化学习旨在培养学生的批判性思考、创造性思维等核心素养，那么，教师在处理学科核心知识与核心素养的培养上面如何兼顾，孰轻孰重，也是需要继续思辨与实践研究的话题。

点评

以评价实现学为中心

“家庭防疫用品设计”制定了6条清晰的学习目标，涵盖了项目实施的整个过程，引领了整个项目的学习发展，也为整个项目的评价方案的制订提供了目标、维度和表现水平等参考。学习项目在发现、定义和分析问题后，细分为三个任务，并为每个任务设计了具有“向导”作用的评价量规，量规也可以由教师带领学生一起制定。学生在开展任务的过程中进行自适应评价，知道“怎样做才能达到目标要求”“做到什么程度才算好”“我还可以从哪些方面努力”等，进而自主完善每一阶段的成果和作品。

项目化学习过程中，这一自适应评价为学习提供了监控和导航。如在“构思并制订一个家庭防疫用品设计方案”任务中，很多学生不清楚一个“好”的方案是什么样的。教师通过引导学生站在“方案阅读者”的角度，思考方案应该呈现什么，如何呈现。通过讨论，学生和教师达成一致意见，即方案设计要从呈现方式、呈现内容、可实现性三个角度去考量。整个项目化学习的评价包括了过程性评价和终结性评价，采取了自评、他评和师评等多元评价方式，并为“定义问题”“方案设计”“模型制作”“成果展示”分别设计了评价方案和分值。过程性评价和终结性评价总计为100分，最后在报告给学生的时候，将分数转化为等级呈现，并说明每个等级的意义。需要说明的是，这样的评价并非要给学生的项目化学习分出优劣，而是发挥评价的引领、导向作用，引导学生能力的培养。评价指向改进，为了下一次的STEAM项目化学习更优化。

（浙江大学教育学院　何珊云）

第二部分

多学科项目化学习

导读

多学科项目化学习的关键特征、操作要素与问题分析

一、多学科项目化学习是什么?

（一）复杂的真实问题需要多学科的方法

随着现实世界或问题越来越成为多学科性的、多维度的和总体性的认识对象，确切的认识就应该正视对象的背景、总体，从多维度去考察它的复杂性。首先，孤立地看待信息或资料是不充分的，只有将信息和资料置于它们存在的背景中才能赋予它们本真意义。其次，整体的性质或属性是各部分在彼此孤立的情况下所不能具备的，而部分的某些性质或属性有可能被来自整体的约束所抑制。我们不仅不能把部分孤立于整体，而且也不能使各部分相互孤立。再次，复杂的统一体如同人类和社会一样都是多维度的（人类同时是生物的、心理的、社会的、感性的和理性的，而社会包含着历史的、经济的、政治的、宗教的等多方面），相应的，认识、理解和把握复杂统一体也只能是多维度的。最后，当不同的要素不可分离地构成一个整体时，生发于认识对象与它的背景之间、各部分与整体之间、各部分彼此之间的相互依存、相互作用、相互影响和相互反馈，就昭示了复杂性的存在，而理性的认识应该积极正视这种复杂性。（莫兰，2004）

由此可见，我们在认识世界、思考问题时，多学科的主题式思维作为一种从部分走向整体的认识论和方法论，是不可或缺的，我们“永远不要使概念封闭起来，要粉碎封闭的疆界，在被分割的东西之间重建联系，努力掌握多方面性，考虑到特殊性、地点、时间，又永不忘记起整合作用的整体”（莫兰，2001）。

（二）多学科项目化学习：单学科与跨学科之间

在日常教学过程中，我们也能够感受到学科之间不是完全独立、毫无交集的，而是相互渗透、相互影响的。但目前大多数分科教学的过程忽视了学生的生活环境和思维方式的整体性，虽然单元整合课程、综合实践活动课程等综合课程不断涌现，但在教学中具体如何落实多学科融合，老师们多有困惑，教学实践中也常常难以界定多学科、跨学科、超学科之间的区别。图 1 介绍了不同学科间融合的模式。

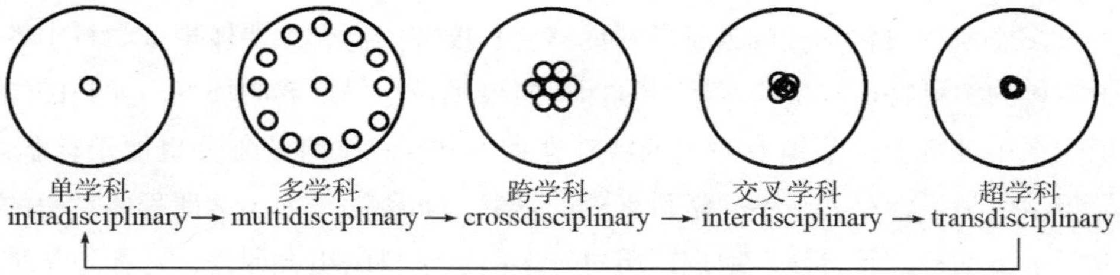

图 1　学科间融合的模式（李颖，2013）

可见，多学科与跨学科、超学科之同在于，注重对学科本位、学科之间脱离的现状进行调整，确保课程体系有均衡性、融合性的特征，旨在对学生的创新思维、合作精神和综合素质进行培养。（杨世钧，2015）值得注意的是，多学科和跨学科、超学科的区别主要在于，"多学科"需要体现在解决真实问题中对学科知识和思维方式的运用，因而"多学科项目化学习"指的就是围绕某一主题的多学科项目，与现实生活紧密联系，鼓励学生进行探究性、合作性、综合性的学习，旨在有效突破各学科自我束缚的壁垒，进一步改革和创新教学模式，培养学生的学科素养与综合能力。在具体教学实践中，多学科项目化学习往往围绕某一个主题展开多个项目，每一个项目侧重于某个或几个学科，其解决问题过程中的学科整合度不如跨学科项目化学习高，多个学科仅仅是有联系的并列关系，并设有明确的分学科目标。

在新课改和课堂教学转型背景下，利用多学科的有效有机融合引导学生认识学科间的联系，既能够提升学生的学科素养，更有利于提高学生的综合能力、想象力和创造力。

二、多学科项目化学习的关键特征：多学科的叠加与组合

基于各学科知识在根本上的融通和内在统一性，多学科项目化学习围绕真实问题解决，合理阐述各个学科的相应目标，各学科综合联系、相互配合，充分发挥多学科的“叠加功能”和“组合功能”，并设有相应的评价方式来实现目标。

（一）各学科界限明确

多学科项目化学习的各子学科的整合程度并不高，主要体现多学科中各子学科的学科特征、学科素养，目标指向聚焦各学科素养的培养。完整的知识体系中各部分天然地有一定的特殊性和独立性，学科的划分也便于教学，易于学生学习，有利于不同学科素养的培养。如科学作为小学课程体系中的一门重要学科，是自然、地理、历史等多门子学科的组合课程，旨在使学生了解自然、社会中的各种现象和问题，指向科学、技术、社会、环境等方面的学习目标，会针对各子学科内容设立不同层次的目标和相应的要求。在全民抗击新冠肺炎疫情的过程中，也隐含着丰富的多学科教育资源，包括科学教育、生命教育、职业启蒙教育等主题的教育资源。若让学生通过掌握为解决真实问题的科学探究、合理推测、数据分析、方案设计、工程建模等不同学科的思维模式和学习方式，了解有关新冠病毒的科学知识，掌握防控新冠病毒传播的科学方法，能丰富学生对不同学科的认知和体验，从而提升学生多方面全领域的学科素养，日后解决不同的真实问题便会更加游刃有余。

（二）多学科叠加与组合

然而，多学科项目化学习的子学科界限明确并不意味着完全的分科，更不导向学科壁垒和学习的知识割裂。知识本身不是由各个学科的知识简单组合在一起的，而是各学科相互联系的有机整体。多学科项目化学习也注重加强相关子学科间的联系，体现知识的完整性，促进学生知识框架臻于完善。

如图 2 所示，不同学科融合模式的合作与协调程度有一定的区别，多学科的合作与协调程度基本处于子学科内容的叠加、组合这一程度。多学科项目化学习引导学生进行不同方向的专家思维，如像科学家一样思考、像工程师一样创造等。防疫本身就是政府各个部门、社会各个群体共同发挥自身职能或优势形成合力的过程，学生自然也可以进行科学探究、工程设计（诸如火神山医院建设等项目）、科技防控（如健康码等）、新闻传播、居家生活等的组合学习。当然，多学科项目本身也可以立足多个不同的议题。

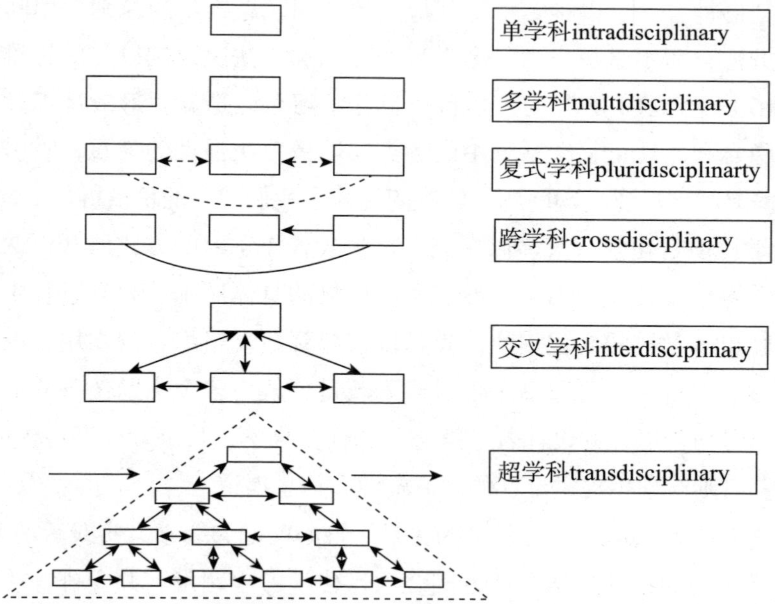

图 2　不同学科融合模式的合作与协调（李颖，2013）

由此可见，多学科项目化学习基于真实问题背景将各学科知识交叉渗透，其课程的设计组织并未突破学科界限，但其依据学科间的联系形成的新的知识结构体系，有助于开拓学生思维，培养学生综合思考问题的能力。因此，我们在进行多学科项目化学习的设计时，需要尽显各学科的不同特色和意蕴，充分激发学生的学习积极性，引导学生在多学科叠加、组合的内容学习中，开阔视野，提升综合素质。

三、多学科项目化学习的操作要素：多学科的协同与分界

（一）问题情境贯穿各学科协同

用合适的活动和操作方法来体现项目特色也是极为重要的，如收集支持目标实现的资源、确定保障措施等。在多学科项目化学习中，学科知识独立的现象如何克服？正如“问题”是课程中的“神”，多学科则是外在的“形”，要达至“形神合一、以神定形”就应坚持“问题思维”的原则，用问题决定知识和方法，而不是树立“以多学科的知识和方法决定问题”的思维（王燕华，2010）。“问题中心”的多学科项目化学习可以造就“形散神不散”的风范，使隐含和显现于复杂系统中的各类问题像一块强大的磁石，吸引学生对多学科的兴趣，毕竟发现问题、解决问题才是我们学习的价值诉求。

多学科项目化学习大多以探究、自主或合作学习的方式展开，课程设置支架式学习单、具体的活动指导或学习成果的具体展示。教学过程中，学生自主勾勒出多学科的知识模块，教师仅仅起到活动组织者的作用，助力学生自主学习。项目本身可以以子项目或子项目分解为多个主题任务的形式来引导学生思考与创造，并设计若干核心问题任务导学，帮助学生开展探究活动，而项目资料则给学生提供丰富的学习资源和信息渠道。

总之，项目实施以学习任务为主导、核心问题为线索、实践活动为载体，注重实践过程的指导。学习任务围绕项目化学习主题设计并安排，体现实践性、探究性、合作性或自主性的学习方式。核心问题则是学习线索，引导学生将项目活动指向学习任务，并充分开展学习活动，最终导向学生的实践能力与高阶思维的培养。例如，有案例以“抗疫居家期间我们该如何运用合理的饮食搭配和科学的数据来制订家庭采购方案？居家期间如何利用身边易得的废旧材料，设计与制作尽可能安全的外出防护装备、尽可能省时省力的烘焙助手、尽可能完善的多功能垃圾桶和尽可能增进亲子关系的运动器具？”等问题驱动学生开展任务，每项任务下还包括具体问题情境、资料、任务思维导图、学生学习记录单、自我评价以及成果展示等部分，通过多个支架和核心问题、学习表单来保证目标实现。

（二）评价设计与学科素养相匹配

虽然问题情境是串联起多学科项目化学习的内核，但项目评价的设计以及教学过程仍需注重不同学科素养的培养。

多学科项目化学习的评价设计需与学科素养相匹配。和形式丰富的多学科项目内容一样，多学科项目化学习也需要多元化评价和成果反思，并设计清晰的评价量表。本部分案例中的多学科项目化学习大多采用表现性评价和结果性评价相结合的方式来推进，设计多主体、多途径评价体系，根据不同学科方向的任务成果进行分解评价，且注重量化评价标准。如由民主评审团对成果展示进行打分、对学习档案的自我评价等，也有案例对每个子项目都采取师生共建评价标准的方式，通过自评、互评的过程性评价，帮助学生把握成果形成的方向，激发学生的学习热情。有的项目还通过投票、线上产品介绍等形式开展成果评比发布，或根据小组制作展示的方案、装备、生活用具等，基于作品的实用性、可推广程度等进行教师评价、学生自评和互评，进一步发挥以评促学的作用。更有项目充分考虑到了复学后项目化学习的有效衔接，从学校层面设计了终结性成果评价与成果展，有的成果如防疫方案、健康码方案等被学校采纳，运用于学校的真实防疫、复学中，充分体现了项目的现实价值与意义。

（三）应对教学过程的分科化

多学科的子学科界限分明也带来了一系列其他问题，如各子学科知识间的跨度如何把握？学科知识的难度差异如何降解？等等。这些问题则需要通过教学模式的改进来加以解决。多学科中子学科的知识独立性要求多学科教师开展共同教学，或者尝试组织相同年段不同学科的教师共同备课，探讨相关知识点的难度差异，共同研制教学目标和教学内容，实现学科间知识的衔接，通过共同备课研讨尝试将本学科知识向相邻学科横向拓展和延伸。

总之，多学科的主题活动在项目实施上需要以核心问题为导向，探索探究性、合作性、综合性、自主性学习方式，注重教学形式的多样化，强调不同学科教师的共同教学和引导，从而调动学生的积极性。

四、多学科项目化学习实践中存在的问题

我们也发现，在多学科项目化学习的实践中，往往存在一些问题。首先，多数项目剥去主题活动外壳后并没有体现出不同学科素养的提炼和培养。具体来说，项目没有明确体现出学科的特性，也没有体现出真实问题解决中的多学科方式，不同内容间的合作与联系很大程度上是拼盘式的，比较割裂和生硬。如有些项目拘泥于按照 STEAM 的学科内容和顺序组织课程，学习目标也按照科学、技术、工程、人文 / 艺术、数学学科来分别制定，看似包含多学科，实际上五个学科的内容都浅入浅出，没有真正将各学科联系起来。

其次，项目没有贯彻真实问题的思路。虽然“多学科”意味着明确的学科界限，但仍然是指向真实问题背景下的学习，指向未来可迁移的学科素养培育。有些项目的关键问题往往还是没有问题导向，教师仍在教学、传递知识而没有培养学科素养，活动的设置“为活动而活动”。部分项目以丰富的任务组织起来，在课程中活动一个接着一个的形式确实有利于激发学生兴趣，但不免易流于形式，只能就活动而活动地传递任务的程序性完成，不能真正指导学生从活动中获取可迁移的多学科素养。

最后，项目评价的设计没有很好匹配多学科素养。多学科的主题活动的确需要设计多元评价体系，明确量化评价标准，注重评价方式的丰富性，这点毋庸置疑，但最重要的还是项目评价设计要与子学科相结合，与各子学科素养相匹配。有些项目只是在目标中分科阐述，在实施过程中也能体现出一定的学科界限，但在评价过程中往往只针对学生制作出的成果或者活动的流程进行评估打分，脱离了教学目标和学科素养。

我们要认识到，从不同学科视角看待真实问题都有可能只看到其“冰山一角”，多学科项目化学习也许是一种将不同角度的“图像”组合成所谓的“冰山全景图”的途径。即使这种“全景”往往会因为不同“图像”之间存在裂痕而无法成为完整意义上的“全景图”，即使一个学科往往只能认识同一实体的某个侧面，我们也应追求不同角度的极致高度。也就是说，多学科的主题活动本质上是多个单一学科视角的组合、叠加，各学科知识之间的裂缝是

客观存在的，并不能强行进行弥合。我们需要利用更高位的学科核心素养将这种裂缝隐性弥合，将学科间的联系塑造成教学设计和实施的关键。

（浙江大学教育学院　刘徽）

项目 7

图文绘“疫”：小学心理防疫项目化学习①

一、项目简介

“小学心理防疫项目化学习”是杭州市三墩小学全校师生防疫居家期间开展的多学科开放式主题课程，是从疫情与艺术结合出发，选择、设计的低起点、多形态且适用疫情背景的研究主题。项目通过开放式主题选择、居家研究、个性化表达及展示等使学生积极地面对疫情（社会应激事件）所带来的困扰，提升学生的认知能力、心理评估能力以及自我调节能力。该项目强调在一定的时间内，学生做出选择、计划，提出一个项目构思，通过展示等多种形式解决实际问题，以此培养学生对知识的理解、迁移和再创造的能力。

本案例是该校三年级开展的一个子项目，是一个开放式主题项目化学习课程，涉及的学科有心理健康、美术、科学、劳动与技术，项目时长 1—2 个月。

项目架构见图 1。

图 1　项目架构图

① 本案例由杭州市三墩小学史利嫦老师提供。

二、驱动性问题

疫情期间，小学生都居家学习，缺少跟朋友面对面的交流和玩耍，时间久了，便给一些小朋友带来了心理困扰。面对突如其来的疫情带来的心理困扰，如何调节好情绪呢？

三、学习目标

本项目的学习以儿童心理防疫切入，打破疫情与学生之间的边界，为学生构建一个包含疫情科普、疫情防御、防疫活动的学习体系，使学生积极地面对疫情所带来的困扰，提升学生的认知能力、心理评估能力以及自我调节能力。

具体来说，本项目依据主题为学生提供三个连续的挑战项目，并从创设知识意义化的学习情境、改变学习参与结构、提供思维外显化的学习方法三个方面开展实施。表1是对子项目目标内容的梳理分类。

表1　子项目目标梳理分类

子项目	目标内容
疫情科普	认识什么是新型冠状病毒，它的临床表现有哪些，它是如何传播的，我们怎么预防。学会以科学的态度认识新型冠状病毒，学习正确的自我保护常识。
	认识我们是从哪里发现、怎么发现新型冠状病毒的，习得并传递科学的、积极的、可信的信息。
疫情防御	学会正确认识自己的心理感受和情绪，积极地调节心理的方法，树立积极乐观的心态。
	学会接纳自己的情绪，向他人表达自己的情绪，并寻求释放压力、缓解焦虑的方法。
防疫活动	通过自制站立的新型冠状病毒，设计打败病毒的游戏。
	通过自制卷卷的新型冠状病毒，设计病毒旅行的游戏。
	通过自制道具，设计游戏，了解戴口罩的重要性。

续表

子项目	目标内容
防疫活动	通过自制迷宫，设计新型冠状病毒大闯关游戏，解救患者。
	通过设计战“疫”口罩，感受一线抗疫英雄们的勇敢和拼搏。
	通过创写有关抗击疫情的文字，制作抗疫标语，为抗击疫情奉献宣传的力量。
	通过设计抗击疫情许愿瓶，将心愿画在瓶子里，期待实现。
	通过设计抗疫徽章，感谢抗疫英雄，为他们献上徽章。
	通过护目镜的创想，感受医护人员护目镜背后的故事。
	通过自制爱心菜肴，为一线抗疫的英雄们送上爱的味道。
	通过自制抗疫火锅，大家一同在线吃火锅，助力好心情。
	通过春系列口罩的设计，感受生活的美好和丰富多彩。

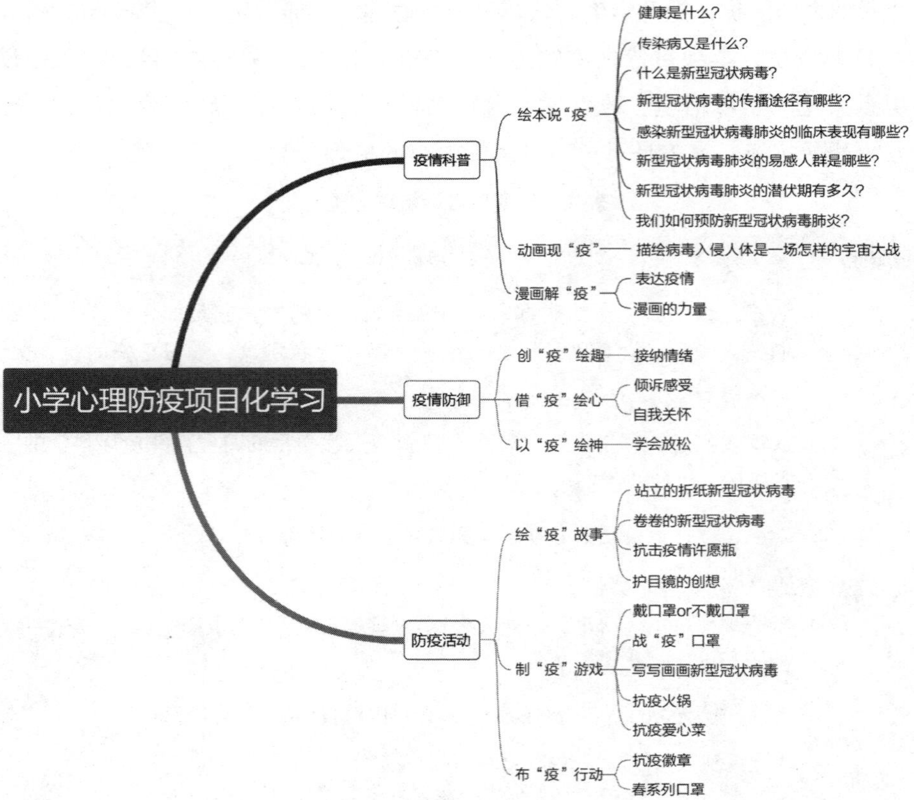

图 2　项目学习目标示意图

四、项目评价

小学心理防疫项目化学习的评价包含过程性评价和终结性评价，其与成果的产生、展示紧密相连，注重对审美性实践的评价。主要有以下评价类型（见表2）。

表2 项目评价类型

评价目标	评价类型	评价方法与工具	评价者
核心知识	过程性评价 终结性评价	评价量规 纸笔测试 表现性任务	教师 家长 学生自己
学习过程	过程性评价	评价量规 纸笔测试	学生自己 家长
阶段性学习成果	过程性评价 终结性评价	评价量规 成长档案 成果质量	学生自己 同学 家长 教师
最终学习成果	终结性评价	评价量规 成长档案 成果质量 公开展览与汇报 对比性的图表设计	学生自己 同班同学 教师 家长 互联网平台

本项目中包含重要的学习实践，在同一个项目化学习中，对这些实践过程并不一定都要进行评价，可以根据需要对其中的关键性过程进行评价。过程性评价有助于引导学生注重探究过程，激发学生的学习热情和积极情绪，提高学生的自我评估能力。我们会给出相应的评价量规，以多样的评价形式对项目进行评价。

1. 探究性实践的评价量规

以评价项目化学习过程中的参与深度为评价重点，是主要以参与度、收集信息、数据分析、创见等发展出的评价量规（见表3）。

表 3　探究性实践的评价量规样表

评价维度 （以下评价维度每完成一小点记 1 分，未得分表示在这点上还有待努力。）	得分
1. 在规定的时间里，我充分地参与了主题研究。	
2. 我的研究步骤和思路是很清晰的。	
3. 我和我的家人共同探讨并制订了研究方案。	
4. 我能运用多种检索方式查找资料、收集信息。	
5. 我对我所收集的信息进行了有针对性的筛选。	
6. 我觉得我所收集的信息素材是可以作为证据支撑我的观点的。	
7. 我对我所收集的信息进行了合理的分析和总结。	
8. 我和我的家人能很好地探讨问题、合理分配任务。	
9. 在探究性实践过程中我对自己的设想有过怀疑。	
10. 我会用合适的图表例证自己的某些观点。	
11. 总体来说，我给自己的打分是：	
学生签名： 家长签名： 亲笔签名，代表你对自己的评价是诚实、准确的。居家时，家长与你共同交流之后也会签上他们的名字。	

这一评价量规样表是在李克特（Likert）量表（夏雪梅，2018）[118] 的基础上，根据本项目化学习情况进行的补充和修改。疫情背景下的居家项目化学习，需要家长更多的支持与配合，应给予家长更多的指导和合作空间。

2. 合作性实践的评价量规

居家合作性实践评价量规重点考查学生在项目化学习过程中与居家的合作伙伴进行互动和沟通的成效，同时也考查学生是否在项目化学习过程中发展出角色应有的作用。尤其是居家同伴对学生的评价，至关重要。本德（Bender）给出了如何让学生进行同伴评价的建议（见表 4），在实践过程中，我们深受启发。

表4 同伴评价建议（夏雪梅，2018）[119]

- 在进行评价前，请放下成见，从设计者的角度仔细观察和审视成果。
- 根据量规，对成果中值得肯定和提出建议的点进行记录。
- 尽可能寻找成果中的优点，并将这些优点作为和同伴谈话的开始。
- 尽可能用积极的语言来表达其中不尽如人意的地方，典型的话语如“我很喜欢这个作品中的……”“如果……能够……调整，那就更好了”。
- 不管是表扬还是建议，都应该非常具体。
- 评价尽量简洁，一般控制在6—10句话。
- 将你的评价书面化，可以寻求教师的帮助，以修饰相关表达，然后与你的同伴分享你的评价。
- 永远不要与你的同伴就评价进行争吵。允许同伴对你的评价进行评议，如果有重要的分歧点，应该寻求教师的帮忙。

3. 审美性实践的评价量规

审美性实践的评价量规主要考查学生在项目化学习过程中对学习成果所内化的艺术性的思考。结合美术学科核心素养，学生从视觉性、功能性、观赏性等方面对项目化学习成果进行综合考虑，将审美性贯穿始终。表5是审美性实践中的“视觉性”评价量规样例。

表5 审美性实践中的“视觉性”评价量规样例

你在完成项目的过程中是否考虑到了学习成果的审美性？是否对你在项目化学习过程中产生的文本、小报、视频、最终的创作进行了合理构图和美化，以达到更好的视觉效果？请你给自己的评价表现打分。以下评价维度每完成一小点记1分，未得分表示在这点上还有待努力。

1. 我认真思考过我的作品的审美性。
2. 在创作成品之前我有过基础的设计稿。
3. 我对文本作品的构图、色彩、内容组织有深入的思考和调整。
4. 我有对材料的选择和创作的形式做合理的组织。
5. 我有对作品的功能性进行仔细思考。
6. 我的作品的色彩搭配非常统一和谐。
7. 我的作品特别凸显主题。
8. 我的作品是具有原创性的。
9. 我的作品最终呈现出来的是与众不同的美。
10. 我对我的作品还有其他满意的地方：________________________。

审美性实践的评价在本项目化学习中比较重要，由美术教师团队和心理健康教师团队合作开发的项目化学习，很多内容都涉及了美术学科，以及一些创造性的思考和操作，此量规能更好地帮助学生学习。

五、项目实施

本项目实施分为三大主题任务：疫情科普、疫情防御、防疫活动设计。梯级式任务串联，层层递进式上升，每个环节完成一个主题任务，主题一、主题二为期各 1—2 周，主题三为期 2—3 周，整个项目持续 1—2 个月。（见图 3）

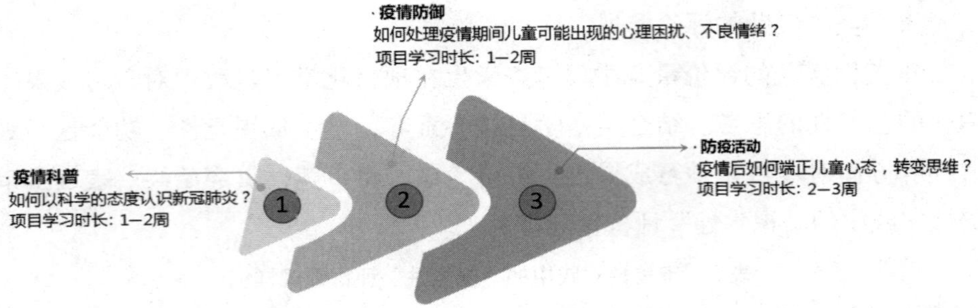
·疫情防御
如何处理疫情期间儿童可能出现的心理困扰、不良情绪？
项目学习时长：1—2周
·疫情科普
如何以科学的态度认识新冠肺炎？
项目学习时长：1—2周
1
2
3
·防疫活动
疫情后如何端正儿童心态，转变思维？
项目学习时长：2—3周

图 3 项目实施主题梯级设计

“特事特办，急事急办”，疫情期间，学校将新兰课程[①]的内容确定为和疫情有关的课程，让防控疫情与在线学习有机融合，成为新的拓展性学习内容。疫情期间，学校每周开展两次线上科普教育，专设周二、周五为科普日（下午开展活动），以正确认识新冠肺炎为目标进行科学引导。在学生对疫情有所了解的基础上，用艺术与防疫相结合进行项目化学习。该方式引导学生与画进行深入的对话，缓解自己内心的恐惧感。表 6 为本项目的云课程安排表。

① “新兰课程”是杭州市三墩小学拓展性课程总称。学校位于杭州市西湖区三墩镇，三墩古称“兰里”。三墩庙有碑记载，战国时荀子来三墩，在沿河一带亲手栽种兰花，为百姓做好事，百姓为纪念荀子故称此地为“兰里”。学校致力于培养像荀子一样知识渊博且真诚，具有如兰花一样高雅清芳的品质以及坚韧不拔的精神的“兰里人”，由此将拓展性课程取名“新兰课程”。

表 6 项目云课程安排表

图文绘“疫”课程安排表					
时间	史利嫦	朱 强	陈盈盈	虞雅楠	陈嘉怡
周二下午	绘本说“疫”	新闻识“疫”	动画现“疫”	漫画解“疫”	制“疫”游戏
周五下午	借“疫”绘心	创“疫”绘趣	绘“疫”故事	以“疫”绘神	布“疫”行动
计划开设拓展模块					
健康常识	个人卫生行为	个人饮食习惯	群体卫生行为	日常眼睛保护	口腔疾病科普
心理健康	自我认知	自我接纳	智力发展水平	学习适应性	行为习惯
备注	全校网课，并通过微信公众号平台推送更多自主学习活动与课程				

本项目化学习是一种以学生为中心来设计执行项目的教与学的方式，强调在一定的时间内，学生做出选择、计划，提出一个项目构思，通过展示等多种形式解决实际问题，并以此提升学习效果。为了指导各学生家庭以项目化学习流程开展亲子活动，本项目提出了“居家项目化学习六步骤”。各家庭在开展项目化学习活动中，要组成以孩子为主、家长为辅的学习共同体，问题的解决依赖学习共同体一起来完成，具体操作步骤见图 4。

第一步，寻找主题

本次活动的参考主题：探究来源于生活中的问题（如居家抗疫行动等），关于疫情带来的真实存在有待解决的问题（如面对疫情家庭成员的情绪、压力问题等）。

第二步，制定规则

项目化学习注重人性化评价，因此在开展项目化学习活动前需要先制定相应规则，并在活动中提醒大家相互遵守，并询问大家遵守得如何。

第三步，查阅资料

项目化学习倡导解决问题的能力，解决问题必须是科学、有依据的，因此在设计方案前建议查阅大量资料，并在解决问题过程中保持检索信息的习惯，不断为自己的观点寻找依据。

第四步，动手行动

项目化学习的研究成果是多样的，可以创作一幅画、原创一个产品、撰写一份图文报告、拍摄一段视频等，但要学习共同体一起参与、共同完成。

第五步，展示分享

完成作品后，鼓励开展学习共同体成果分享会，给孩子一个自信展示的机会；成果也将通过图片、语音、视频等方式分享到学校公众号、班级群中，家长和教师应给予肯定和鼓励。

第六步，总结反思

项目化学习鼓励不断迭代与优化，成果展示后，建议学习共同体客观地总结和反思收获与不足。这时候家庭成员要“俯下身子”，与孩子平等交流。

图 4 居家项目化学习六步骤

（一）主题一：我是疫情科普小能手（1—2 周）

主题目标：通过互联网学习，以科学的态度认识新型冠状病毒的特点、传播方式和预防措施。

学生活动：收集有关疫情的资料，通过网络学习，了解新型冠状病毒的特点、传播方式和预防措施。运用 KWH 表梳理已经知道的疫情知识、还存在的知识疑点、运用这些问题想解决怎样的问题，用图绘、绘本等形式进行学习成果的展示。

核心问题：* 什么是新型冠状病毒？

* 新型冠状病毒的传播方式有哪些？居家如何预防病毒传播？

为了完成主题任务，大家有必要：

☑通过互联网、翻阅资料等形式了解新型冠状病毒，获取部分有效信息。

☑思考：如何以科学的态度认识新冠肺炎，学习正确的自我保护常识？

学生通过对互联网资源的整合，并根据新型冠状病毒的认识创作各具特色的“疫情说明书”。他们用各种图文绘“疫”的方式来表现，有小报，有漫画等，通俗易懂，很适合小学生阅读。

在项目化学习的过程中，学生通过对新型冠状病毒的认识，提出了很多有趣的研究主题，最受欢迎的便是“口罩的研究”。学生在了解疫情的基础上，设计并制作了各种各样的口罩。虽然大部分学生是第一次做设计师、做针线活，但感触都特别深，原来除了学习，掌握一些生活技能也是很重要的。通过这个主题探究，学生不仅对口罩有了深入的了解，还产生了更多的延伸思考。如疫情期间戴过的口罩，你知道它属于什么垃圾吗？你有什么好的处理建议吗？对此，学生设计了废弃口罩处理建议图（见图 5）。还比如，消毒剂的大量使用是否会对饮用水造成影响？医疗污水如何处理？一系列问题困扰着孩子们，他们发挥自己的聪明才智，用微视频、小报、小模型（见图 6）等形式进行展示、宣传。

学生设计的
“口罩图稿”作品欣赏

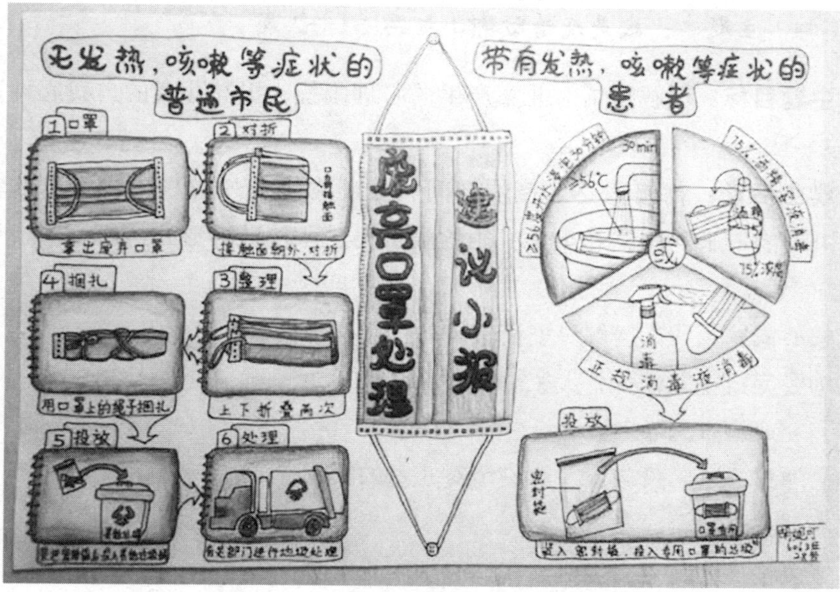

图 5　学生设计的废弃口罩处理建议图

图 6　学生设计的医疗污水处理建议小报和小模型

（二）主题二：我是疫情防御小标兵（1—2 周）

主题目标：缓解疫情对儿童产生的心理困扰，提高儿童的自我心理调节能力。

学生活动：情绪表达，疫情期间我会经常出现的心理困扰有哪些？怎么解决疫情带来的困扰和烦恼？用绘画、书法、拍摄等形式进行学习成果的展示。

核心问题：我如何解决疫情带来的困扰和烦恼？

为了完成主题任务，大家有必要：

☑完成调查问卷。

☑通过心理防疫微课了解疫情对儿童的影响，如：

＊什么是社会应激事件？

＊疫情期间儿童会经常出现的心理困扰有哪些？

＊儿童如何正确地面对疫情所带来的心理压力？

＊如何评估自己的心理状态，识别出现的不良的心理反应？

☑思考：疫情期间，如何调节居家的心理状态？

为进一步了解疫情期间学生的心理、生活和学习状况，评估学生受到新型冠状病毒肺炎疫情的影响状况，学校根据学生居家学习生活情况，编制了《疫情期间家长与学生心理成长需求问卷调查》，在主题开展前，面向全体家长和学生展开线上调查活动，为项目化学习做铺垫。

通过问卷调查发现，疫情期间学生的情绪状态喜忧参半，部分学生情绪不稳定；学生的情绪宣泄方式单一，需要更多的有效的方法引导；中段年龄学生跟家长更为亲密，高段年龄学生更在意同伴互动、情感沟通。

在特殊的时间里，孩子们创作属于自己的“抗疫心愿瓶”，为抗击疫情助力，把自己美好的愿景画在了心愿瓶里，期望早日实现。此外，有的学生创作书法，还有创意字的书法撰写，师生共同创作有关疫情的美术字书法作品，人手一幅“抗疫书法”，充实生活，更充实内心。

“抗疫心愿瓶”学生作品　　　　“抗疫书法”师生作品

我们还根据儿童的心理困扰，创作设计有关疫情的游戏，学生自主体验，在玩游戏的同时不仅学到了知识，还能缓解自己的情绪，有益于居家生活质量的提升。如学生喜欢的“站立的折纸冠状病毒”“戴口罩or不戴口罩”，都是学生根据疫情原创的游戏，体验效果非常好。（游戏请扫码观看）

站立的折纸冠状病毒　　　　戴口罩or不戴口罩

（三）主题三：我是防疫活动设计师（2—3周）

主题目标：以积极的心态面对疫情，端正心态，转变思维，敬畏大自然，健康生活。

学生活动：根据自我对疫情的认知，创设有关防疫的活动，缓解情绪，端正心态，找到正确的居家生活方向。

核心问题：疫情后如何端正自己的心态，转变思维呢?

为了完成主题任务，大家有必要：

☑ 创设有关疫情的活动。

☑ 通过咨询心理老师设计相关心理防护活动。如：

* 如何设计情绪表达的游戏?

* 如何设计自己喜欢的心理活动?

* 居家亲子游戏如何设计?

☑ 思考：疫情期间，我们如何利用有效的心理活动健康居家?

表达感谢，学生有礼。疫情逐渐好转，抗疫的勇士们陆续回家了，学生想用行动感谢他们。通过防控疫情的感人故事学习，学生们知道了，有很多很多的人在抗击疫情，他们为了更多的人而奋勇向前，我们不用害怕，我们要做的是保护好自己，对这些勇士们说声“谢谢”，用我们的行动告诉他们，我们很爱你们。二维码中内容是学生们为抗疫前线的勇者们制作的“抗疫徽章”，向他们致敬！

“抗疫徽章”学生作品

接风洗尘，学生有方。祝贺英雄们凯旋，学生用特有的方式为他们接风洗尘。学生充分发挥自己的创意，用绘画、手工的形式表现丰盛的爱心菜和火锅，为他们接风洗尘，希望洗去一路风尘，一生平安。

“抗疫火锅”学生作品

六、项目成效

（一）提升了学生的综合素养

随着小学心理防疫项目的深入推进，其中最大的受益者是学生。这个项目做出的其他项目化学习无可替代的积极贡献在于：学生的学习品质得到提升，从被动地接受疫情的知识到主动去研究有关疫情的各方面问题；学习方式从单一到多样化，通过美术、心理健康、劳动与技术等学科的综合，学生的思维得到了综合训练；学生学会收集、处理各种信息资料，居家和家人共同协作、交流，增进了与家长的互爱互助；疫情期间，学生的内心世界得以丰盈，居家生活变得充实有意义。

（二）形成了具有特色的小学研学项目

突如其来的疫情，学生的心理或多或少有些波动。学校做了开通“心理热线”等一系列工作，根据学生心理咨询的实际情况，寻找项目开展的方向，在心理健康教师团队的带领下，确定了“小学心理防疫”这个项目化学习主题，通过艺术和心理的融合，最终实现对学生的心理防疫。经过团队老师们的努力，以小学心理防疫切入，为学生构建了一个科普疫情、调节自我、生态健康的学习体系，建立了适合小学生开展心理防疫的资源库，形成了一个内容丰富、操作简便和行之有效的心理防疫项目群。

（三）提高了教师多元化教学能力

小学心理防疫项目的实施，改变了教师单一的讲授式教学方式，通过研究性学习、体验式学习、讨论式学习和实践性学习，实现了学生学习方式的丰富多元，教师以多样的教学形态，促进自我教学研究能力的提升。团队教师认识到：在项目化学习中，教学方法必须多元；积极调动学生的参与度、激发学生的内驱力，才能使项目化学习达到更优的效果。

七、项目反思

学校是青少年儿童密集的场所，学生正处于生长发育的特殊时期，所以传染疾病易发，尤其像新冠肺炎，它既是公共卫生事件，还属于重大社会应激事件。疫情在影响儿童身体健康的同时也造成巨大的心理冲击，疫情期间“小学心理防疫项目”受到了学生的喜欢、家长的认可，但也存在需要改进的地方。

（一）项目实施队伍力量有待加强

小学心理防疫项目，作为特殊时期的心理防疫课程，是一件既有挑战又很重要的事情。学校层面，心理相关专业和有心理咨询基础的教师相对较少，团队力量相对不足，而且这些教师还兼有班主任工作或是其他学科的教学任务，疫情期间，也不能全身心地投入到该项目的教学研究中。

（二）课程的专业性、科学性有待提升

疫情背景下的儿童心理防护项目的针对性和科学性有待进一步提升。对于专业性较强的项目化学习而言，专业知识至关重要。项目化学习的实施管理者也都关注到了这一点，在后续的项目化学习过程中将持续注重探究内容的专业化、科学化。

（三）学习受众普及性有待提高

疫情期间，学生通过此项目化学习受益颇多，项目化学习创作过程给学生带来了快乐和喜悦。教师也在思考：能否借助互联网平台将这样的项目化学习推广出去，开展学校与社会等空间多维的拓展性项目化学习，让新技术成为改善学生项目化学习的最有力的手段。希望有一天通过资源整合，能像一张网一样铺开各个领域的项目化学习，让项目化学习真正惠及每一个人。

点评

多学科项目化学习中主题的选择

多学科项目化学习中，主题是贯穿项目始终的线索和上位概念。主题的选择意味着重要且首要的是学习方向的确定。

该项目在主题选择上有一些经验可供借鉴。首先，从教学实践中寻找主题，相关教师团队起带领作用。项目是根据学校开通的“心理热线”等学生心理咨询实际情况来寻找主题方向的，最终通过实践和探究，在心理健康教师团队的带领下，确定了“小学心理防疫”这个项目化学习主题，期望通过艺术和心理的融合，最终达到小学生的心理防疫效果。其次，项目从疫情与艺术的结合出发，设计了低起点、多形态且适用于疫情背景的研究主题。再次，通过开放式的主题选择，项目进一步找到主题的本质问题——什么是心理防疫？以及驱动性问题——如何面对社会应激事件带来的心理困扰？最终达到高阶认知目标，即问题解决、艺术治疗和创见。与此同时，项目通过本质问题建立疫情与艺术的联系，设计居家研究、个性化表达及展示等活动，促进学生积极地面对疫情所带来的困扰，提升学生的认知能力、心理评估能力以及自我调节能力。最后，该项目强调在一定的时间内，学生做出选择、计划，提出一个项目构思，通过展示等多种形式解决实际问题，并以此培养学生对知识的理解、迁移和再创造的能力。

在项目化学习的实施过程中，核心主题是学习的线索，任务活动是学习的载体，学习任务和活动则应紧密围绕项目化学习主题进行设计并安排，体现实践性、探究性、自主性的学习方式，引导学生将项目核心主题指向学习任务，并充分开展学习活动，最终实现培养学生的问题解决、艺术治疗、创见等高阶思维。

（浙江大学教育学院　刘徽）

项目 8

新冠肺炎战“疫”中的口罩危机研究①

一、项目简介

本项目着眼于高中生的责任担当和思维提升，从新冠肺炎疫情期间一“罩”难求的现实情境出发，开展项目化学习活动，引导学生从多学科视角认识新冠肺炎战“疫”中的口罩危机。

本项目为期一个月，涉及思想政治、生物学、地理、数学等学科，参与者主要是高一学生。

二、驱动性问题

新冠肺炎疫情暴发以来，口罩成为人们生活的必需品，一“罩”难求现象已出现一段时间，这背后有着怎样的供求困境呢？

三、学习目标

1. 通过对社会主义市场经济中口罩资源配置的分析，了解市场起决定性作用和更好发挥政府作用的道理，树立自觉遵守、维护市场秩序与规则的观念，养成诚信为本、操守为重的良好道德品质和个人行为习惯。

2. 通过分析新冠肺炎疫情的特点和口罩的多层结构设计，了解口罩的防护功能，明确口罩社会需求大与其功能密切相关，提升辩证性思维和论证能力。

---

① 本案例由绍兴市第一中学提供，项目主要成员有杨琼、茹奕蓓、徐冲越、沈初见。

3. 通过对口罩生产流程的分析，认识口罩产业链，明确产业链中造成口罩供应缺口的环节，增强综合分析和合作探究的能力。

4. 在寻求证据支持观点的过程中，能够运用信息查找、问卷调查、访谈等多种方法获得必要资料，增强分析问题、收集资料、筛选信息的能力。

四、项目评价

为实现多元化的评价，主要关注两点：一是评价主体的多元化。在多个环节展开小组自评、组间互评和教师评价等，帮助学生在自我评价、同伴评价和教师评价中不断反思、认识自我。二是评价策略的多元化。结合各任务内容的特点及学生学情，同时运用过程性评价与终结性评价，以考查学生的学习情况。本项目针对不同种类的成果制定了不同的评价量规，见表1和表2。

表1 制作表现类成果的评价量规

评价指标				小组评价	组间评价	教师评价
评价项目及占比	评价等级					
	A（计15分）	B（计10分）	C（计5分）			
资料的收集和整合（20%）	对课内外资料进行了精心挑选和整合	对资料进行了收集，但缺乏一定的整合	以课本资料为主，课外拓展资料较少			
最终成果的设计（40%）	同时呈现多种不同的观点；进行了良好的设计，有设计意图；设计要素与核心问题相契合；总体的设计成果结构适切，富有艺术表现力	包含所有必要的观点分析；进行了一定的设计，但对设计意图的阐述不清晰；总体的设计成果需要稍做修改	必要的观点分析不够；设计不足，没有清晰的设计意图；总体的设计成果结构不合理，需要继续改进			

续表

评价指标				小组评价	组间评价	教师评价
评价项目及占比	评价等级					
	A（计 15 分）	B（计 10 分）	C（计 5 分）			
呈现的方式和效果（20%）	能够熟练地使用相关软件，作品制作美观	能够较为熟练地使用相关软件，但作品制作有待提升	呈现方式单一，效果较差			
小组合作（20%）	有多处体现小组合作，让人感受到整个作品是小组共同合作的成果	能体现出合作，如合作查询资料等	整个制作过程未体现出任何合作			

表 2　解释说明类成果的评价量规

评价指标				小组评价	组间评价	教师评价
评价项目及占比	评价等级					
	A（计 15 分）	B（计 10 分）	C（计 5 分）			
资料的收集和整合（20%）	对课内外资料进行了精心挑选和整合	对资料进行了收集，但缺乏一定的整合	以课本资料为主，课外拓展资料较少			
内容的编排和组织（40%）	将内容进行了良好的编排和组织，把资料数据和课本知识进行了有机结合	对内容进行了一定的组织，多数情况下直接展现资料	缺乏对内容的分析和提炼，结合课本知识较少			
呈现的方式和效果（20%）	使用 PPT、视频、板书等方式，简明扼要	使用 PPT、视频、板书等方式，但略显冗杂	呈现方式单一，效果较差			
小组合作（20%）	有多处体现小组合作，让听者感受到整个作品是小组共同合作的成果	能体现出合作，如合作讲解 PPT，合作回答问题等	整个汇报过程未体现出任何合作			

五、项目实施

本项目从不同学科角度解读一“罩”难求这一现象背后潜藏的问题真相，其中子项目一涉及思想政治、数学知识，子项目二涉及化学、生物学知识，子项目三涉及地理知识，启发学生综合运用不同学科知识分析并解决实际问题。

（一）子项目一：从一“罩”难求现象看“两只手”如何配置资源

学习目标

1. 理解一“罩”难求现象背后是市场和政府这“两只手”在发挥作用。

2. 通过情境体验和合作探究，了解在资源配置中市场起决定性作用和更好发挥政府作用的道理，有效发挥“两只手”的积极作用。

3. 树立自觉遵守、维护市场秩序与规则的观念，养成诚信为本、操守为重的良好道德品质和个人行为习惯。

学习活动

1. 结合历史材料和现实情境，认识社会配置资源的基本手段。

2. 开展口罩市场的情境模拟，了解口罩市场调节的弊端。

3. 为规范口罩市场秩序建言献策，明确一“罩”难求背后社会如何配置资源。

核心问题

1. 社会配置资源的基本手段有哪些？

2. 口罩市场调节有哪些弊端？

3. 为应对一“罩”难求问题，社会该如何配置资源？

任务一：认识社会配置资源的基本手段

1. 以新冠肺炎疫情背景下一段时间出现的一“罩”难求现象作为情境导入，引导学生探究这一现象背后的真实原因。

随着新冠肺炎疫情的不断蔓延，人们对于口罩的需求量激增，有一段时间各地口罩迅速断货，出现了一“罩”难求的现象。在这一特殊时期，出现口罩供给严重不足的原因有哪些？这是这节课要解决的主要问题。结合情境，学生在教师的引导下对特殊时期口罩供给不足的原因进行尝试性的解释。

2. 结合历史材料和现实情境，明确为了尽量满足人们的需要，社会必须合理配置有限的资源，进而引出社会配置资源的两种基本手段：计划和市场，引导学生认识市场经济。

在情境探究中，学生利用现有的资料和数据较为全面地了解了新冠肺炎疫情下一“罩”难求的现象，并对其背后涉及的资源配置手段这一关键问题进行了有效探究。学生认识到资源配置有两种基本手段——计划和市场，出现口罩严重短缺现象，这是市场这只“看不见的手”作用的结果。

3. 结合课前收集的口罩供求数据进行个例分析，画出口罩供求变动的曲线图，并分析产生这一变化的原因，用流程图表示出来，引导学生理解市场配置资源的机制和原理。

学生根据课前查找的资料，画出1—4月口罩供求变动的曲线图（见图1），并结合《经济生活》的有关知识分析产生这一变化的原因。

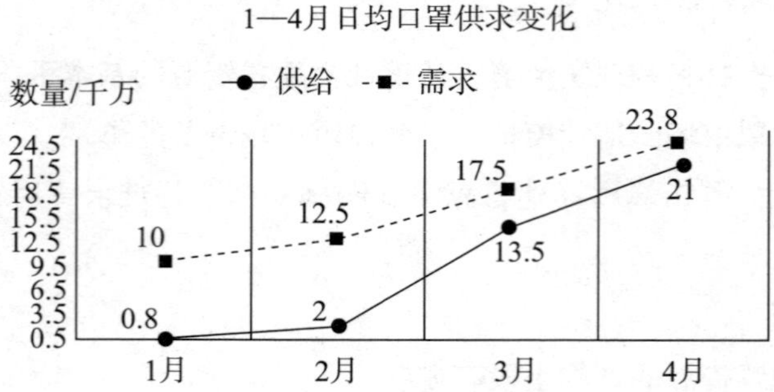

图 1 口罩供求变动曲线图

疫情暴发之初，口罩的需求量激增，但春节大多数企业停产停工，原料缺乏，且口罩生产需要一定的流程，紧急扩大产能需要时间，多方面因素影响下，1 月和 2 月的口罩供给远远少于需求。

随着抗疫情势的好转，各地纷纷复工复产，再加上新产线投产，口罩供给迅速增长。不过伴随着复工复产，口罩需求也有所上升。综上，3 月和 4 月的供求差距存在但逐渐缩小。

任务二：了解口罩市场调节的弊端

设置情境，让学生通过扮演口罩供应商来进行市场模拟，通过三种不同生产方案的选择认识市场配置资源存在的弊端。

在课堂上开展口罩市场的情境模拟，学生扮演口罩供应商，对三种生产方案进行选择。在此基础上，学生要对市场调节的弊端进行总结：许多口罩生产商缺乏准确的市场信息和预测能力，会出现盲目扩张生产的局面，这是市场调节存在的盲目性弊端。我国口罩市场集中度较低，从价格形成、价格信号传递到口罩生产的调整，中间有一定的时间差，这是市场调节存在的滞后性弊端。在价值规律的自发调节下，有些生产者会为了自身的眼前利益不择手段，这是市场调节存在的自发性弊端。

任务三：明确为应对一“罩”难求问题社会该如何配置资源

以学习小组为单位，学生为规范口罩市场秩序建言献策，进而引出政府这一只“看得见的手”，并就如何在口罩生产中更好发挥“两只手”的作用展开讨论。

针对口罩市场出现的弊端，学生运用《经济生活》的有关知识，结合口罩产能数据以及口罩市场现状，为规范口罩市场秩序、解决一“罩”难求问题建言献策。

（二）子项目二：从口罩的防护功能看口罩的社会需求

学习目标

1. 尝试从口罩的材料、制作工艺、结构设计、过滤效果等方面综合比较市面上不同类型口罩的防护功能。

2. 在小组收集资料、合作制作新冠病毒档案、组间讨论和交流的过程中养成合作学习的良好习惯。

3. 通过运用生物学、化学知识辨析新冠肺炎疫情期间的热点话题，提高合理利用信息、正确做出决策的能力。

学习活动

1. 积极关注时事，收集各类证据，建立口罩功能与口罩的社会需求之间的联系。

2. 从结构与功能观出发分析口罩设计中与其防护功能相适应的结构。

3. 尝试制作新冠病毒档案，结合新冠肺炎的感染机制和传播机制，分析口罩具备防护功能的原因。

4. 运用所学知识辨析热点话题，做到科学防御病毒。

核心问题

1. 口罩的社会需求大与口罩的有效防护功能是否相关？有哪些佐证证据？

2. 从结构设计方面看，口罩具备怎样的防护功能？

3. 从新冠肺炎的感染机制和传播机制看，口罩具备怎样的防护功能？

任务一：积极关注时事，收集各类证据

课前鼓励学生关注时事新闻，收集新冠肺炎疫情下戴口罩具备防护作用的证据。学生从各类证据出发，建立口罩功能与口罩的社会需求之间的联系。课上以小组为单位，展示小组观点及相应论据。

任务二：分析口罩结构，初探口罩功能

教师向学生展示口罩生产制作过程图（见图 2）和口罩多层结构分解图，设置问题串：①一次性医用口罩的外层、中间层、内层的成份分别是什么？②口罩的类别有哪些？③口罩的过滤原理是什么？常见的过滤方式有哪些？教师引导学生从结构与功能观出发分析口罩设计中与其防护功能相适应的结构。

图 2　口罩的制作工序图

学生以小组为单位，从口罩的材料、制作工艺、结构设计、过滤效果等方面出发，制作量表综合比较市面上不同类型口罩的防护功能，如表3所示。教师从数据分析的可靠性、科学性、覆盖面来评价学生的信息处理能力，对学生的分析结果及时反馈。

在表3中，两名学生从材料和结构、使用场景、过滤效果三方面比较了五种不同类型的口罩，从可过滤的颗粒物大小方面对能否阻挡新冠病毒做出了判断，分析判断过程可靠，对日常生活中如何根据需求选择口罩具有一定的参考价值。

表3　市面上不同类型口罩的比较

	材料和结构	使用场景	过滤效果
棉布口罩	棉布	日常生活防护	其棉制材料纤维直径大，因此只能过滤大的颗粒，如灰尘、粉末或花粉，不阻挡新冠病毒
活性炭口罩	两层无纺布夹活性炭	适用于含有机气体、酸性挥发物，农药、SO_2、Cl_2等刺激性气体的场合	活性炭层决定其能有效阻挡普通口罩不能起作用的飘尘以及由呼吸道传播的多种病菌，不可以阻挡新冠病毒
防护型口罩	两层无纺布，一层90、95级熔喷布	一种医疗防护用纺织品	纤维直径较小，具有抵抗一定液体、过滤颗粒物和细菌等效用，但不可以阻挡新冠病毒
医用口罩	两层无纺布，一层95、99级熔喷布	临床工作人员在有创操作中佩戴	纤维直径小，一般可过滤5微米的颗粒。可防飞沫进入，可以阻挡新冠病毒
N95口罩	表层抗湿层，中间过滤吸附层，内层贴肤层	用于防护各类颗粒物	过滤吸附层纤维直径小，阻挡至少95%非常小的颗粒，可以阻挡新冠病毒

任务三：定性新冠肺炎疫情，再探口罩功能

学生结合新冠病毒的结构模式图分析新冠病毒的形态结构特点，并结合

任务二的比较结果判断新冠病毒可被哪些类型口罩阻挡。通过观看新冠病毒侵染宿主细胞及复制的动画，学生结合高中生物必修 2 所学“中心法则”解释致病机理。学生从新冠病毒的形态结构特点、分布位置、感染机制、致病机理、潜伏期等方面出发，尝试制作新冠病毒档案，形式可多样化，如思维导图、手抄报、PPT 等均可。

抓住新冠肺炎的临床症状（如咳嗽），让学生收集这些临床症状可能产生的飞沫数量等有关数据和飞沫的传播途径，明确新冠肺炎“黏膜感染、空气传播”的感染机制和传播机制。

结合新冠肺炎的感染机制和传播机制，定性新冠肺炎属于呼吸道传染病，引导学生从传染病控制的一般途径出发分析口罩具备防护功能的原因。

任务四：辨析热点话题，科学防御病毒

鼓励学生选择一个感兴趣的热点话题，引导学生尝试用生物学或化学知识去辩证地看待这些热点话题，辨别真伪，不信谣、不传谣，努力做到科学防疫。每个小组可以在学习平台上以组内选择的热点话题发起交流，在线上辩论的过程中发展辩证思维能力。

（三）子项目三：从地理视角看口罩供应缺口

学习目标

1. 通过上网查阅口罩生产的流程，找出与口罩生产相关的产业，增强自主学习的能力。

2. 通过利用高中地理必修 2“产业活动的区位条件和地域联系”中学过的产业链知识，小组合作绘制口罩产业链，增强运用知识和合作探究的能力。

3. 从产业链的各个环节出发，结合视频、文字材料等对口罩供应缺口的可能原因进行探究，发展分析问题的综合思维。

学习活动

1. 通过收集资料，了解口罩的一般生产过程，找出上下游产业，并以小组为单位进行成果展示，初步认识口罩生产过程。

2. 利用前期收集的资料，结合高中地理必修 2“产业活动的区位条件和地域联系”中所学知识绘制口罩产业链，并猜想产业链中可能导致供应缺口的环节。

3. 开展角色扮演，模拟产业链中可能导致口罩供应紧缺的环节及原因。

4. 根据对口罩生产过程的了解及缺口环节的猜想，尝试提出验证某一猜想的方案并谈论方案的可行性和有效性。

核心问题

1. 口罩相关产业链条是怎样的？

2. 产业链中造成口罩供应缺口的环节有哪些？

任务一：初识口罩生产

学生以小组为单位进行前期准备任务：通过收集资料，了解口罩的一般生产过程，找出上下游产业，包括原料供应、生产设备、加工包装、物流配送等，将资料进行整理归纳，以图表或文字形式呈现。例如，有小组收集了位于不同产业链位置的企业的地区分布。

任务二：小组成果展示

每个小组派代表对本小组收集整理的资料进行展示。呈现形式不限，PPT、Word、PDF 等形式均可。与此同时，在小组展示过程中教师带领观看的学生对展示资料的来源及图表的含义进行提问，并对小组表现进行打分。

任务三：绘制口罩产业链图

以 8 人为一小组，利用前期收集的资料，结合高中地理必修 2“产业活动的区位条件和地域联系”中所学知识绘制口罩产业链，并猜想产业链中可能导致供应缺口的环节。此处由小组代表向全班展示绘制好的产业链图，其余小组可提出意见或进行补充。

从完成情况来看，所有小组都能绘制出完整的产业链，对于产业链的上、中、下游分布也有较为明确的区分。学生从产业链角度对可能造成口罩供应缺口的环节进行了合理猜想并说明了理由。学生主要有两种思路，一种是“多因论”，即口罩的供应问题涉及产业链的很多环节，受原料短缺及价格上涨、中游企业的用工问题、下游商贩的“小型垄断”、物流受限等多因素影响；另一种是“主因论”，有小组认为上游原料中熔喷布这一重要原料的供应不足是牵制整个产业链的主要因素，并且从多方面论证了这一猜想。（见表 4）

表 4　对口罩供应缺口的主要猜想

产业链位置	造成口罩供应短缺的环节及原因
上游	1. 熔喷布生产门槛高，产能不足，难以应对猛增的需求
	2. 原料价格的上涨导致中游口罩厂商压力增大
	3. 上游企业数量少且地区分布不均衡，导致区域生产供应不足
中游	1. 医用口罩需要执行大约 14 天的解析消毒流程，这个时间差是造成市面上口罩紧张的原因之一
	2. 口罩厂日常生产效益低，生存维艰，疫情加班更是亏本生产
	3. 企业没有生产资质，达不到口罩生产标准
	4. 适逢春节放假，企业工人放假在家，召回用工成本过高
下游	1. 一些商贩囤积居奇，对口罩实行“小型垄断”
	2. 在口罩产量有限的情况下，政府的统一调拨使得有些地区的口罩供应更加捉襟见肘
	3. 疫情期间交通的管制、物流的停运使得口罩难以及时到达消费者手中

随后，教师利用提前准备好的视频《口罩是怎样炼成的》对口罩供应缺口进行综合分析，板书口罩主要产业链（见图 3），对学生所做的猜想做简单评价，总结对某一具体问题的探究所应采取的科学方法。

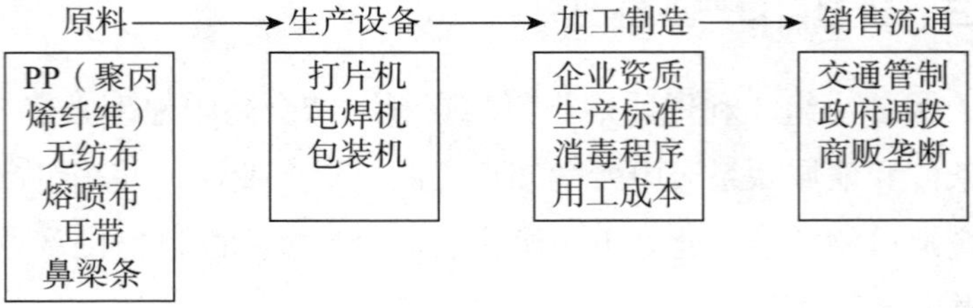

图 3　口罩主要产业链板书内容

任务四：角色扮演阐述

请一组学生上台进行疫情期间的口罩产业链相关角色扮演，由不同学生分别扮演原料供应商、口罩生产厂家、下游经销商、物流公司等，在口罩市场供不应求的情境下，演绎下游经销商向生产商加单、生产商向原料供应商催单等环节。请台下观看的学生指出上述扮演过程中可能导致口罩供应紧缺的环节及原因。

任务五：实践方案设想

发散思维，根据对口罩生产的了解及缺口环节的猜想，尝试提出验证某一猜想的方案并谈论方案的可行性和有效性。提取可行方案作为课后实践环节，完成后提交成果。

最终，学生们确定了两个可行的实践方案：一是联系从事口罩生产销售的同学家长，进行线上采访；二是通过与电商卖家聊天探究口罩供应不足的原因。

实践方案设想

（四）子项目四：在综合实践中解一“罩”难求之谜

学习目标

1. 围绕小组研究方向开展一项综合实践活动，初步掌握综合实践活动开展的一般步骤，增强综合实践能力。

2. 通过对综合实践活动调查成果的分析，提出可行的应对口罩缺乏危机的解决方案，发展剖析问题的综合思维。

学习活动

1. 以小组为单位选择组内感兴趣的研究方向，开展一项综合实践活动。

2. 利用实践活动的调查成果，尝试制定针对口罩缺乏的解决方案。

核心问题

1. 确定小组的研究方向后，如何制定相应的综合实践活动方案？

2. 针对口罩缺乏问题的可行性解决方案有哪些？

任务一：开展综合实践活动

前面讨论已得到两个可行性较高的实践方案，即线上采访口罩生产厂家和在各大网购平台（如淘宝）上访谈口罩卖家。学生以小组为单位选择组内感兴趣的研究方向，开展一项综合实践活动。

任务二：尝试制订解决方案

结合前面三个子项目对一“罩”难求社会问题的剖析，利用实践活动的调查成果，尝试制订针对口罩紧缺的解决方案，如通过自主设计口罩来增加口罩供应量、提高口罩利用率等。

六、项目成效

本项目下设四个子项目，每个子项目中又围绕各阶段所要解决的核心问题，分别设置了富有学科特色、形式多样的学习任务，最终形成了多元化的学习成果：既有团队成果又有个人成果，既有制作表现类成果又有解释说明类成果，如表 5 所示。

表 5 各子项目的项目化学习成果例举

子项目	制作表现类成果	解释说明类成果
子项目一	1.1—4 月口罩供求变动的曲线图 2. 角色扮演口罩供应商	为规范口罩市场秩序建言献策
子项目二	市面上不同类型口罩的比较	1. 新冠病毒档案（手抄报、思维导图等） 2. 辨析热点话题
子项目三	1. 绘制口罩产业链图 2. 角色扮演模拟口罩供应紧缺的环节	1. 口罩的生产过程介绍（PPT、Word 等） 2. 口罩供应缺口环节的猜想 3. 实践方案
子项目四	自主设计口罩	1. 对口罩生产厂家线上采访的记录 2. 对与网购平台口罩卖家线上访谈的记录

（一）引导学生关注社会热点，增强责任意识

本项目如引导学生针对口罩市场出现的弊端，为规范口罩市场秩序建言献策等，为高中生参与社会生活决策提供了良好的平台，使学生认识到规范市场秩序的重要性，树立自觉遵守、维护市场秩序与规则的观念，养成诚信

为本、操守为重的良好道德品质和个人行为习惯。又如引导学生辨析社会热点话题，辨别真伪，不信谣、不传谣，努力做到科学防疫，这一过程引导学生关注并参与到社会热点问题的讨论中来，增强了学生的社会责任意识。

学生的建言献策汇总

（二）社会实践活动多元化，提升学生的科学思维

本项目以新冠肺炎疫情中一度紧缺的口罩为线索展开，设计了一系列的社会实践活动。如从产业链角度探究造成口罩供应短缺的环节，由此培养学生从具体问题入手，发现问题、提出猜想、验证猜想的科学思维，体验问题探究法的过程。又如从口罩材料、制作工艺、结构设计、过滤效果等方面出发，利用工程学的知识自主设计口罩（如图 4），这一过程锻炼了学生的创新思维和逻辑思维。

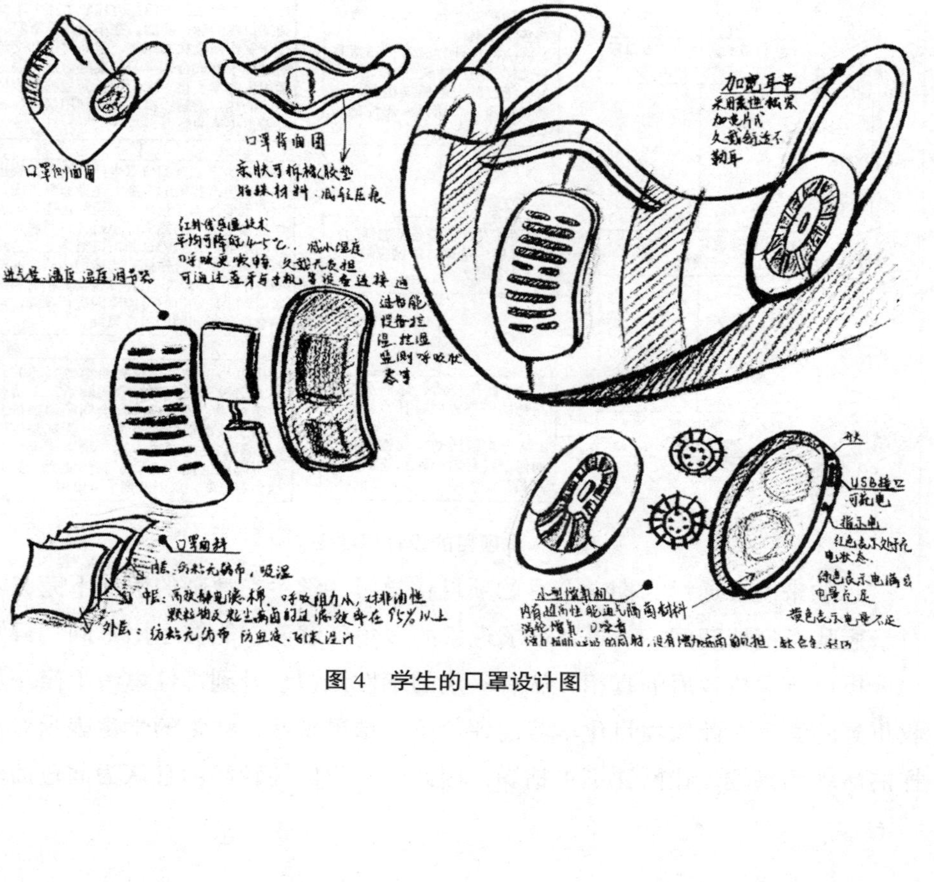

图 4　学生的口罩设计图

七、项目反思

本项目以“核心问题为主线、教师为主导、学生为主体”的教学方式呈现，共设置了四个子项目，每个子项目又根据各阶段所要解决的核心问题、所要达到的学习目标，分别设置了紧扣主题、丰富多样的具体学习活动，环环相扣，层层深入，引导学生利用所学知识对口罩危机展开自主分析和思考，最终指向学生多学科素养的提升（如图 5）。

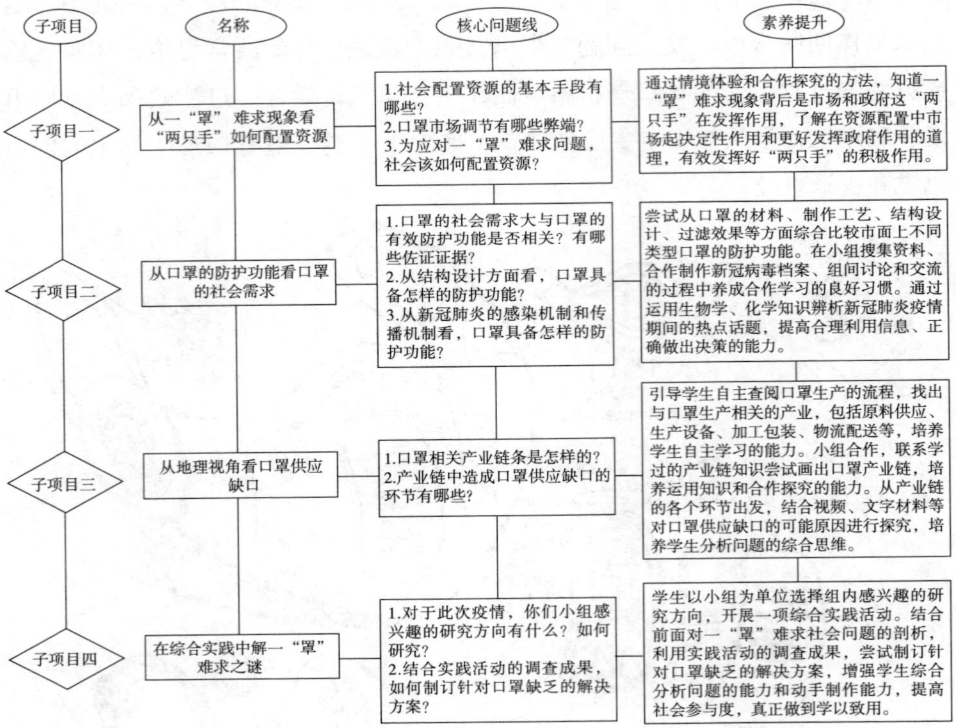

子项目
名称
核心问题线
素养提升
子项目一
从一“罩”难求现象看“两只手”如何配置资源
1.社会配置资源的基本手段有哪些？
2.口罩市场调节有哪些弊端？
3.为应对一“罩”难求问题，社会该如何配置资源？
通过情境体验和合作探究的方法，知道一“罩”难求现象背后是市场和政府这“两只手”在发挥作用，了解在资源配置中市场起决定性作用和更好发挥政府作用的道理，有效发挥好“两只手”的积极作用。
子项目二
从口罩的防护功能看口罩的社会需求
1.口罩的社会需求大与口罩的有效防护功能是否相关？有哪些佐证证据？
2.从结构设计方面看，口罩具备怎样的防护功能？
3.从新冠肺炎的感染机制和传播机制看，口罩具备怎样的防护功能？
尝试从口罩的材料、制作工艺、结构设计、过滤效果等方面综合比较市面上不同类型口罩的防护功能。在小组搜集资料、合作制作新冠病毒档案、组间讨论和交流的过程中养成合作学习的良好习惯。通过运用生物学、化学知识辨析新冠肺炎疫情期间的热点话题，提高合理利用信息、正确做出决策的能力。
子项目三
从地理视角看口罩供应缺口
1.口罩相关产业链条是怎样的？
2.产业链中造成口罩供应缺口的环节有哪些？
引导学生自主查阅口罩生产的流程，找出与口罩生产相关的产业，包括原料供应、生产设备、加工包装、物流配送等，培养学生自主学习的能力。小组合作，联系学过的产业链知识尝试画出口罩产业链，培养运用知识和合作探究的能力。从产业链的各个环节出发，结合视频、文字材料等对口罩供应缺口的可能原因进行探究，培养学生分析问题的综合思维。
子项目四
在综合实践中解一“罩”难求之谜
1.对于此次疫情，你们小组感兴趣的研究方向有什么？如何研究？
2.结合实践活动的调查成果，如何制订针对口罩缺乏的解决方案？
学生以小组为单位选择组内感兴趣的研究方向，开展一项综合实践活动。结合前面对一“罩”难求社会问题的剖析，利用实践活动的调查成果，尝试制订针对口罩缺乏的解决方案，增强学生综合分析问题的能力和动手制作能力，提高社会参与度，真正做到学以致用。

图 5　本项目的设计思路图

总的来说，通过为期一个月的项目化学习，学生在教师的引导下完成了对新冠肺炎疫情期间一“罩”难求现象的多角度解读，能够运用不同学科知识分析口罩危机背后的真相，从有一定的感性认识上升到理性思考上来。从收集到的学生对此次项目化学习的评价反馈结果来看，85% 的学生表示对这样的活动感兴趣，让网课不再枯燥，因此参与积极性较高；且认为通过活动对新冠肺炎疫情中的口罩危机有了更深入的了解，特别是能够运用所学知识来解决实际问题，真正做到了学以致用。10% 左右的学生可能由于不能较好地适应线上上课的模式，在此次活动中的参与积极性较低，但仍能参与小组活动并完成相应任务。对此类学生教师要适当进行心理疏导，使其尽快适应网课教学。另有部分学生由于网络问题没有及时提交作品、完成任务过程遇到困难而导致没法按时完成学习任务等。对此类学生教师应及时跟进，给予力所能及的帮助。

反思研究中的不足，也为我们未来的教学改进工作指明了方向：（1）可在已取得成效的基础上，开展更深入、更丰富的社会实践活动，比如实地参观口罩生产车间，或调查医保定点药店的口罩售卖情况，或调查大众在疫情期间对不同品牌口罩的使用感受及建议等。（2）更好地实行分层教学，设计活动时关注任务分层、作业分层。（3）继续深入开展多学科研究、项目化学习研究，如设计出一个系列的与疫情相关的项目化学习活动，以期更好地促进学生的全面发展，提升学生的核心素养。

点评

项目化学习中的社会实践

项目化学习的实施依赖于开放性的学习实践活动。真实世界是一个知识和信息混杂的海洋，实践学习方式运用得当与否，恰恰也是判断项目化学习设计与实施质量的一个重要标准。在“新冠肺炎战‘疫’中的口罩危机研究”项目化学习中，学生在新冠肺炎疫情期间一“罩”难求的现实情境下，从口罩的资源配置、防护功能、供应缺口、解决方案四个角度入手开展项目实践，充分体现了项目化学习在引导学生转变学习方式、促进学生开展实践性学习方面的特点和优势。

其一，多样的实践学习，促成社会参与。案例中，学生从多学科的角度分析口罩危机。其间，有 8 人小组的资料收集与讨论分析，有线上采访和设计制作。一系列的实践活动很好地体现了学生从传统的“坐着学”走向“做中学”“研中学”。尽管在疫情期间，学生也可利用现代信息技术，展开和同学、教师以及社会人士的互动和交流，以实践学习的方式参与社会活动，完成项目化学习。

其二，综合的知识运用，促动高阶思维。案例中，学生从供应视角对一“罩”难求现象进行分析，并试图给出自己的理解和解决方案。他们运用思想政治、数学知识从市场配置角度，运用化学、生物学知识从社会需求角度，运用地理知识从地域差异角度进行了问题分析，并结合市场调查，综合给出自己的解决方案。这期间，学生经历问题分析、信息查找、调查统计、信息筛选、理性分析、设计制作、给出研究结论等系列过程，体现了从真实情境到书本知识再到真实情境的问题解决过程，体现了起于现象回归真实的项目化学习在促发学生甄别、批判、分析、综合、运用、创造等高阶思维方面的无限魅力。

其三，主动的实践探索，促进持续发展。学生是否经历了主动查找资料，合理地分析筛选信息、有效地调查分析、主动地反思探索的过程，是评判项目化学习质量高低的指标之一。在本案例中教师始终恪守"核心问题为主线、教师为主导、学生为主体"的设计和指导理念。项目进程中，部分因为没有坚持而中途退出项目化学习的学生的出现，也从另一个侧面体现该项目坚持学生自主走、主动走的特点。当然，如何唤起这一部分学生学习的主动性也是项目化学习推进中需要突破的难点。

（浙江省教育厅教研室　方凌雁）

项目 9

防疫宅家我做主①

一、项目简介

此项目基于 STEAM 理念，融合科学、技术、工程、艺术和数学五门学科知识，适用于小学四、五年级（项目海报见图 1）。项目开发源于响应政府规定的“抗击疫情需居家隔离”的要求，共划分为五个子项目（见图 2），包括“采购我来‘定’”，制订家庭采购方案；“外出我来‘防’”，制作外出采购防护装备；“烘焙我来‘帮’”，制作简易烘焙助手；“垃圾我来‘分’”，制作多功能垃圾桶；“运动我来‘做’”，开发亲子互动用具，通过系列活动让学生的抗疫宅家生活多姿多彩，建议用 18 个课时开展活动。

图 1　项目海报

① 本案例由湖州市吴兴区太湖小学徐莉莎老师提供。

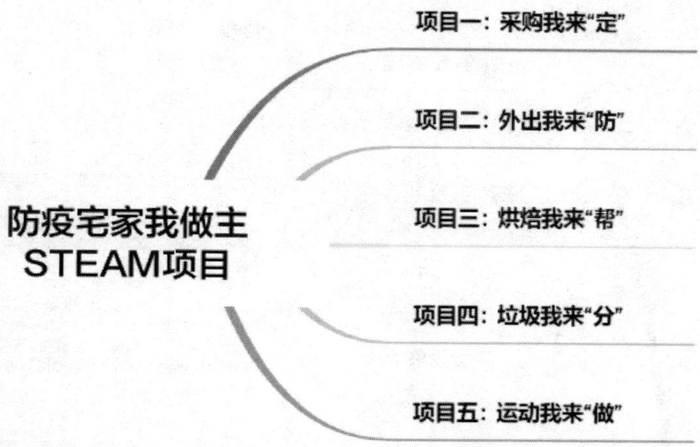

图 2 项目内容

二、驱动性问题

新型冠状病毒肆虐全国，使得我们的生活发生了很大变化，复学、复工时间不断延后。此时，我们该如何在资源紧缺和保障生命安全的情况下，让宅家生活变得更精彩？

三、学习目标

（一）项目总目标

在认识与了解新型冠状病毒及其传播途径的基础上，采用自主学习、实验探究与观察实践等学习方式，体会“提出问题—设计方案—动手制作—初次测试—改进优化—再次测试—形成产品”的学习流程，达到解决实际问题的目的，最终深入了解人、健康与自然之间的密切关联，懂得珍惜生命和热爱生活的重要性。

（二）子项目目标

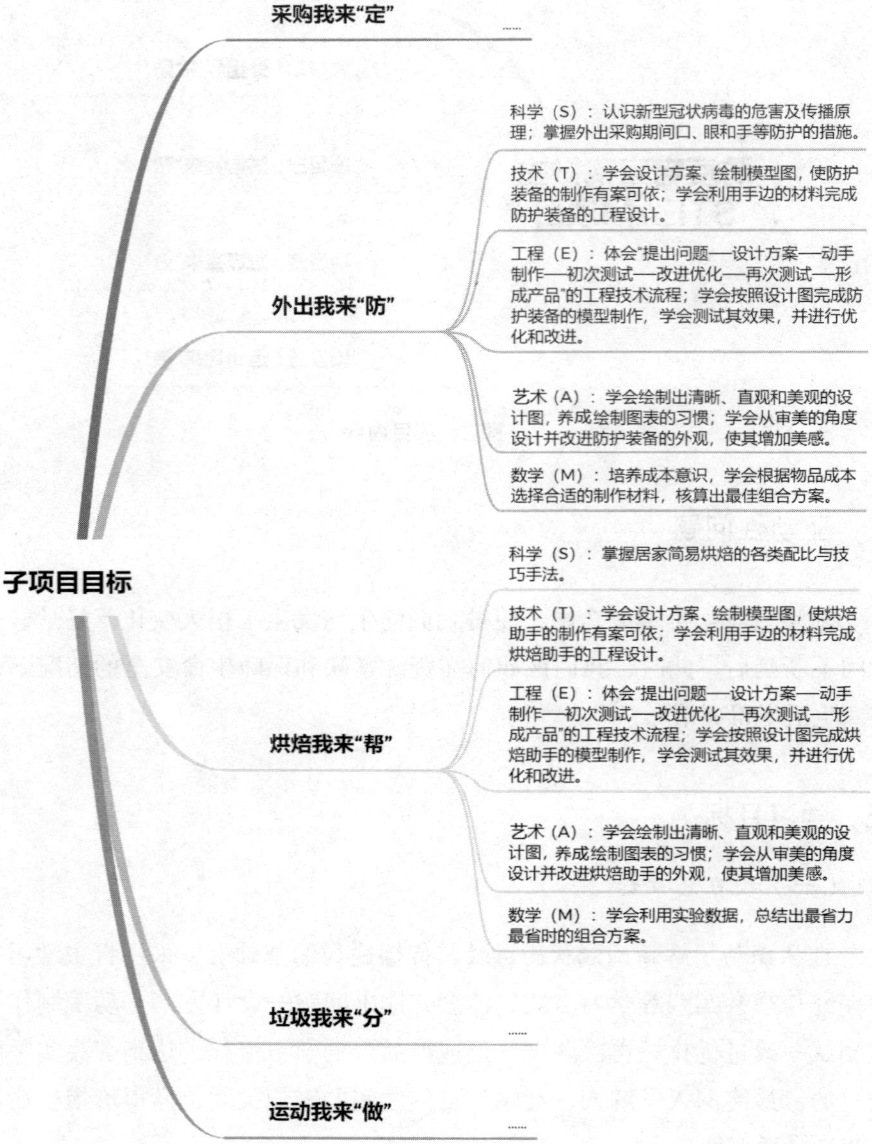

子项目目标
采购我来“定”
……
外出我来“防”
科学（S）：认识新型冠状病毒的危害及传播原理；掌握外出采购期间口、眼和手等防护的措施。
技术（T）：学会设计方案、绘制模型图，使防护装备的制作有案可依；学会利用手边的材料完成防护装备的工程设计。
工程（E）：体会“提出问题——设计方案——动手制作——初次测试——改进优化——再次测试——形成产品”的工程技术流程；学会按照设计图完成防护装备的模型制作，学会测试其效果，并进行优化和改进。
艺术（A）：学会绘制出清晰、直观和美观的设计图，养成绘制图表的习惯；学会从审美的角度设计并改进防护装备的外观，使其增加美感。
数学（M）：培养成本意识，学会根据物品成本选择合适的制作材料，核算出最佳组合方案。
烘焙我来“帮”
科学（S）：掌握居家简易烘焙的各类配比与技巧手法。
技术（T）：学会设计方案、绘制模型图，使烘焙助手的制作有案可依；学会利用手边的材料完成烘焙助手的工程设计。
工程（E）：体会“提出问题——设计方案——动手制作——初次测试——改进优化——再次测试——形成产品”的工程技术流程；学会按照设计图完成烘焙助手的模型制作，学会测试其效果，并进行优化和改进。
艺术（A）：学会绘制出清晰、直观和美观的设计图，养成绘制图表的习惯；学会从审美的角度设计并改进烘焙助手的外观，使其增加美感。
数学（M）：学会利用实验数据，总结出最省力最省时的组合方案。
垃圾我来“分”
……
运动我来“做”
……

图 3　子项目目标例举

四、项目评价

本项目基于2020年新冠肺炎疫情的真实问题，通过让学生调查、选择、观察、探究、设计和制作模型，以“先实践再推广”的方式完成项目化学习。

（一）活动评价

活动评价分为过程性评价和终结性评价。过程性评价是在小组讨论和团队探究时采用，其中观察活动7次、探究活动10次，共计过程性评价17次。终结性评价10次。共计135颗☆。其中子项目“外出我来‘防’”和“烘焙我来‘帮’”的活动评价可归纳成表1。

表1 “外出我来‘防’”和“烘焙我来‘帮’”评价汇总表

<table>
<tr><th>评价</th><th>类别</th><th>章节</th><th>活动内容</th><th>评价星数</th></tr>
<tr><td rowspan="10">过程性评价</td><td rowspan="5">观察活动</td><td>认识与了解</td><td>对新型冠状病毒的认识</td><td>☆☆☆☆☆</td></tr>
<tr><td>外出我来“防”</td><td>阻断新型冠状病毒传播的方法与原理</td><td>☆☆☆☆☆</td></tr>
<tr><td>烘焙我来“帮”</td><td>对烘焙打发蛋清环节的认识</td><td>☆☆☆☆☆</td></tr>
<tr><td>烘焙我来“帮”</td><td>蛋清打发情况影响因素研究方案</td><td>☆☆☆☆☆</td></tr>
<tr><td>烘焙我来“帮”</td><td>对电动打蛋器的认识与思考</td><td>☆☆☆☆☆</td></tr>
<tr><td rowspan="5">探究活动</td><td>烘焙我来“帮”</td><td>蛋清打发程度与打发力度关系的记录</td><td>☆☆☆☆☆</td></tr>
<tr><td>烘焙我来“帮”</td><td>蛋清打发程度与打发速度关系的记录</td><td>☆☆☆☆☆</td></tr>
<tr><td>烘焙我来“帮”</td><td>蛋清打发程度与打发棒数关系的记录</td><td>☆☆☆☆☆</td></tr>
<tr><td>外出我来“防”</td><td>我的外出防护装备设计图</td><td>☆☆☆☆☆</td></tr>
<tr><td>烘焙我来“帮”</td><td>我的烘焙助手设计图</td><td>☆☆☆☆☆</td></tr>
<tr><td colspan="2" rowspan="4">终结性评价</td><td>外出我来“防”</td><td>“外出防护装备”展示评价表</td><td>☆☆☆☆☆</td></tr>
<tr><td>外出我来“防”</td><td>“择优与推广”记录表</td><td>☆☆☆☆☆</td></tr>
<tr><td>烘焙我来“帮”</td><td>“简易烘焙助手”展示评价表</td><td>☆☆☆☆☆</td></tr>
<tr><td>烘焙我来“帮”</td><td>“择优与推广”记录表</td><td>☆☆☆☆☆</td></tr>
</table>

（二）学习评价

根据项目情况，将评价标准具化为八个维度来对学生进行全面评价。同时，将每个维度划分成三个等级，每个维度与等级有相应的评价标准（见表 2）。

表 2 项目评价量表

维度	C（新手）	B（熟练）	A（典范）
知识技能	基础知识不扎实，经常无法完成作业和项目	基础知识较扎实，能较好掌握中等难度的知识和技能	基础知识扎实并能融会贯通，能熟练运用学习方法进行分析、推理和运算
表达能力	表达不清晰；缺乏肢体语言；没有创意；与倾听者无互动交流	表达有时不清晰；肢体语言使用有限；缺乏创意；偶尔与倾听者有目光交流	讲话有力，吐字清晰；肢体语言富有活力；有创意；与倾听者有很好的目光交流
合作共享	团队无分工；成员间缺乏沟通；没有问题解决通道与机制	分工较细致；个别成员融入团队不自然；有交流和沟通；对问题能提出一些解决方案	分工明确，彼此协作自然流畅；成员间彼此尊重、耐心倾听、互助共享；能对问题提出有效解决方案
自主意识	目标不明确；学习观念淡薄；学习缺乏自觉性	有较明确的目标；能较为自主地获取相应知识；缺乏独立思考的能力和方法	有明确的学习动机和目标定位；能做时间的主人；具有强烈的自我能效感
创新表现	无独立思考习惯；思维方式传统；解决问题方法单一	有独立思考习惯；思维积极活跃；勇于尝试新方法	能创造新理念和方法；能将创意和方案转化为有形物品或对已有物品进行改造与优化
人文情怀	对人类遗留下来的各种精神文化不够珍视	对人类精神文化较重视；尊重人的主体地位和个性差异	对人类精神文化非常重视；关心丰富多样的个体需求；对个体尊重与爱护
文化传承	对中华文化的认识不足，重视度不够；缺乏对文化的认同感	认识到中华文化的博大精深；知道文化认同的重要性	认识中华文化传承对人类发展的巨大意义；努力传承先进的历史文化

续表

维度	C（新手）	B（熟练）	A（典范）
项目作品	不能及时完成；没有进一步完成作品的方案和思路	基本能完成；达到预期目标，但有不少需要改进和完善的地方	学习作品能准时、高质量完成

采用“多维主体”的评价方式，进行师评、自评和互评三种主体不同的评价。待 STEAM 项目化学习结束后，我们将根据表 3 对学生学习此项目进行细致的评价。

表 3 学习评价表

发展性评价				
评价维度	自评	互评	师评	总评
知识技能				
表达能力				
合作共享				
自主意识				
创新表现				
人文情怀				
文化传承				
终结性评价				
评价维度	自评	互评	师评	总评
项目作品				

五、项目实施

本项目实施过程分为提出问题、准备阶段、阐述制作、展示评价与拓展提升五个环节。提出问题环节统领整个项目，其中每个子项目均含准备阶段、阐述制作、展示评价与拓展提升四个环节，具体时间安排见表 4。

表 4　课时安排表

项目 课时	子项目一 采购我来“定”	子项目二 外出我来“防”	子项目三 烘焙我来“帮”	子项目四 垃圾我来“分”	子项目五 运动我来“做”
子项目课时	3 课时	4 课时	4 课时	4 课时	3 课时
总课时	约 18 课时				

下面选择两个典型子项目“外出我来‘防’”和“烘焙我来‘帮’”来具体展示实施过程。

（一）提出问题

1. 问题引入

2020 年 2 月，一个不平凡的特殊新年，各小区采取封闭式管理模式，政府要求社区提供“小区出入证”供业主出入使用。在抗疫宅家期间，在面临外出采购物资、居家烘焙美食和垃圾分类投放等情形时，我们该如何运用合理的饮食搭配和科学的数据制订家庭采购方案？又该如何利用身边的废旧材料，设计与制作安全的外出防护装备、省时省力的烘焙助手、家庭式多功能垃圾桶和亲子互动用具呢？

2. 认识与了解

教师通过提问初步了解学生对寒假期间暴发的新冠肺炎疫情的认识，然后将现实背景抛给学生，即政府号召民众居家抗疫，最多两日外出一次采购，引发学生对“家庭外出采购计划”“外出时的安全措施”“居家的饮食安排”“垃圾分类与投放”和“居家时的亲子互动”的思考，最终引导学生确定需求和限制因素，识别解决问题所需的知识、技能和方法。此环节学生要认识与了解新型冠状病毒的相关知识，可通过教师传授或者学生收集资料来完成（见表 5）。

表 5　对新型冠状病毒的认识

新型冠状病毒长什么样	我知道哪些关于新型冠状病毒的信息
提示：画一画新型冠状病毒的外形结构。	提示：可根据教师的问题总结出你对新型冠状病毒的认识。
我们的表现	☆☆☆☆☆

以【项目二：外出我来“防”】为例

（二）准备阶段

在了解新型冠状病毒传播途径的基础上，学生通过网络查找或咨询等方式，总结归纳出防止新型冠状病毒传播的三种途径，如控制传染源、切断传播途径和保护易感人群等措施。之后教师提问学生普通家庭能采取的防控方法。学生的回答可总结为两种方法：一是居家自我隔离（类似于“控制传染源”和“保护易感人群”），二是必要外出时需要做好全身防护（类似于“切断传播途径”）。

教师继续追问学生，居家隔离需要食物来维持生计，有必要派一名家庭成员外出采购生活物资，此时如何做好全身防护？从而引发学生对新型冠状病毒传播方式的深入认知，了解新型冠状病毒是通过空气和接触进行传播，只有阻断“口”“眼”“鼻”和“手”等传播途径，才能较大程度地做好防护（见图 4）。

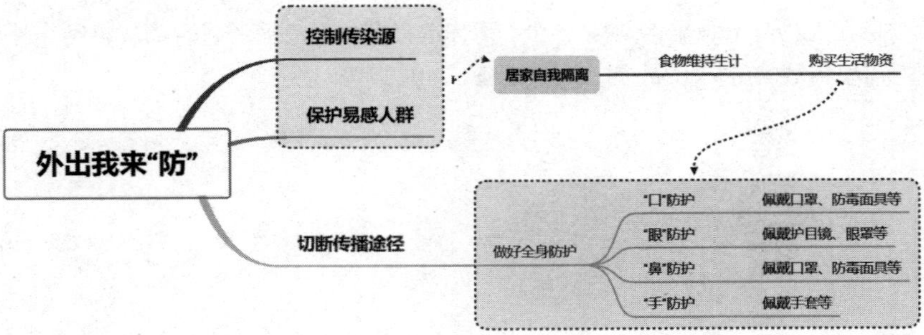

图 4　外出防护方法

学生通过填写表 6 来进一步认识防疫的方法和原理，为下一阶段设计和制作外出防疫装备做铺垫。

表 6　阻断新型冠状病毒传播的方法与原理

传播途径	防疫方法	防疫原理
口		
鼻		
眼		
手		
我们的表现	☆☆☆☆☆	

（三）阐述制作

教师出示卡通人物（见表 7 中图），提问："就目前疫情形式，她能直接出门采购物资吗？"通过图片直观感受，学生对疫情期间外出需采取一定防护措施展开思考，从病毒入侵的"口""鼻""眼""手"等入手，想办法采取有效措施阻断新型冠状病毒进入人体内部，从而达到防疫的目的。

此环节，教师可以让学生尽情发挥，如让学生利用家庭所具备的物品真实演绎制作防护装备的过程，将自己的一切真实想法表达出来并完成表 7。

表 7　外出防护装备设计图

我的防护装备	我需要的材料
提示：请在人物身上画出你觉得外出时需要穿戴的防护用品。 	注：请你选择家里已有装备或现成材料制作外出防护装备，如口罩等。 1. 2. 3. 4. 5. ……

续表

防护装备设计图	提示：请你画出所设想的防护装备设计图。
我的防护装备的功效	1. 2. 3.
我们的表现	☆☆☆☆☆

（四）展示评价

在开展汇报会时，每个团队围绕设计理念、团队分工、任务执行时遇到的困难及解决方法对子项目“外出我来‘防’”进行介绍和展示。现场汇报时，一小组介绍，其他小组和教师作为评委对“相似度、安全度、环保度、美观度和介绍优劣”进行排序（见表8）。

表8 外出防护装备展示评价表

评价要素	第一名	第二名	第三名	第四名	第五名	第六名
谁最相似	第__组					
谁最安全	第__组					
谁最环保	第__组					
谁最美观	第__组					
谁介绍最好	第__组					

（五）拓展提升

1.评价与改进

教师组织学生在可能的条件下对“外出防护装备模型”进行测试，记录测试时各种现象，引导学生进一步找出和分析不足的原因，尝试为实现更理想的效果而不断改进方案，最终形成解决方案，总结整个过程中取得的收获，同时反思存在的不足。

教师要支持成功团队分享活动带来的成果，体验成功者的喜悦，这不仅是对成功团队的奖励，也是对其他学生的一种激励。当然，也需要让暂时失败的团队总结失败的原因和不足，最终找出解决的方法，进一步优化和改进模型。

2. 择优与推广

此环节教师组织学生改进和优化小组作品，也可以选择心仪的其他小组作品，制订一套可向市场推广的方案，并填写推广计划书（见表 9），最后通过扮演推销员来推广创意或作品。

表 9 “择优与推广”记录表

选择的作品	
改进建议	
推广方案	
我们的亮点	1. 2. 3. ……
我们的表现	☆ ☆ ☆ ☆ ☆

以【项目三：烘焙我来“帮”】为例

（二）准备阶段

防疫宅家不能外出旅游，不能品尝各地美食，我们可以通过各类 APP[①] 在线学习，自己制作美食。善于做美食的父母，为“停课不停学”宅家上网课的孩子制作一款“酸奶蛋糕”“戚风蛋糕”“古早蛋糕”等并不是难事！只是，

① APP，Application 的缩写，指手机应用程序。

做美味的蛋糕前提是将蛋清打发完美，对于有打蛋器的家庭来说这并不是什么难事，但对于没有打蛋器的家庭而言，这就有些难度了，光凭一双手打发蛋清，没半个或一个小时很难成功。此环节，教师可引导学生根据图 5 的思维导图结合生活经验完成表 10。

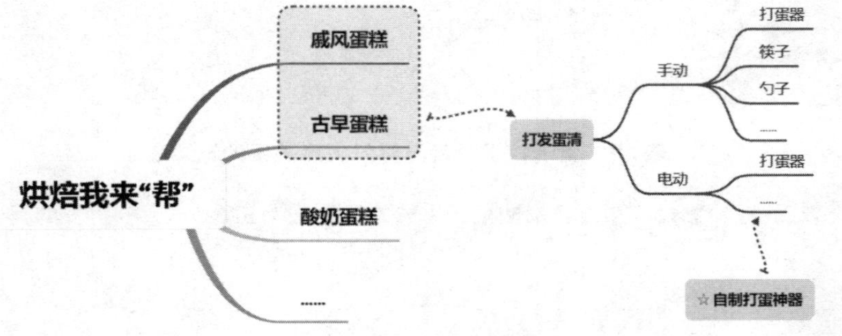

图 5　烘焙需要的打发蛋清的工具

表 10　对烘焙打发蛋清环节的认识

你打算怎样打发蛋清	怎样算蛋清已打发成功	打发蛋清省时省力的方法
我们的表现	☆☆☆☆☆	

学生经历用筷子手动打发蛋清的体验，感受打发的不易，在此基础上思考和探究如何对打蛋器进行改进。学生可充分发挥想象，从打发力度、速度与棒数等方面入手设计研究方案（见表 11），完成三组对比实验（见表 12、表 13、表 14）。

表 11　蛋清打发情况影响因素研究方案

研究的问题	研究蛋清打发的情况与（　　　　）的关系
我的假设	

续表

改变的条件			
怎样改变这个条件	1.	2.	3.
不变的条件			

表 12　蛋清打发程度与打发力度关系的记录表

打发力度	蛋清打发的情况（图文结合记录）	打发的程度排序
力度大	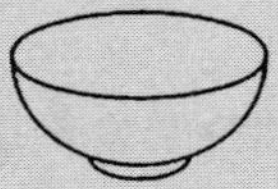	
力度中	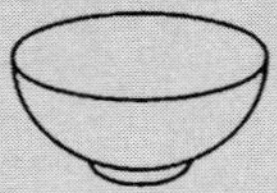	
力度小	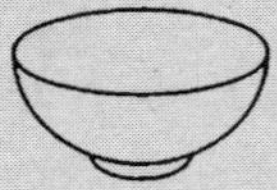	
我们的发现		
我们的表现	☆☆☆☆☆	

表 13 蛋清打发程度与打发速度关系的记录表

打发速度	蛋清打发的情况（图文结合记录）	打发的程度排序
速度快		
速度中	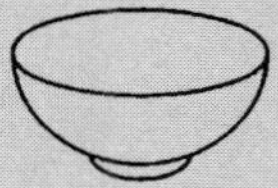	
速度慢	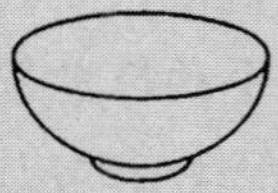	
我们的发现		
我们的表现	☆☆☆☆☆	

表 14 蛋清打发程度与打发棒数关系的记录表

打发棒数	蛋清打发的情况（图文结合记录）	打发的程度排序
两根筷子	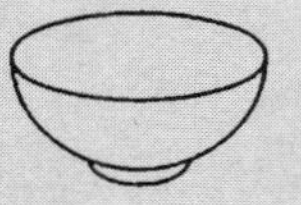	
三根筷子	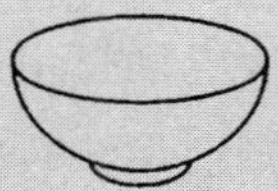	

续表

打发棒数	蛋清打发的情况（图文结合记录）	打发的程度排序
四根筷子	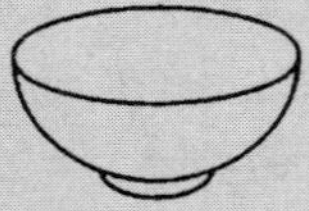	
我们的发现		
我们的表现	☆☆☆☆☆	

通过三组对比实验让学生找到手动打发蛋清最省时和省力的技巧与方法，即力度大、速度快和棒数多等。接着教师展示市场上的电动打蛋器，让学生猜测其作用及工作原理，完成表 15 的记录并思考起到搅拌作用的关键部件是什么。

表 15　对电动打蛋器的认识与思考

	打蛋器的作用	工作原理	关键部件
思考与记录			
我们的表现	☆☆☆☆☆		

（三）阐述制作

对于制作蛋糕来说，蛋清打发是最关键的一步，如何轻松且快速地打发蛋清是此项目的重点。那么，我们能否设计制作一款打蛋器呢？教师引导学生寻找家中资源来改造成创意手动或电动打蛋器，并完成表 16 的任务。同时，出示蛋清打发成功的图片，让学生知道蛋清打发成功的形态。

表 16 我的烘焙助手设计图

我的烘焙助手	需要的材料	我的设计图	手动与电动的差异
手动打蛋器			
电动打蛋器			
我们的表现	☆☆☆☆☆		

（四）展示评价

在开展汇报会时，每个团队围绕设计理念、团队分工、执行任务时遇到的困难及解决方法对子项目“烘焙我来‘帮’”进行介绍和展示。现场汇报时，一小组介绍，其他小组和教师作为评委对“相似度、打发时间、省力情况、打发情况、美观度和介绍优劣”进行排序，完成表 17 的填写。

表 17 “简易烘焙助手”展示评价表

评价要素	第一名	第二名	第三名	第四名	第五名	第六名
谁最相似	第 __ 组					
谁最省时	第 __ 组					
谁最省力	第 __ 组					
谁打最好	第 __ 组					
谁介绍最好	第 __ 组					

（五）拓展提升

1. 评价与改进

教师组织学生在可能的条件下对“简易烘焙助手模型”进行测试，记录测试时的各种现象，引导学生进一步找出和分析不足的原因，尝试为实现更理想的效果而不断改进方案，最终形成解决方案，总结整个过程中所取得的收获，同时反思存在的不足。

教师要支持成功团队分享活动带来的成果，同时鼓励暂时失败的团队总结失败的原因和不足，最终找出解决的方法，进一步优化和改进模型。

2. 择优与推广

此环节教师组织学生改进和优化小组作品，也可以选择心仪的其他小组作品，制订一套可向市场推广的方案，并填写推广计划书（见表 18），最后通过扮演推销员来推广创意或作品。

表 18 “择优与推广”记录表

选择的作品	
改进建议	
推广方案	
我们的亮点	1. 2. 3. ……
我们的表现	☆ ☆ ☆ ☆ ☆

六、项目成效

（一）培养学生勇于探索的精神

特殊的假期，特殊的主题，学生因STEAM项目活动而联系紧密。在项目学习过程中，我们看到了学生的努力和坚持，他们都有自己的想法与感悟（见表19）。一路上，虽然大家都遇到了一些困难，但是大家在困难面前不退缩，在挫折面前不低头，团结一致，勇往直前地面对一切，最终困难都被学生打败。相信，学生们会将这种勇于探索的精神带到学习生活中去，勇于行动，敢于实践，创造的天地定比想象的要大得多！

表19 项目活动学生学习感悟节选

学生姓名	活动感悟
潘逸泽	很荣幸可以参与这次项目化学习活动，我能在特殊时期找到一个主题，根据这个主题进行调查、研究、分析等。我学到了许多课本上无法学到的知识，如新型冠状病毒的名字由来、疫情目前的发展情况、如何让宅家生活变得有意义等。虽然过程很辛苦，我们也碰到了一些困难，但总的来说很有趣、很有意义。
王木子	在整个项目化学习中，我都充满热情。特殊时期，我们不能去图书馆查询知识，但我在网上查了很多与我们活动有关的知识。这不禁让我觉得网络真的很好，能帮助我找到很多想要的东西，我觉得我们应该好好利用它，而不是简单地用它来打游戏、看电视。通过活动，我也懂得在行动前应该认真计划，明确学习目标和方法，从而达到事半功倍的效果。
夏星雨	本次项目化学习活动虽然都是通过电话、视频等形式进行，没有面对面的真实感，但我从中感受到了网络的便捷。同时，通过多次的交流讨论，我的胆子变大了很多，让我明白今后要更多地锻炼自己，做任何事情都要有自信，没有勇气什么事都做不成。其实结果并不是最重要的，重要的在于过程中的点点滴滴。
徐建超	刚开始听到新型冠状病毒时我的内心充满了疑惑，很想要一个个去解决它们。本次活动的学习解开了我的疑惑，我要真诚地对让我参加活动的老师表示感谢！这次活动，我与组员们一起体验了宅家的精彩，学会了如何制定采购清单，如何进行最简单有效的自我防护，如何与家人一起改良亲子游戏，如何做出一个完美的蛋糕，如何将垃圾进行分类等。特殊时期，没有父母的帮助，我们的活动是无法进行下去的，真诚地感谢他们！

续表

学生姓名	活动感悟
包佳豪	我认认真真地参与了活动的每项任务。其实每个项目到最后都是要动手、动脑去创造去实践的，一开始我还不是很上手，但是通过老师的指导和自己的不断尝试，我终于战胜了一个个困难。这让我知道了我们做事情要有信心，要肯动脑筋，要坚持不懈。
沈雨瑶	漫长的寒假，总想要找到有意义的事情，非常开心正好遇到了认真的指导老师和喜欢研究的同学们，我们在一起做有意义的事情。在项目化学习中，我们觉得每个项目看上去都很简单，但背后其实都有大奥秘，我们不是简单地完成这些项目，而是要做到完美，做得有意义。老师说："最幸福的事莫过于带着一帮热爱研究的孩子一起畅游在项目化学习的天空。"那么我想说："最幸福的事莫过于有老师看到我们的好奇心，愿意带着我们去守护那份好奇，去探索知识的奥秘。"

（二）提升学生的设计思维能力

经过一系列的讨论和实践，最终制订以设计制作"采购清单、防护装备、烘焙助手、多功能垃圾桶、亲子互动用具"五个任务为主线的最佳宅家派对计划（见表 20）。整个项目化学习的过程，学生必须站在"他人"的角度，运用同理心去思考问题，引导学生把目光从自身转向他人，这是一种成熟与成长的表现。同时，在设计与制作中为让各项目作品更加完善、更有创意，需要经历不断迭代更新的过程，这也是学生提升设计思维能力的过程。

表 20 最佳宅家派对计划

<table>
<tr><th>任务</th><th>最优方案</th><th>原因</th></tr>
<tr><td>采购清单</td><td>
<table>
<tr><th colspan="4">宅家派对购物清单</th></tr>
<tr><th>食材</th><th>数量</th><th>单价</th><th>小计</th></tr>
<tr><td>小麦粉</td><td>1 袋</td><td>20 元/袋</td><td>20 元</td></tr>
<tr><td>牛奶</td><td>2 瓶</td><td>18 元/瓶</td><td>36 元</td></tr>
<tr><td>芒果</td><td>1000g</td><td>4 元/斤</td><td>8 元</td></tr>
<tr><td>鸡蛋</td><td>8 个</td><td>1.5 元/个</td><td>12 元</td></tr>
<tr><td>鸡</td><td>1 只</td><td>15 元/斤</td><td>40 元</td></tr>
<tr><td>牛肉</td><td>500g</td><td>65 元/斤</td><td>65 元</td></tr>
<tr><td>青椒</td><td>250g</td><td>3 元/斤</td><td>1.5 元</td></tr>
<tr><td>五花肉</td><td>750g</td><td>50 元/斤</td><td>70 元</td></tr>
<tr><td>黄瓜</td><td>750g</td><td>2 元/斤</td><td>3 元</td></tr>
<tr><td>马铃薯</td><td>1000g</td><td>1 元/斤</td><td>2 元</td></tr>
<tr><td>苹果</td><td>1000g</td><td>4 元/斤</td><td>8 元</td></tr>
<tr><td>香蕉</td><td>750g</td><td>4 元/斤</td><td>6 元</td></tr>
<tr><td>草莓</td><td>1000g</td><td>10 元/斤</td><td>20 元</td></tr>
<tr><td>沙拉酱</td><td>1 袋</td><td>7.5 元/袋</td><td>7.5 元</td></tr>
<tr><td>合计</td><td></td><td></td><td>299 元</td></tr>
</table>
</td><td>我们认为此方案可购买更多食材，且正好可以参加超市"满 299 元减 20 元"的优惠促销活动，相当于以优惠的价格买到了更多的食材，符合家庭日常购物的需求。</td></tr>
</table>

续表

任务	最优方案	原因
防护装备	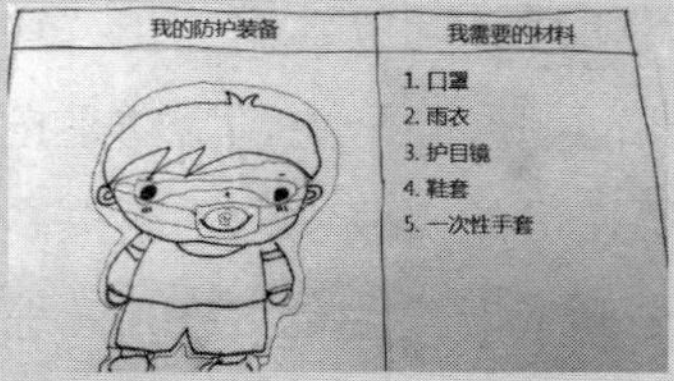	我们觉得此方案考虑最周全。口罩保护口鼻，防止吸入带病毒的空气和飞沫；同时还考虑到了病毒可能会通过眼睛传播，设计了护目镜；另外还利用一次性手套对手进行卫生防护；为确保万无一失，此方案还对衣物和鞋袜进行防护设计。
烘焙助手	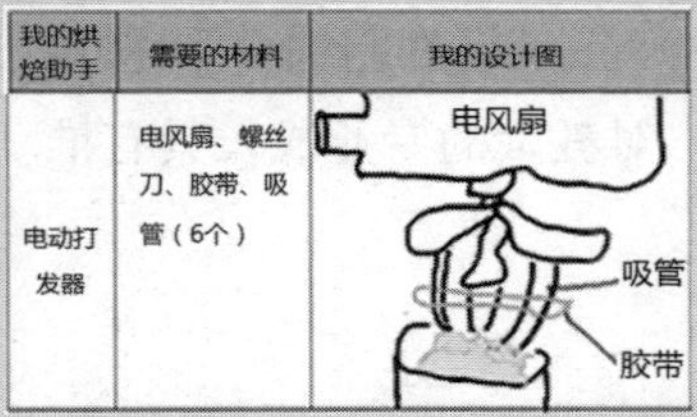	大家一致认为电动打蛋器比手动打蛋更省时省力。此方案不仅利用电动机制作简易打发器省时省力，且方案中用到的电风扇和吸管是家中常见材料，制作时简单方便，此外该方案采用六根吸管，打发效果更佳。
多功能垃圾桶	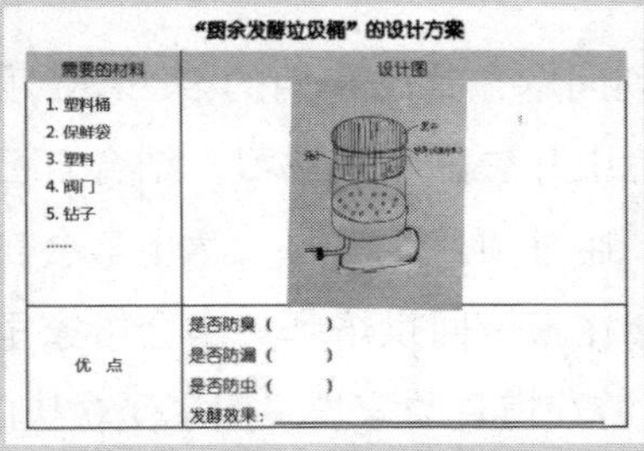	通过学习得知厨余发酵垃圾桶需考虑发酵原理及异味、积液等问题。在这个方案中我们利用密封装置防止异味散发，同时设计了排液阀门，可将积液及时排出，且该方案的设计利用的材料较为常见，一般家庭都不难找到，操作起来方便。
亲子互动用具	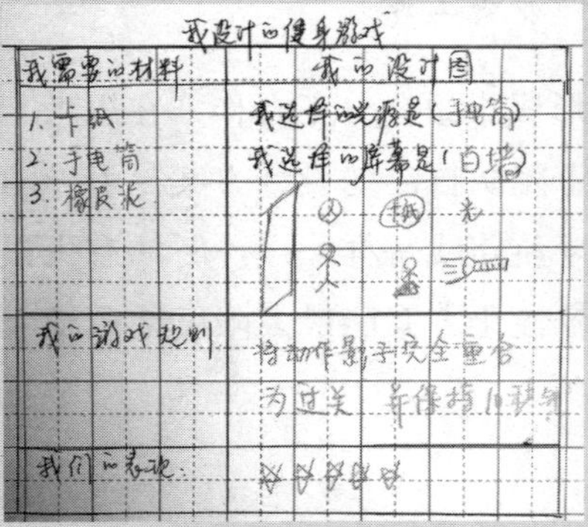	此方案利用学生平时手工活动常用的卡纸和橡皮泥制作道具，道具的设计原理与光影结合，游戏进行时只需移动卡纸的位置即可得到大小不同的影子，可供大人小孩随时切换进行，亲子互动性更佳，且该游戏规则明确，通俗易懂，找家里的一面墙即可开始游戏，非常方便。

（三）提升教师项目开发的能力

此项目融合科学、技术、工程、艺术和数学五门学科知识，运用多媒体技术、实验操作技术、工程设计技术等手段，辅以数据分析，综合考虑工程领域的全局意识、成本意识等解决现实问题。整个项目活动是按照学生的认知水平层次由低到高布置任务，在层层递进的实践中，不断提高学生的学习水平，培养学生的探究与优化思维，全面提升学生的 STEAM 综合素养。因此，这对教师提出了更高的要求与挑战，教师不仅需要具备较强的课程设计能力、多学科整合能力、信息技术运用能力，还需具备在疫情期间充分借助网络开展线上执教的能力。这要求教师除了站在自身学科视角思考问题外，还要站在多学科的视角进行高位设计，对教师的专业成长具有推动作用。

七、项目反思

（一）现实情境导入，体验真实生活感受

疫情下我们的生活会遇到一系列问题，这是我们的 STEAM 项目面对的真实的探究情境。学生在各项目情境中开展融入式学习，结合自己疫情期间的生活经验，不断探索其中的奥秘。通过项目化学习，学生学会自己制定采购清单，学会制作基础防护装，学会在家做回烘焙师，学会给家里的垃圾分一分家，学会利用有限的场所制作出游戏道具与家长一同享受欢快的时光。

（二）方案设计开放，体验设计师的工作

让学生基于家中现有的材料，形成小组，分工合作，在思考、讨论、争议和交流的过程中，设计出一套属于团队自己的设计方案，引导学生规范绘制设计图，让他们知道设计图就像导航路线一样，设计时如有失误，会直接影响工程师制作成品。不同团队的个性化方案能最大限度地调动起学生用心制作的积极性。

（三）亲自制作模型，体验工程师的艰辛

在制作各项目模型时，要时刻关注学生对团队设计方案的利用率，引导学生像真正的工程师一样，按设计图一步一步完成最终模型的制作。在此过程中肯定会遇到困难，如难以执行设计图操作等，此时需要学生自己想办法解决，以此培养学生自行解决实际问题的能力，反过来又可以让学生再一次感受到设计师绘制设计图的重要性。

（四）组织现场汇报，体验推销员的创新

钉钉直播汇报会的开展及组间的评价，不仅能提高学生的观察和判断能力，还能提升学生的综合语言表达能力，更能培养学生的倾听和点评能力。特别是汇报时对创新点的阐释，跟市场营销人员向客户推销产品时介绍产品功效一样，是最吸引人的亮点，让学生体会到市场上产品创新的重要性。

（五）分享成果优势，体验成功者的喜悦

在每项活动后，教师都会支持成功团队分享比赛的成果，如家庭采购方案的优点、简易烘焙助手的功效、亲子互动用具的妙用等，让学生尽情发挥，分享活动带来的成果，体验成功者的喜悦。作为教师，我们满怀热情，带着STEAM教育理念在这个非同一般的寒假开展非同一般的STEAM项目化学习，让大家在这个假期里宅而有所为，宅而有所究，宅而有所乐，带领学生感受STEAM世界的奥秘。

点评

项目化学习中的核心问题与学习支架

在项目化学习中，核心问题与学习支架是互相联系的部分，是支撑起学习内容和结构的脚手架。

这一项目的活动按照学生的认知水平层次由低到高来布置，内容包括科学、技术、工程、艺术、数学五个学科。项目共划分为五个阶段，由“抗击疫情需要居家隔离，每户人家每两日可外出采购物资一次”的现实问题引发学生思考，面对抗疫宅家期间需要外出采购物资、居家烘焙美食和垃圾分类投放等情形，分别在不同任务下提出核心问题，我们该如何运用合理的饮食搭配和科学的数据来制订家庭采购方案？我们居家该如何利用身边的废旧材料，设计与制作尽可能安全的外出防护装备、尽可能省时省力的烘焙助手、尽可能完善的多功能垃圾桶和尽可能增进亲子关系与互动的运动用具？以上活动均结合学生现有的科学知识、技能来实现“防疫宅家我做主”的项目任务，以核心问题情境驱动，紧密围绕核心问题较为全面地铺开。

学习支架是多层次的，一份资料、一张思维导图、一个提问、一个表单都可以成为引导学生进行纵深思考的关键支架。该项目较好地做到了这一点，其五个任务各自的基本问题又引领着项目下的具体活动，包括具体问题情境、资料、任务思维导图、教师可提问问题、学生学习记录单、自我评价以及成果展示等部分，通过多个支架和基本问题、学习表单来保证核心问题的实现。例如第三个任务“烘焙我来‘帮’”的支架主要聚焦蛋糕中手动或者电动打发蛋清的规律探索，其学习表单中也包含着支架引导，如“蛋清打发情况影响因素研究方案”及具体的实验报告记录单，最终指向自制打蛋神器的支架“对电动打蛋器的认识与思考”。

此外，项目探索通过“钉”教学、“云”讨论、“微”调查、“深”探究等方式保障项目的开展，“拓展提升”中还包括对团队作品的改进以及进一步推广方案的设计。可见，该项目不仅注重当下的实践教学质量，也关注到了未来的可持续效应，值得老师们学习。

（浙江大学教育学院　刘徽）

项目 10

生态解码：春天的自然云笔记①

一、项目简介

本次新冠肺炎疫情的发生，令人始料未及，也引发了人们有关人与自然如何和谐共生的再次思考。我们对自然的认识有多少？我们是否一味地向自然索取而毫无敬畏之心？为进一步帮助学生认识身边的自然，树立保护自然的意识和可持续发展观，领略自然春日美好，丰富网课学习内容，舒缓居家隔离的紧张情绪，为疫情期间的“停课不停学”增添趣味，本项目应运而生。

本项目以自然科学为依托，融合艺术、工程等多学科知识。基于疫情背景下的学生实际情况，充分考虑不同阶段学生的能力水平，实现求同存异。“同”是指在同一“自然”主题引领下；“异”则根据不同年龄层次，设置差异化目标，在一至六年级分层开展不同子项目活动，让每一名学生在本次项目化学习过程中都能有很好的体验和收获。每个子项目开展时长为 2 课时，各年级子项目名称详见表 1。

表 1　各年级子项目名称一览表

年级	子项目名称
一年级	寻找春天，童话花语
二年级	敬畏春天，播种希望
三年级	灵动春天，花器“智造”

① 本案例由杭州市学军小学求智校区倪莹莹老师提供。

续表

年级	子项目名称
四年级	治愈春天，养心花茶
五年级	感恩春天，食物溯源
六年级	探秘春天，生态花园

二、驱动性问题

疫情背景下，人类再次反思人与自然之间的关系。自然赐予人类丰富的资源，是我们赖以生存的土壤，但我们了解自然吗？作为一名小学生，我们可以先从认识身边的自然开始，了解自然科学知识，树立保护自然的意识，践行可持续发展观。但在疫情期间，隔离在家的我们该如何认识自然呢？恰逢春日，百花齐放，那就以花之名，走近自然。各年级子项目的驱动性问题详见表2。

表2 各年级子项目的驱动性问题

年级	子项目名称	驱动性问题
一年级	寻找春天，童话花语	因为疫情宅家数月，春天已悄然而至，你周围开了哪些花？这些花你认识吗？
二年级	敬畏春天，播种希望	疫情期间，恰逢植树节，如何在这特殊时期足不出户为世界添上一分绿色？
三年级	灵动春天，花器“智造”	疫情期间，如何为居家隔离的人们增添一分绿色？种植开始前，我们得准备一个种植容器，在不出家门购买的前提下你有什么好办法吗？
四年级	治愈春天，养心花茶	花茶源于自然，为人类所用。不同的花茶功能各不相同。在防控疫情背景下，是否可以特制一种“防疫专供花茶”来帮助人们养护身体、调节身心健康呢？

续表

年级	子项目名称	驱动性问题
五年级	感恩春天，食物溯源	隔离在家成就了大家“美食家”的梦想，可是你知道各种各样的食物到底是怎么来的吗？
六年级	探秘春天，生态花园	疫情让我们对自然有了更多敬畏，也有了更多好奇。常见的花中蕴含着无数秘密，你发现了哪些呢？

三、学习目标

大自然是人类赖以生存的基石，认识自然、保护自然才能让人类更好地生存和发展。本次“生态解码”项目化学习，渗透了 STEAM 教育理念。根据不同年级的认知水平和能力素养，本项目制定了同一主题下的六个子项目，设立符合儿童年龄特点的方案内容和素养目标。各年级子项目方案内容及核心素养详见表 3。

表 3　各年级子项目方案内容及核心素养

年级	子项目名称	方案内容	核心素养
一年级	寻找春天，童话花语	借助“形色”等 APP，认识、学习一种花，通过绘画、折纸或拍照等形式呈现春日的花，送给家人、朋友和老师等想要感恩的人。	信息意识 审美情趣 社会责任
二年级	敬畏春天，播种希望	云查阅水果种子资料，春日里播种希望，见证种子发芽和生长的小惊喜，持续云记录，呵护植物成长，打造水果微森林并进行云分享。	劳动意识 珍爱生命 勇于探究
三年级	灵动春天，花器“智造”	在大自然提供的丰富素材中，寻找自然赋予的灵感，关注实用价值，利用技术创新设计和制作花器，并阐述小设计，秉承自然理念，为春天的种植做好准备。	问题解决 技术应用 审美情趣
四年级	治愈春天，养心花茶	大自然中很多花和叶具有养生疗效，选择一种花茶了解它的制作工艺、功效、食用方法等，手绘或制作说明书、包装，感受养生之道，回味生态之美。	人文情怀 健全人格 审美情趣

续表

年级	子项目名称	方案内容	核心素养
五年级	感恩春天，食物溯源	大自然是食物供给站，动物、植物、苗类等，都是它为我们准备的礼物。循着春天的脚步，选择自己感兴趣的食物，思考它们经历了多少程序才变成了食物。它们给人类提供了哪些丰富的营养物质。追溯食物的历程，感恩自然的馈赠。	勤于反思 乐学善学 自我管理
六年级	探秘春天，生态花园	大自然很神秘，请小主播们自选主题为大自然代言，例如百合花为什么这么香？蝴蝶兰的“花”其实是萼片。月季和玫瑰原来是一家。以图片或视频的方式在网络上宣讲春天的秘密花园，破解生命的密码。	理性思维 勇于探究 社会责任

通过本次项目的学习，学生初步具备以下能力。

科学方面：善于发现问题，并能利用科学知识解决问题；了解自然，树立自然保护意识，培养社会责任感，为防疫贡献自己的力量。

技术方面：学会借助现代技术搜索信息，了解自然；学会利用技术解决问题，增加设计创意。

工程方面：发展工程思维，体验完整的工程项目过程。

艺术方面：具有一定的艺术审美，并能将其体现在作品的呈现上。

数学方面：综合运用数学知识绘制设计图，解决问题。

根据每个年级学生认知水平的不同，各年级子项目的目标也有所不同。表4重点列举了三年级和四年级的子项目目标。

表4 三年级、四年级子项目目标

年级	子项目名称	子项目目标
三年级	灵动春天，花器“智造”	1. 了解种植容器基本的结构和需要具备的功能 2. 学会通过调研收集日常种植容器的不足，提出制作容器的改良方案 3. 能够综合应用测量、绘画、涂色、模型制作等多种方式，灵活设计制作容器 4. 留心观察，善于寻找自然中的灵感，巧用生活体验进行创新设计

续表

年级	子项目名称	子项目目标
四年级	治愈春天，养心花茶	1. 学会简单调查疫情期间人们的心理状况和养生需求 2. 了解花茶的养生功效和制作方法 3. 通过资料收集、观察和品味等方式感受茶文化 4. 为家人私人订制一份“防疫专供花茶”，撰写说明书或制作包装盒，阐明疗效和设计思路 5. 对生活保持好奇心和探究热情

四、项目评价

本项目从多维度评价学生的学习成效，采用过程性评价和终结性评价相结合的方式，强调表现性评价，发挥评价的导向作用。每一个子项目，根据项目活动的不同，在评价上也略有不同，总体评价框架如图 1 所示。

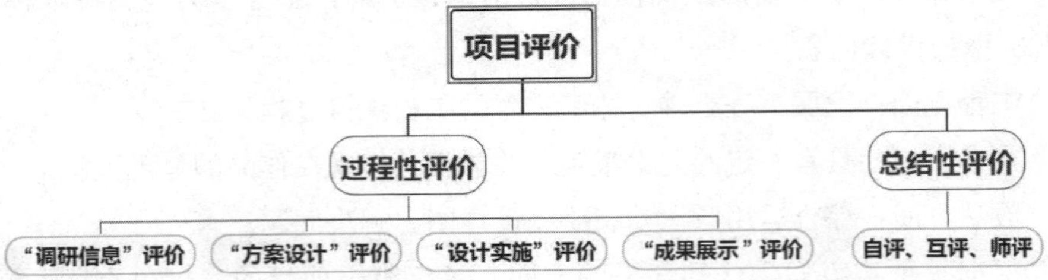

图 1　项目评价设计

下文重点以三年级、四年级的子项目评价量规为例进行展示。评价量规具体内容详见表 5 和表 6。

表5 三年级“灵动春天，花器‘智造’”评价量规

评价等级 / 评价指标	1分	2—3分	4—5分	自评	互评	师评
收集资料	没有真实地进行调查，蒙混过关	通过一些手段进行数据收集，但方式较单一	真实地通过网络、采访等多种方式收集数据、采集信息			
设计方案	设计图元素缺失严重	有基本的种植容器结构设计	方案内容完整，有尺寸和材料等标注			
创新设计	无太多创新	增加自然的多种元素	独特，有突破性的设计和制作，巧妙应用智能化技术			
环保选材	材料单一，花费高，几乎没有利用废旧物品	选材较到位，花费中等，利用了少量的废旧物品	挖掘材料特点，花费少，最大程度地利用了废旧物品			
问题解决	不能发现问题	能够发现问题，初步解决漏水及种植中的相关问题	善于发现问题，能利用身边资源制订方案并解决问题			
艺术外观	装置扭曲，结构突兀，无设计感	装置线条相对流畅，结构较为均衡，略有设计感	装置线条流畅，结构匀称，有设计感			
可操作性	装置使用烦琐，不易操作	装置使用尚可，能够操作	装置使用简单，操作方便			
成果展示	展示方式单一传统	展示方式有少许亮点	展示方式多样，富有创新性，有意思			

表 6　四年级“治愈春天，养心花茶”评价量规

评价等级 评价指标	1 分	2—3 分	4—5 分	自评	互评	师评
收集资料	没有真实地进行调查，蒙混过关	通过一些手段进行数据收集，但方式较单一	真实地通过网络、采访等多种方式收集数据、采集信息			
内容丰富	内容较少，阐述单薄	结合花茶的一些特点进行阐述，较丰富	结合花茶的多种特点进行阐述，元素多样			
创新设计	设计简单普通，不够创新	有对花茶进行一定的设计	根据特配花茶的特点进行有创意的设计			
介绍阐述	展示不完整，过程不够清晰	阐述内容较为完整，过程较清晰	有条理、有创意地将花茶的内容进行阐述，和同学就作品的设计进行交流			
花茶搭配	搭配单一，口感一般，色泽一般	较多搭配，口感较好，色泽较好	多种搭配，功效全面，口感好，色泽美观			
艺术外观	设计一般，搭配混乱，无设计感	较有创意，搭配较合理，较有设计感	个性创意，图片颜色搭配到位，有设计感			
成果展示	展示方式单一传统	展示方式尚可	展示方式多样，富有创新性，有意思			

五、项目实施

本项目借助植树节进行宣传，利用钉钉班级圈进行预热宣传，呼吁各年级积极开展“生态解码”项目，做大自然的孩子，借大自然的智慧，揭大自然的奥秘，理解、感恩大自然。各子项目同步启动并开展相关活动。下文以三年级“灵动春天，花器‘智造’”和四年级“治愈春天，养心花茶”为例来展示实施过程。

（一）三年级子项目——“灵动春天，花器‘智造’”

三年级子项目实施过程主要分为五个阶段。阶段一：反思生活，问题驱动；阶段二：搜索数据，整理需求；阶段三：设计规划，交流完善；阶段四：实践研究，物化成果；阶段五：交流展示，优化设计。其中阶段一、阶段二、阶段三为1课时，阶段四、阶段五为1课时，共2课时。学生在此过程中会经历一个完整的项目化学习过程，每个阶段学生都要根据评价量规（见表5）对应评价指标进行各项评价。

阶段一：反思生活，问题驱动

任务目标：通过沟通缓解疫情带来的焦虑，聚焦活动主题——自制种植容器。

学习活动：（1）在这样特殊的背景下，不知不觉春天已经到来，今年的植树节是否会因疫情而失去色彩？每个学生对此次宅家生活都有自己的感受。学生可以表达疫情期间的宅家感受，缓解焦虑情绪，也可以相互分享疫情期间有助于缓解焦虑的且有意义的活动。（2）恰逢植树节，疫情期间无法出门购买种植容器，学生思考如何足不出户获得理想的种植容器。

核心问题：（1）疫情宅家期间你有怎样的生活感受？（2）如何足不出户就能拥有满意的种植容器？

本环节是引入与驱动环节。在疫情期间长时间的宅家生活中，我们渴望出门，接近自然，但新冠肺炎让我们变得恐慌，人们只能压抑着外出的欲望。心中的焦虑情绪需要得到释放。通过线上云分享，每个学生各抒己见，表达自己的感受，分享缓解情绪的办法。在分享过程中，有学生会提到利用植树节来丰富我们的宅家生活。如此特殊的植树节让我们面临新的挑战。教师趁机提出：因疫情限制无法外出，家中无适合种植的容器，不出家门购买的话，你有哪些好的办法吗？驱动性问题一出，学生立刻想到我们可以利用身边的材料进行容器改造或制作一个花器。此时需要引导学生，让学生认识到制作一个花器需要经历的完整流程：收集数据—设计图纸—制作改进—展示交流。

阶段二：搜索数据，整理需求

任务目标：（1）通过调研、绘制思维导图等工具手段，了解种植容器基本的结构和需要具备的功能；（2）学会通过调研了解日常种植容器的不足，提出制作容器的改良方案。

学习活动：（1）学生尝试通过查找网络资料、借助问卷星设计小问卷等方式进行资料收集，探寻生活中种植容器的“痛点”问题，收集调研成果进行初步分析交流；（2）学生根据调研结果，利用思维导图梳理相关信息，讨论容器设计制作过程中需要考虑的问题。

核心问题：种植容器设计制作过程中需要考虑哪些方面的问题呢？

学生在此过程中尝试运用实践调研、资料收集的方法。在调研过程中学生可能会失去方向，教师可以在正式调研前给学生以下几个指导性问题：

（1）常见种植容器需要具备哪些基本功能？（2）常见种植容器可以有哪些附加功能？（3）常见种植容器在使用过程中会有哪些问题产生？（4）种植植物的不同会对种植容器的要求产生哪些影响？

调研结束后，教师引导学生总结梳理种植容器制作过程中需要考虑的问题，学生可能会提到以下几个方面：容器选材方面（尺寸大小、材料的环保性、坚固程度、防水性能等），容器功能方面（透水性、透气性、便携程度等），容器美化方面（形状、色彩、图案等），种植植物大小与容器大小的比例等。学生还会提出其他需要考虑的方面，合理的都应该予以肯定，并及时进行概括总结，在思维导图中及时进行增补。

阶段三：设计规划，交流完善

任务目标：能够根据需求设计容器方案。

学习活动：（1）学生确定自己要种植的植物是什么；（2）根据思维导图确定容器的选材、功能、美化等方面，逐步形成设计思路，绘制设计制作方案；（3）留心观察，寻找自然中的灵感，巧用生活体验创新设计；（4）线上分享设计图，通过交流讨论、实时互评来完善设计图。

核心问题：（1）你选择种植什么植物？（2）你在设计过程中需要考虑种植容器的哪些功能？（3）你的种植容器有什么亮点？（4）你需要在设计图中体现哪些制作材料？

学生在设计种植容器时，无须将思维导图中的每一项都做到尽善尽美，而是根据所选植物和自身需求进行设计。在设计过程中可以引导学生融入技术手段，让种植容器有更多亮点。有学生想到可以运用感应器检测土壤中的水分含量，运用太阳能电池供能设计一个可以动的容器等。同时引导学生在设计过程中结合自然元素，如有学生想到可以绘制自然景物进行美化。在制作材料选择上，可以引导学生利用身边的废旧物品进行改造，体现人与自然和谐关系。如图 2 所示，学生融入艺术美学，选用常见的矿泉水瓶和酸奶杯等进行创意设计。

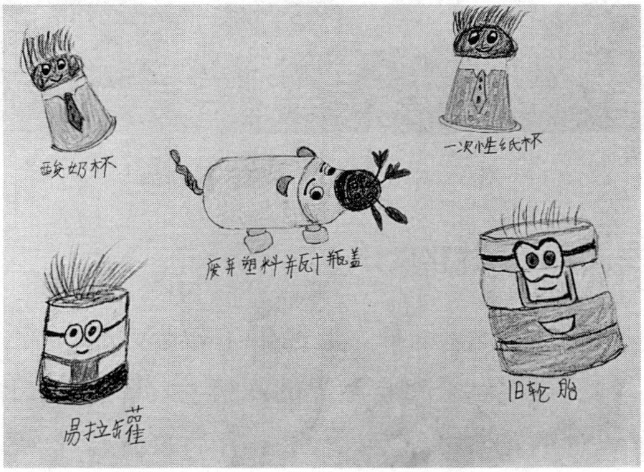

图 2　学生种植容器设计图

阶段四：实践研究，物化成果

任务目标：能够综合应用测量、绘画、涂色、模型制作等多种方式，灵活设计制作种植容器。

学习活动：根据设计图，准备所需制作材料，按照设计图进行制作，并在制作过程中学会寻求多方面的帮助来解决问题。

核心问题：在制作过程中你遇到了哪些困难，又是如何解决的？

由于疫情期间学生各自在线下进行操作，教师无法给学生面对面的指导与监督，此时可以借助家长资源，辅助学生制作，并注意学生在制作过程中的安全问题。在制作过程中，学生会遇到各种问题，可以引导学生在遇到问题时寻求多方力量帮助，如网上查找资料、线上求助老师、线下寻求家长帮助等。如图 3 所示，学生根据设计方案积极寻求解决问题的办法，最终将设计物化为作品。

图 3　学生制作的种植花器作品

阶段五：交流展示，优化设计

任务目标：善于学习他人长处，通过相互交流改进作品。

学习活动：（1）学生结合对自然界的观察，发挥想象，阐述自己的创意来源及基于自然设计的花器可以发挥什么作用，展开自评和云互评。这里可以借助钉钉班级圈这一功能进行云互评，每个学生都可以参与评价他人作品，给他人留言或点赞。（2）学生根据收集到的反馈信息，优化种植花器的设计，并完善制作。(3)学生可为自己设计的种植花器撰写广告词，从创意特色、实用价值和环保等多方面进行展示。

核心问题：(1)你的种植花器的创意来源是什么？(2)通过班级圈的交流展示，你有哪些收获？(3)你将如何从创意特色、实用价值和环保等多方面展示你的作品？

学生在制作自己的种植容器时往往会被自己的想法所局限。为了开阔思路，可以借鉴他人的智慧，运用云学习之便在网上开展作品的学习和互评。学生在收到他人建议后可以选择性地进行改进。最后，学生可以发挥创意，创新形式，为自己的作品打造一个产品发布会，提升作品的内涵。

(二)四年级子项目——“治愈春天，养心花茶”

四年级子项目实施过程主要分为四个阶段。阶段一：反思生活，搜索数据；阶段二：明确任务，探究设计；阶段三：交流展示，优化设计；阶段四：线上发布，传递理念。其中阶段一、阶段二为1课时，阶段三、阶段四为1课时，共2课时。每个阶段，学生都要根据评价量规(见表6)对应评价指标进行各项评价。

阶段一：反思生活，搜索数据

任务目标：(1)学会简单调查疫情期间人们的心理状况和养生需求；(2)了解花茶的养生功效和制作方法；(3)通过资料收集、观察和品味等方式感受茶文化。

学习活动：(1)学生通过线上访谈、网络资料查找、问卷等方式调研了解疫情期间人们普遍的心理状况和养生需求，在这个过程中了解花茶秘密，感受花茶魅力；(2)通过网上学习咨询，了解花茶的制作工艺、养生之道和茶文化；(3)选择一种花茶，通过看一看、泡一泡、品一品的方式近距离感受花茶之美，细细品味花茶带给人们的非凡体验。

核心问题：(1)花茶对我们的身体养护有什么作用？(2)花茶有它的独特魅力，花茶之道延绵千年，有深厚的文化底蕴，我们能通过什么方式进一步了解花茶的秘密、感受花茶的魅力？

学生经调查发现（见图 4），人们在疫情期间普遍感到焦虑、无聊，人们普遍认为喝花茶对人体非常有益。

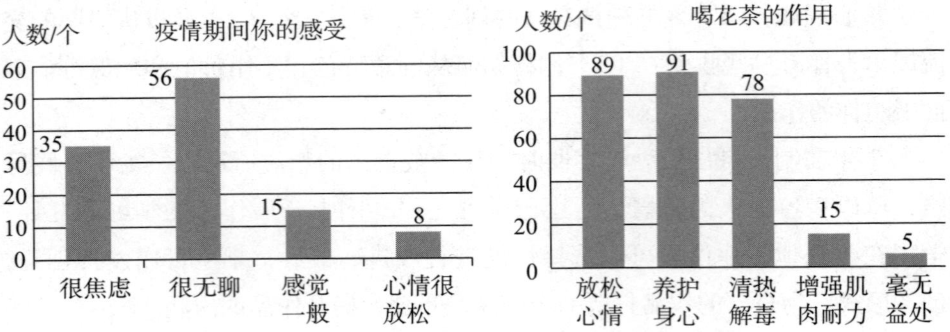

图 4　学生调查问卷结果

学生通过网上收集资料、咨询专家和长辈，了解不同植物不同部分的中医疗效和养生效果。

通过网上进一步学习、咨询，学生能了解更多有关花茶的基本知识。这时可以让学生选择一种花茶，亲自感受花茶魅力，让学生对花茶的认识从抽象到具体，从平面到立体。

阶段二：明确任务，探究设计

任务目标：为家人私人订制一份"防疫专供花茶"，撰写说明书或制作包装盒，阐明疗效和设计思路。

学习活动：（1）针对疫情期间人们的心理问题和养生需求，设计一份私人订制的"防疫专供花茶"，品鉴特配的花茶，调整口感、色泽和功效搭配。（2）撰写特配花茶说明书，阐述自己的设计思路和花茶疗效。

核心问题：不同的花茶功能各不相同，在防疫背景下，是否可以特制一种"防疫专供花茶"来帮助人们养护身体、调节身心健康呢？

虽然前期学生已经通过各种方式了解了花茶的相关知识，具备一定配制花茶的基础，但学生在制作"防疫专供花茶"时，依然会遇到知识储备不足的问题，此时可以引导学生灵活运用线上资源和线下资源解决问题。

阶段三：交流展示，优化设计

任务目标：善于学习他人长处，通过相互交流改进作品。

学习活动：学生利用钉钉班级圈功能，在线上交流展示作品，相互分享自己的花茶感悟，学习他人的作品，并从创意、养生等角度进行留言评价。根据收集到的评价和反馈信息，优化自己的作品设计，进一步完善。

核心问题：通过班级圈的交流展示，你有哪些收获？

学生在制作自己的“防疫专供花茶”时往往会受限于自己的想法，同时可能存在一些自己没有发现的问题，这就需要他人充当“明镜”，帮助自己发现问题，不断改善作品。

阶段四：线上发布，传递理念

任务目标：对生活保持好奇心和探究热情。

学习活动：对自己的“防疫专供花茶”外包装进行设计，从创意特色、实用价值等角度进行展示；还可以做个小主播，以图片或视频（3分钟内）向大家宣讲健康生活的理念，并介绍一种花茶，将特配花茶分享给更多人，帮助人们在疫情期间更好地调整心态，迎接春天的到来。

核心问题：你将如何从创意特色、实用价值等多方面展示你的作品？

有条件的学生可将自己设计的“防疫专供花茶”调配出来，运用多种方式展示自己的花茶，并把自己的花茶分享给更多人。

六、项目成效

（一）项目成效

1.精准云“把脉”，把准方向

基于儿童立场，依据现实问题把脉问诊，解读儿童需求，打造萌趣生态解码课程，让学习自然发生。

2.开心理“处方”，治疗恐慌

通过揭秘自然，培育乐观积极的情绪状态，学会关怀自然、尊重生命，去除心理恐慌和对野生动物的偏见，更全面系统地认识自然与人类的关系。

3. 借技术“赋能”，自我疗愈

结合功能设计创新改造防疫用品，如蔬果植物芯口罩、智慧移动种植容器、消毒地垫等，让儿童的智力、情感、意志逐渐完善，增强他们的防疫信心。

4. 培育自然“疫苗”，憧憬未来

通过生态解码课程进行防疫实践，提升教师的课程架构能力，更重要的是在学生心中种下生态的种子，培育“疫苗”为未来负责，这也是社会最需要的防疫措施。

（二）项目成果

1. 初步成果：生态解码系列项目试水

（1）项目列入全校“停课不停学”课表：“停课不停学”期间，我校云学习核心组始终以自律为壤，自由为氧，自觉为光，构建智慧云学习的顶层设计。云端能量课表中包括品味经典、智巧数学、奇妙世界、美术长廊和艺术欣赏等课程，还有综合拓展类的魔术日、脑洞日、智慧日等系列主题课程。为丰富学生居家生活，学校已将生态解码系列课程写入云端能量课表。

（2）结合植树节启动项目：植树节也是学校智慧日，我们实施了生态解码系列中的“春天的自然云笔记”，通过该课程唤醒学生对生态的再思考，引导学生做大自然的孩子，借大自然的智慧，揭大自然的奥秘，理解大自然、感恩大自然，实现“从我做起、从现在做起、从小事做起”，为疫情期间的“停课不停学”增添趣味，获得了师生较好的评价，学生成果类型丰富。

2. 解码春天：最萌的自然笔记系列

“寻找春天，童话花语”作品集

“敬畏春天，播种希望”作品集

“灵动春天，花器‘智造’”作品集

"治愈春天，养心花茶"作品集

"感恩春天，食物溯源"作品集

"探秘春天，生态花园"作品集

七、项目反思

（一）项目反思

本项目以疫情为大背景，引导学生思考人与自然的关系，契合当前社会背景，让本项目更具有现实意义。

疫情期间，我们巧用家长资源。学生和家长有很长一段时间宅在家，家长成为项目开展的有力监督者和助力者，为项目顺利开展提供后盾。由于网课需要，大部分学生配备了移动终端，为本项目开展过程中相关资料的搜寻、查找提供了硬件基础。宅家期间学生有更多的自由支配时间，确保了本项目开展的时间条件。同时，借助移动终端和各类平台，教师能及时、多方对学生进行指导、评价和展示。

（二）后续规划

当然，本项目依旧有可以继续改进的地方，比如在分年级开展子项目的基础上，如何将每个年级的活动升级，挖掘每个年级一系列有梯度的活动，如何加强本项目的防疫影响力等。

学生在本项目中应用多学科知识，了解自然，感恩自然，并用自己的方式为防疫献出一分力量。为充分巩固和应用学生在项目中的学习成效，更好地学以致用，让人与自然和谐共处的生态观更加深入人心，我们将理念落至校园农场，让学生为校园农场的生态建设献计献策。

学军小学空中农场是学生学习和实践的天堂，为充分发挥空中农场的教育作用，学校开设了"我的空中农场，我的科技主场"活动，如图5所示。

本活动旨在引导学生利用多学科知识，为农场生态建设贡献自己的一分力量。这也是对本项目的深化和升华。

“我的空中农场，我的科技主场”系列活动

亲爱的同学们：

我们的“空中农场”既需要劳动来维持，又需要技术来支撑，更需要创意来升级，现在学校以“空中农场”为平台，开展系列活动，期待大家的参与。

- **系列一：智慧空中农场我研究**

小研究员们，让我们立足农场现有的问题，一起开展实验或研究，在探究中优化建设农场的方法吧！

- **系列二：现代空中农场我“智造”**

小创客家和小发明家们，让我们积极动脑动手，通过现代智慧农业方案让空中农场更加有趣吧！

- **系列三：创意仿生产品我设计**

空中农场作为我们学军小学的“网红点”，也想拥有它自己的周边产品，让我们一起来设计吧！

本次活动自愿参与，如果你对某一个项目感兴趣并且富有创意，请加入我们吧！

图 5　“我的空中农场，我的科技主场”活动海报

点评

项目化学习中的学科协同

真实情境衍生的各类项目主题通常都是以开放的、非良构的形态呈现。解决真实问题，需要有效运用学科知识，通常不能局限于单学科的知识和方法，需要打破学科之间的壁垒，综合运用多学科知识来解决问题。“生态解码：春天的自然云笔记”中，将项目放置在“春天”这一开放情境中，以“认识自然，保护自然”为纽带，从劳动、技术、生命、健康、感恩、营养等角度架构出适合小学生探索实践的子项目，每一个子项目都需要多学科知识的融入，项目设计和实施中的多学科协同的特点也就跃然纸上了。

其一，回归真实情境的项目设计，让多学科融入成为必须。“生态解码：春天的自然云笔记”是一个以疫情为大背景，以春天为切入口，以人与自然关系的思考和理解为学习线索的综合项目。该案例中，根据学生年龄特点设计的六个年段项目，很好地渗透了STEAM教育理念。根据学生的认知水平，各年级项目的目标有所不同，但都体现了科学、技术、工程、艺术、数学素养等综合角度的设计。综合素养目标的确立，使学生完成项目任务时，必然要将经典学科知识综合运用到具体项目的分析研究中去，需要在学习过程中调用已有知识，综合运用知识来解决问题。

其二，依托年级项目综合推进，让学科协同成为可能。在学校里，组织形式制约着多学科协同开展项目化学习通道的通畅性。单学科团队发起的综合项目化学习常常在一些学校泾渭分明的分科管理体系中无法顺利开展。在“生态解码：春天的自然云笔记”这一案例中，学校将项目放到年级团队中来进行，即一个年级一个项目，同时将年级项目再分配到班级项目中去，项目的组织、实施和跟进指导不是几个科学老师的任务，而是年级团队中每个老师的工作职责。这样的组织架构为多学科协同开展项目化学习指导提供了机制的保障。与此同时，学校云学习平台的启动，也为以学生的学为中心的、综合的项目化学习提供了更好的资源支撑。

（浙江省教育厅教研室　方凌雁）

项目 11

防疫需求攻略：制作居家防疫“小处方”①

一、项目简介

新冠病毒传染性很强，病毒传播期间暴露出了巨大的防疫需求，如口罩等用品的短缺、废弃口罩的处理等。针对特殊时期的真实需求，学校实施了线上项目化学习课程。该项目面向四年级学生，共 7 课时，借助学习圈、工具单等支架，结合科学、美术、工程等学科，使学生在教师的远程指导下解决实际需求。线上课堂中，学生聚焦活动规范的了解与作品展示，线下则进行资料调查与产品制作，体验真实防疫生活，树立科学防范意识。

二、驱动性问题

地球上多种多样的微生物与我们的生活密切相关，引发此次疫情的新型冠状病毒就属于微生物的一种，肉眼难以观察。对此，如何科学地防范疫情呢？为什么需要勤洗手？外出时要如何防护？用过的口罩如何处理？你知道了防范的方法后又如何让身边的小伙伴们也了解这些好方法呢？

三、学习目标

1. 知识目标

（1）通过调查与分析活动，认识新型冠状病毒的结构与传播途径。

---

① 本案例由杭州市下沙第二小学吴开拓老师提供。

（2）通过调查与分析活动，了解新冠肺炎患者的症状。

（3）通过开展产品制作、洗手对比等探究活动，知道防护病毒入侵身体的主要方法。

（4）了解制作口罩、护目镜等产品时的材料选择与技术加工，知道相关材料的性质与应用原则。

（5）知道工程设计的基本步骤包括明确目的、确定方案、设计制作、改进展示。

2. 能力目标

（1）借助支架式的学习单与互联网，掌握信息收集的方法与技巧，增进对新型冠状病毒的认识。

（2）能够利用比例尺等数学工具，绘制产品设计图，发展产品设计的能力与素养。

（3）能够根据设计要求，设计、制作、评价、改进自己的口罩、护目镜、收纳箱等防疫产品，发展用工程设计思维改造生活的能力。

3. 态度目标

（1）认真绘制设计图，完成学习单并制作产品，培养认真细致的学习态度。

（2）认识到病毒对人健康的危害，学会用科学手段保护自己。

（3）能科学、综合、全面地评价其他同学的产品与展示讲解，培养客观看待事物的理性视角。

（4）完整体验工程设计的过程，体验工程设计的乐趣。

四、项目评价

（一）评价策略

对项目化学习成果的评价可以采用多样化的评价形式，促进学生自主学习习惯的培养。

1. 鼓励多元的学习成果呈现形式

学习评价要聚焦学生的学习成果，学习成果不论是载体还是内容，应当注重多元性，鼓励学生多样地呈现自己的所学。引导学生在调查研究、项目实践、实验探究、成果展示等活动中强化对科学观念、科学方法的认识，促进防疫观念的深化。在此过程中，学生可以充分利用家庭中的现有材料和工具，借助信息技术，最终形成电子小报、防疫产品、音频、视频、思维导图等多种形式的成果，具体如图 1 所示。

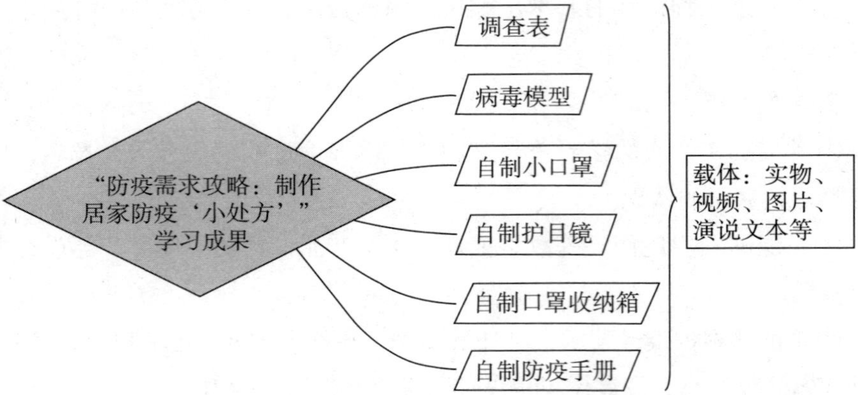

图 1　学习成果图

2. 关注过程性评价

过程性评价考查学生实践的过程，考量学生在项目研究中投入的状态，需要教师明确学习过程中待评价的各个要素，并将评价要素定量化，鼓励学生开展自我评价、组内评价。

在此需要学生留存相应的文字、图片、视频等生成性学习材料，作为过程性评价的重要依据。同时还要借助功能性的量化评价表，将学习成果可视化。这样既能给学生充分的研究提示，又能引发学生的自我思考与自我修正，有意识地改进学习成果。

3. 进行动静结合的终结性评价

终结性评价基于学生探究与实操后的真实体验，以展示成果为主，是项目评价的重要组成部分。公开展示不仅能让学生增强学习积极性，还有利于对学习成果开展讨论分析，更能对活动进行完整的总结，这样的项目化学习更具真实性。

（1）开展成果静态展示。在钉钉班级圈按主题展示学习成果，包括手抄报、学习单、产品照片等，并鼓励学生开展投票评价。

（2）开展线上动态展示。邀请学生自主制作 PPT，撰写介绍词，在线上课堂通过连麦和互联网远程协作的方式，在全班、全年级同学前介绍自己的学习成果，完整体验项目发布的流程和乐趣，培养学生撰写文本、演讲等能力，为本次项目的学习画上句号，使得学习形成一个完整的闭环。

4. 创立个人档案

在学习过程中，鼓励学生保存生成的学习材料与学习成果，生成个人学习档案，这些可以让学生回顾自己项目研究的过程，促进自我反思。

（二）评价依据

疫情打破了原有的学习时空，我们将知识、能力、态度三个层次的学习目标进行拆分与细化，并赋予学生、家长等不同评价者评价权，对学习成果进行多维度的量化评价。

知识目标的评价，主要的来源是教师对每次作业的批改，贯穿每个章节的学习过程。能力目标的评价则是学生个体或是小组在某个课时的学习结束时，利用教师所给的自我评价表进行自我赋分，如表 1 是各类调查活动的自我评价表。

表 1　小组互评表

小组成员		组员 1	组员 2	组员 3	组员 4	组员 5
团队评价内容及等级（等级分为 1 星、2 星、3 星）	调查设计方案是否完善					
	调查信息是否可靠					
	调查媒体是否权威					
合计						

其中对产品的评价也归类到能力评价中，多以产品展销会或是学习圈成果交流的形式展开，学生们有了更多交流讨论的机会。评价的内容不仅仅是

产品本身，还包括图片、视频等生成性材料，这也是对态度、能力、知识的综合性评价。如表 2 为“口罩征集令”子项目中对口罩设计的评价表。

表 2　口罩设计评价表

评价者：

姓名	设计图	材料	是否美观	防护效果	文稿解说

疫情期间居家学习，教师难以对学生的学习态度进行评价，因此需要借助家长来丰富评价维度，如表 3 是家长对学生的学习态度进行评分的依据。

表 3　学习态度评价表

学生姓名：		家长姓名：	
此表由家长根据学生的学习态度进行评分，每项最高 3 分	是否利用学习圈与家人、同学开展合作学习	是否能专注地开展调查、制作等学习活动	课后是否对学习单、防疫产品进行改良与优化

最后用表 4 对学生各课时的学习得分进行统计，生成个人学习档案。据此可以评价学生单个任务的完成情况，也能对知识、能力、态度等单个维度的目标达成情况进行评价，并据此进行最终的评价奖励。

表 4 项目最终得分表

学习者：

	任务一	任务二	任务三	任务四	任务五	任务六	总分
知识得分							
能力得分							
态度得分							
总分							

五、项目实施过程

（一）项目总体安排

本课程共有六个项目，项目活动安排如表 5 所示。

表 5 项目活动安排表

项目名称	活动安排	学科	学习目标
新冠病毒知多少	驱动性问题：是什么引起了此次新冠肺炎疫情？ 课时安排：线上 1 课时 + 线下。 活动内容：在线下任务型活动“调查新冠病毒”中，学生以小组开展网络调查，合作完成教师指定的调查学习单，了解新冠病毒的外形、传染途径等知识，并通过线上课堂交流展示。该活动指向科学探究与交流。 在导入式活动“制作新冠病毒模型”中，学生在调查学习的基础上，开展选材活动。课后学生利用家中现有的材料，制作一个新冠病毒模型。该活动指向科学观念与应用。	主要学科：科学 关联学科：信息技术	知识目标：知道新冠病毒的外型，传播途径有飞沫传播、气溶胶传播等。 能力目标：利用网络查询完成学习单，提升收集资料的能力。 态度目标：认真了解新冠病毒的起源与传染途径，明白防范新冠病毒的有效途径，培养保护好自己的意识。

续表

项目名称	活动安排	学科	学习目标
手『护』健康	驱动性问题：你知道洗手和防疫之间有什么联系吗？ 课时安排：线上 1 课时。 活动内容：在线上探究活动“七步洗手法”中，教师向学生介绍“七步洗手法”，并进行对比探究实验——两只手上涂上荧光粉，一只仅仅用水洗，一只用“七步洗手法”洗，再用紫外线灯进行对比，帮助学生意识到有效的洗手方法可以帮助我们远离微生物的侵害。该活动指向科学观念与应用。	主要学科：科学	知识目标：知道利用“七步洗手法”和消毒洗手液能够去除手上的微生物。 能力目标：利用对比实验，证明“七步洗手法”的有效防护功能。 态度目标：认真设计、实施实验。
口罩征集令	驱动性问题：疫情期间外出，需要哪些装备？ 课时安排：线上 1 课时 + 线下。 活动内容：利用驱动性问题唤醒学生对口罩的防疫需求认识。在线下任务型活动“调查口罩”中，学生小组通过网络合作调查有关口罩的信息，并绘制成思维导图，在线展示，同步更新在班级网络学习圈。该活动指向科学观念与应用。 在线下任务型活动“口罩制作”中，学生利用网络资源制作一个家庭小口罩，并在父母协助下，制作说明手册或解说视频，在班级网络“学习圈”予以展示。该活动指向工程与设计、科学探究与交流。	主要学科：科学 关联学科：信息技术 工程技术	知识目标：知道口罩的种类有普通医用口罩、N95 口罩等；知道佩戴口罩可以过滤有害的气体、气味、飞沫，能帮助我们阻绝病毒的侵犯。 能力目标：利用网络完成学习单，掌握收集资料的方法；了解口罩的材料选择方法。 态度目标：以事实为依据，开展交流研讨。

续表

项目名称	活动安排	学科	学习目标
小小护目镜	驱动性问题：疫情期间外出，需要哪些装备？ 课时安排：线上1课时＋线下。 活动内容：在上节课中学生已经认识到了疫情期间人们对口罩的需求，本节课则继续拓展学生对护目镜的认识。在任务型活动“制作护目镜”中，教师通过线上课堂对护目镜的使用、结构等进行讲解，线下学生参与护目镜的设计与制作，并制作说明手册或解说视频，在班级网络学习圈予以展示。该活动指向工程与设计、科学探究与交流。	主要学科： 工程设计 关联学科： 信息技术 美术	知识目标：知道护目镜可以防止病毒从眼中进入我们的身体。 能力目标：利用网络搜索完成学习单，掌握收集资料的方法；了解护目镜的材料选择方法。 态度目标：与同伴合作探究，并以事实为依据，开展交流研讨。
制作一个口罩收纳箱	驱动性问题：用过的口罩该如何处理？ 课时安排：线上2课时＋线下。 活动内容： 课时1：在前面的学习中已经发现了学生对口罩的需求，由此与本节课的驱动性问题挂钩，唤醒学生对口罩收纳箱的实际需求。任务型活动“制作一个口罩收纳箱”中，教师在线上课堂着重于学习情境的创设与制作任务的介绍。学生根据任务要求在线下完成对口罩收纳箱的设计，并绘制设计图，再利用家中已有的材料对收纳箱进行制作。该活动指向工程与设计。 课时2：线上展示活动“我的口罩收纳箱”中，从各班级选择完成较为优秀的收纳箱进行展示，再选出一部分学生作为评审团。学生利用连麦功能，对自己的作品进行展示讲解，在全年级同学面前呈现。评审同学则根据老师所给的评分表进行打分，选出最为优秀的一份予以奖励，其余作品展示在班级学习圈中。该活动指向科学探究与交流。	主要学科： 工程设计 关联学科： 美术 数学	知识目标：认识到使用过的口罩表面有非常多的微生物，不利于健康，应当集中处理。 能力目标：规范绘制设计图，注意制作收纳箱的材料选择。 态度目标：规范、认真地完成设计图绘制与产品的制作；能科学、综合、全面地评价其他同学的产品与展示讲解。

续表

项目名称	活动安排	学科	学习目标
做一本防疫手册	驱动性问题：有哪些途径可以让身边的小伙伴了解科学防范疫情的方法？ 课时安排：线上 1 课时 + 线下。 活动内容：任务型活动“做一本防疫手册”中，教师在线上对防疫手册的功能与样式进行介绍，帮助学生对课程进行总结回顾，学生在线下自主完成防疫手册的制作，并于班级学习圈、家长朋友圈中展示，号召更多人做好防疫工作。该活动指向科学责任与态度。	主要学科：美术 关联学科：语文	知识目标：对新冠病毒的传播、新冠肺炎的症状和防护措施等知识进行统一回顾，呈现在防疫手册上。 能力目标：通过对新冠病毒资料的收集与整理，利用手绘、信息技术等方式制作自己的防疫手册。 态度目标：规范、认真地完成防疫手册的设计与绘制。

（二）实施过程

下面将以“制作一个口罩收纳箱”为例，介绍实施过程。

驱动性任务：用过的口罩该如何处理？

活动过程如下。

1. 发现实际需求

在本项目实施前，教师分享一则“二次贩卖使用过的口罩”这一违反法律法规的新闻，学生提前进行简单的调查，从而与驱动性问题相联系——用过的口罩应该如何处理？

在正式的线上课堂上，学生围绕“二次使用口罩”这个话题，分享自己的调查发现，引起同学们的深层次思考。学生的集中反馈如表 6 所示。

表6 调查集中反馈表

二次使用口罩的危害	应对策略
扩大传染范围，造成二次污染； 使用过后口罩松弛，防护力下降； 落入不法分子手中二次贩卖； 滋生其他微生物，有害健康； ……	口罩二次消毒再利用； 不随意丢弃用过的口罩； 口罩集中消毒； 口罩集中销毁； ……

结合学生的调查结果，引出口罩收纳箱在疫情期间的使用价值。再利用问题串与头脑风暴的形式，总结归纳非常时期对口罩收纳箱的实际需求：

（1）体型小巧不占面积；

（2）能收纳一定量的口罩；

（3）能够容纳一瓶酒精用于消毒。

2. 开展产品设计

教师展示一些常见的设计图让学生参考，明确好一份设计方案需要具备哪些要素。学生经过讨论与分析，最终确定了设计图、产品结构、产品功能、材料、美观度、产品介绍等几个要素。

在明确设计方案的要素后，师生围绕设计方案的评价标准进行讨论，最终达成统一的意见，从而实现对各个要素在维度上的评析与分类，根据完成度分为A、B、C三个等级，得到口罩收纳箱的产品评价分析表（见表7），并以此作为产品的最终评价工具。学生以产品评价分析表作为参考，开展设计活动，在设计时预先考虑产品的可行性。

表7 产品评价分析表

标准 等级	设计图	结构	功能	材料	是否美观	产品介绍
A等	在选材、尺寸、功能等方面做了全面呈现	运用了框架、拱形等多种结构，且体型小巧不占面积	能够容纳较多的废弃口罩和两瓶酒精，附带其他创意功能	能够运用多种材料，且能充分回收利用废弃物	有对产品进行美化装饰，符合一定的审美需要	语言流畅，能较为全面地介绍自己的产品

续表

标准 等级	设计图	结构	功能	材料	是否美观	产品介绍
B 等	只呈现了选材、尺寸、功能等某一方面的设计	结构设计较为单一，但是体型小巧不占面积	能够容纳较多的废弃口罩和一瓶酒精	能够运用多种材料	有对产品进行美化装饰，但总体较为简单	语言流畅，但是介绍产品不够全面
C 等	在选材、尺寸、功能等设计上有所欠缺	结构设计较为单一，同时体型占用较大面积	能够容纳较多的废弃口罩	使用材料较为单一	没有对产品进行美化装饰	语言不够流畅，产品介绍不够全面

3. 产品开发优化

课后学生根据设计方案，对产品进行加工制作，期望用成本低廉的可回收材料制作收纳箱。同时，教师还利用学习圈营造居家合作学习的高效空间。

在“亲子学习圈”中，请家长助力，协助孩子一起解决在制作过程中出现的困难，如在材料收集、工具使用方面给予指导等。家长还承担了评价者的角色，针对孩子线下学习的学习态度、学习积极性等进行评价。

利用钉钉等协作平台开展“伙伴学习圈”，学生将实际产品在学习圈中展示，分享设计、制作过程中出现的困难及解决方案，开展圈内互评与教师点评，在讨论中实现产品的迭代更新，得到各式各样的收纳箱实际产品。

之后，利用评价表（见表 8）对改进后的产品进行评分，综合考量产品的实际价值，选出最为优秀的一份参加班级内的产品展销会环节。

表 8　口罩收纳箱评价表

评价者：

姓名	设计图	结构	功能	材料	是否美观	产品介绍

4. 线上产品展销

展销会包含了展示、答辩、总评等评价流程（见图2）。参赛的“设计师”自备讲稿，从选材、设计等多个方面对产品进行展销介绍。介绍结束后，允许评审团对产品进行质疑或提建议，“设计师”进行现场答辩，针对评审团的疑问进行解释；针对不足之处，课后予以改进。选出评分最高的一组，予以嘉奖。

图2 线上产品展销会流程图

六、项目成效

（一）促进了学生的综合学习

本项目结合多门学科的特点把学习置于复杂、有意义、真实的疫情情境中，精心设计符合学生学习心理的内容，把学生的学习体验、探究放在首位，将实践视作内核，用学习圈弥补沟通合作的缺失，切实地提升学生的核心素养。

本项目通过让学生合作解决真实的防疫相关问题，来学习隐含于问题背后的科学知识，形成问题解决的技能，并发展自主学习、合作探究的学习能力，升华防疫的意识。在此过程中，学生的审美、动手、思考、探究等能力都有了不同程度的提高，他们用切实的实践去解决一个又一个的驱动性问题，真正走向综合性学习，指向问题解决式高阶思维的发展。

（二）生成了网络项目案例库

线上学习的成果形式多样，包括视频、音频等数字资料，也有调查表、手工产品等实物作品，还有孩子们留存在班级群、钉钉群、家长群里的思考和记录，在这些平台中孩子们留下了线上学习的足迹。更值得一提的是，孩子在和父母、同学的亲子协作、伙伴互助的学习过程中，升华了彼此的情感。这些宝贵的学习素材，成为孩子们独一无二的个人学习档案，它们见证了疫情期间孩子们在学习上的挫折与成长。

（三）组织了网络合作学习圈

合作学习是一种重要的学习方式，为此我们组织了两种学习圈，指向学生在特殊时期项目化学习中沟通能力的培养。

1. 亲子学习圈

在活动中需要学生注意留存相应的文字、图片、视频等生成性学习成果，作为过程性评价的重要依据。因此，需要借助家长的力量，协助学生收集材料、参与制作、拍摄成果集等。最终，学生结合资源包开展项目活动，家长负责监督、指导、优化项目产品制作，在活动中升华亲子关系，让活动更具开放性。具体模式见图 3。

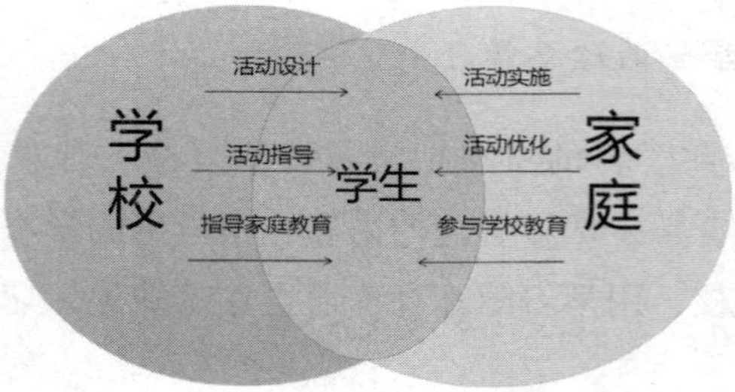

图 3　亲子学习圈

2. 伙伴学习圈

利用线下课余时间开展“伙伴学习圈”的活动。通过组建同质、异质班级学习圈等，激发学生交流分享的兴趣，利用“帮扶”“协作”等组合形式，重视不同学生学习水平、学习风格、学习能力的不同，在学习圈中开展探究调查、产品制作，鼓励每个学生在合作学习中发挥自身价值，共同进步。

七、项目反思

线上实施项目化学习取得了一些成效，但仍然存在一定的难度，到底如何破局，发挥网络远程学习的优势，把疫情下的居家学习做成亮点，是一个值得深思的话题。在第一次项目实施过程中，由于学习支架的设计、学习圈规则指定的不完善，学生对活动内容的操作存在不恰当之处。经过两次修改完善，有了较好的实施效果。对此，我们有以下体会。

（一）设计支架，进行学习体系的资源准备

疫情期间让学生以小组为单位进行实践活动，针对调查活动，学生组成了网络“伙伴学习圈”分组研讨、调查，以小组为单位汇报调查成果；针对项目产品制作，学生与家人组成“亲子学习圈”，合作完成产品的设计、制作活动。线上课堂搭建交流分享的平台，线下平台孕育自主学习的土壤。

（二）紧扣主题，建设线上项目的资源生态

要对学生学习过程中可能出现的问题进行预设，建设能够满足学生需要的线上知识解析资源包（见图4），助力学生自主学习。因此，一是要做到载体多样化，对视频、图片、文本等多形式的主题资源进行整理，丰富资源的表现形式。二是力求概念支架化，注重各主题资源深度的阶梯性，实现知识与技能解析的层次化，实现精准指导。三是资源主题化，聚焦疫情防护，学有所得，学有所用。

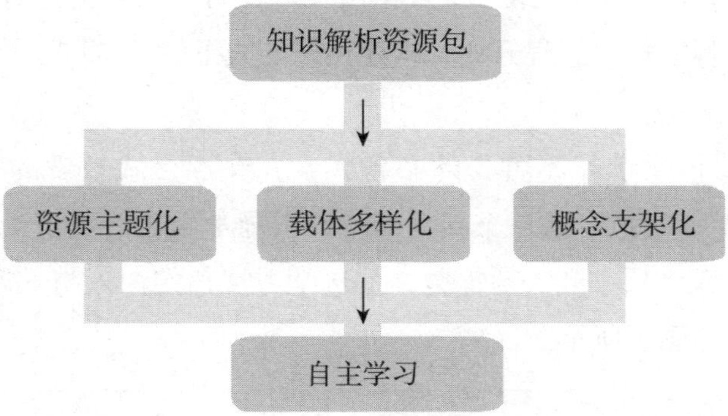

图4　知识解析资源包示意图

（三）基于任务，开发线下项目活动的工具

线下学习活动是对线上活动的巩固与延伸，有效的线下活动是对学习的应用巩固和深化拓展。线下活动不应当是盲目的，而应是有迹可循的，开发

线下项目活动的有效工具，能提升学习活动的价值。

1. 准备思维拓展性的支架学习表

远程项目化学习对小学生而言存在困难。学习表可帮助学生拓宽思维，给无从下手的学生提供探究脚手架，还可以规范学习的成果，让学生基于调查结果探讨课堂问题。

2. 运用思维创造性的探究学习法

项目化学习不能流于形式，绝不是简单地让学生完成活动，而是要让学生经历有意义的探究实践历程。因此，在引导学生学习时，需要注重以下要素：

（1）可选空间

项目化学习应给予学生可选择的空间，尽可能提供多元的学习实践，以满足学生的多元需求。空间包括活动空间、个性空间、成果空间三个方面，兼顾学生个性的多样性、经验的差异性、学习风格的多元性，让项目化学习更具包容性。

（2）助力自主

项目化学习需要学生亲身实践，这种实践包含“做”与“学”，既包括对知识的深度理解，又包括技能的训练。需要教师从“线上资源建设”“构建合作学习”“学习任务明晰”这三个要素出发，针对学生自主学习的需求，做到指导及时、流程完备、过程开放，构建良好的线下活动氛围。

（3）加强探究

探究是项目化学习不可少的必备元素，在混合式教学的背景下，要从“情境”“支架”“开放”这三个视角落实，引导学生在情境背景下，以支架为抓手，由浅入深、从小到大地探究，促进学习视角的深入与学习成果的完备。一般操作路径如图 5 所示。

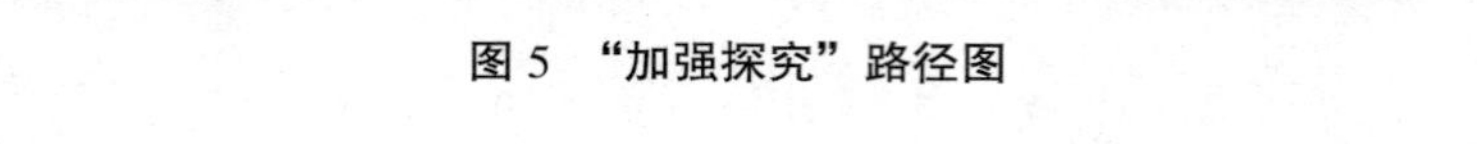

图 5 “加强探究”路径图

点评

项目化学习中的目标与评价设计

目标与评价是指导、检验学生学习效果的方法，也是教学的有机组成部分。项目化学习和其他课程一样，都需要设置匹配的目标和评价，但项目化学习和其他课程的目标与评价设计又有一定的区别。项目化学习往往涉及多个学科，需要根据项目化学习的不同类型和各学科的融合程度设计相应的总体目标或各学科各自的素养目标。该项目就分别指向知识目标、能力目标、态度目标，设立了不同层次的目标和相应的要求，能够较为全面地体现多学科项目化学习的特点，既包含多学科协作的元素，又呈现出不同学科素养的特色。

评价部分，该项目采用表现性评价和结果性评价相结合的方式来推进，设计多主体、多途径评价体系，如教师评价、自评和互评，且量化评价标准。项目实施过程中，学生充分利用家庭内有限材料，借助信息技术与手工工具，最终形成电子小报、防疫产品、音频、视频、思维导图等形式的成果，针对这些成果和各类调查表，以小组互评的形式进行过程性评价。终结性评价主要通过在成果展示平台和班级学习圈展示学习成果，并由民主评审团打分；同时将学习过程中生成的文字、视频、图片等材料汇总，形成防疫学习档案，用于记录疫情期间的网络课堂学习情况，以进行自我评价。民主评审团这一形式也值得一试。此外，也可以借鉴其他项目中采取的师生共建评价标准的方式，既帮助学生把握成果形成的方向，也激发了学生的学习热情，发挥以评促学的作用。

（浙江大学教育学院　刘徽）

PBL

重新定义学习：
项目化学习 15 例

第三部分

学科项目化学习

导读

以学科项目化学习改进日常教学

项目化学习的学科内实践形态，是与以分学科课程为主要教学和评价形式的教育情境相一致的。学科教学与项目化学习的融合，是学科教学方式变革的重要途径，也是课程与教学适应育人目标的需求。学科项目化学习的实践探索，将是开展跨学科和超学科项目化学习的基础，也是为学校全面进行项目化学习积累经验。

一、概念和内涵

学科项目化学习主要以学科内的核心知识或技能为载体，以综合学习为表现形式，以核心素养的培育为关键指向。当然，所谓的“学科内”也是相对的，基于社会生活的问题解决过程不会机械地局限在单个学科内，而是会随机地扩展至其他学科和领域。因此，学科项目化学习以某一主体学科为依托，也可能会以其他学科的知识为支撑。

学科项目化学习体现对学科的本质性理解。涉及某个学科内容的知识往往是大量的，但指向学科内容本质的核心概念却只占少数。学科项目必须以该学科内容的核心知识和技能为圆心去进行设计、开发和实施，这些核心概念将贯穿问题解决的整个过程，以至最后成果的形成和评价的开展。

学科项目化学习不是单一知识点的简单运用，更不是告知学生学科相关知识和技能，而是设置真实或模拟真实的情境，引导学生在自主探索过程中逐步建构起学科核心知识，并且这样的知识是学生能够随着情境的变化而主动迁移运用以解决实际问题的。因此它有别于传统的学习方式，其学习过程会延长，学生学习的独立性和自主性会增强，学习空间也更开放。

显然，以建构知识、迁移运用为中心的学科项目化学习的综合性也变强了。教师要引导学生从现有经验和水平出发，帮助学生简约地经历人类发现和建构知识的关键环节，促使学生思考知识发现与建构的社会背景，体验人类实践探索的思想历程、价值追求，评价知识以及知识发现与建构的过程等。在较为复杂的学习过程中，学生可能要进行合作性的探索、争论性的沟通、思辨性的比较等，在实践中生发创造性、批判性、合作性等多方面的核心素养。

当然，这种综合化的学习对学生的学习能力也提出了较高的要求，但其中包含的学、教方式变革会促进学生真实学习和深度学习，以提高学习效率，增强学习能力，形成核心素养。学科项目化学习的探索还会为学校进一步的课程调整和课程结构化改革以有益的启示，更有力地推进项目化学习的全面覆盖。

二、特征和操作

学科项目化学习从传统的学科教学内容和教学形式中生长起来，天然地带有传统的、保守的气息，于是也更容易为现实环境所接纳。但在实践过程中，学科项目化学习的推进必须凸显其依托学科的“项目化”特征，从传统的以知识传授为中心的学习方式中挣脱出来，引导师生开展整体的、综合的、深度的学习实践活动。

1. 明确的核心知识

学科的本质主要体现在该学科的核心概念、知识和技能上。学科项目化学习开展的前提，是从大量而零散的知识点（事实性知识）中寻找和提炼出核心的概念性知识。知识点是最底层的具体的知识，无法迁移和运用，不适合进行项目化学习。项目化学习要指向对概念的本质性理解，要引导学生在变化的情境中丰富对概念的认识，并以概念为工具去迁移、运用，以解决实际问题。传统日常教学中，比较常见的是知识点的教学。项目化学习需要对知识点进行升级，通过整合各种知识点，让学生将知识点作为材料和内容进行抽象性思考。当然，核心概念知识的习得，要比知识点的学习经历更持久、更复杂、更艰难的历程，因此，开展学科项目化学习，就意味着要突破单课时制，要从用若干节课对一个概念完整理解的视角来进行设计。

核心概念的提取有两种方式。一是上溯法，即自下而上的构建，从知识点出发，往上寻找这些知识点中共同覆盖和指向的上位概念。比如语文学科开展戏剧的项目化学习，课堂中普遍的知识点教学涉及语言品析、情节梳理、人物分析、主题理解等。如果将这些知识整合在一起，就会发现“矛盾冲突”是这些知识点的关键概念，而“矛盾冲突”是戏剧最核心的知识。戏剧是舞台上的表现，“矛盾冲突”是舞台上的灵魂，冲突越激烈，戏剧越成功。

第二种方法是下探法，这是自上而下的构建，从课程标准等上位的学科抽象概念往下寻找特定的对应的知识内容。有些学科的课程标准本身就是按照从学科核心概念出发的方式来设计的，比如数学和科学，找到不同层级的概念相对就比较容易；而另一些学科如语文和英语，寻找核心概念则相对比较困难。

明确了学科核心知识，项目就有了精确的学习目标，这是开展有效学习的重要保证。学科项目化学习不是综合化的学科内容大杂烩，而是以核心知识和概念统摄的具有目标指向的综合性学习实践活动。

2. 整体的驱动任务

以知识点展开教学的方式符合人的逻辑思维规律，但不容易让学生建立起知识点间的联系，难以形成对知识的整体认知。尽管学生能搞明白一个个知识点，但解决问题的能力可能不会有明显提高，原因就在于知识连接点的理解和应用出了问题。学科项目化学习就是引导学生通过整体性学习，以建构核心概念的整体认知。因此，学科项目化学习的设计与开展，要有基于整体性学习的驱动任务来带动学生的学习和思考。

挑战性是项目化学习驱动性任务的重要特征。不论是单元整体学习还是概念体系的整体学习，驱动性任务的本质都应该是能引发学生对学科本质问题的高阶思考。一个好的驱动性任务要能够给学生提供多向度的探索空间，能激发学生学习的内在动力，也能提纲挈领地指出持续思考、自我探究的方向。

开放性是项目化学习驱动性任务的另一个特征。既然是一个整体性强的综合项目，也就没有什么“正确”的答案，更不可能在书本或工具书、资料库中找到现成的答案，学生必须根据已有知识进行思维加工或产生联想，才能形成关于问题解决的思路。问题的答案不唯一，有开放的空间，学生才有可能基于核心知识，根据阅历见识去展开创造性的讨论和探究，最终形成整体性的成果。

驱动性任务要能激发学生探索的欲望，就有必要强化学习与社会生活的联系。因而，情境性是驱动性任务天然的外壳。基于核心知识与社会、生活、科技前沿相联系的关联学习对于解决相关问题有非常重要的作用。引导学生将学习内容与当前的社会实践、日常生活和科技发展相关联后进行拓展学习，建立学习内容与社会、生活与科技前沿的联系，进而培养学生联系实际的能力。基于真实情境的任务设计对于学生会更有亲和力，更能激发学习的兴趣。

3. 持续的实践探究

学科项目化学习是以学科核心概念为主导的综合性实践学习，具有时间周期长、认知层次高、自主性强等特点。因此，如何引导学生持续地经历有意义的学习实践历程，就显得非常关键。

有序的进程设计。项目化学习注重“做”中“学”，看起来，任务目标是完成一个项目，形成一个成果，其实质是对核心知识概念的深度理解和迁移运用。项目程序较为复杂，教师就更有必要设计有序的学习流程。一般的流程包含这样几个内容。一是引入项目，通过真实或模拟真实情境将学生带入项目，提出驱动性任务，以引发学习热情。二是建构知识与能力，将情境任务与学生的已知知识、经验形成关联，激发学生探索未知领域的核心知识，以支撑目标任务的完成。三是形成初步成果，在“做”项目的过程中深入理解和运用知识，形成解决问题的路径并产生初步成果。四是评价和修改，通过学生自主评价、相互评价和外部介入评价等方式，对初步成果进行完善。五是分享和反思，举办成果展示，让学生相互学习和借鉴，在获得成就感的基础上，反思学习过程和目标达成度。

有效的教师指导。项目化学习的整个流程中，要保证学生开展真正的学习实践活动，让学生经历真实、深度的学习活动，而这些离不开教师切实有效的指导。项目化学习是持续时间较长的实践活动，其学习自主性和思维力程度都比较高，这对中小学生的毅力、耐心、学习基础等都提出了较高的要求，因此教师的悉心关注、耐心点拨、有效组织显得特别重要。比如在调查访问中，如何能获得更有效的信息；在需要团队合作时，如何进行有效的沟通、联系；当停留在浅层研究时，如何引导学生进入更深层次的领域进行探究；等等。这都需要教师站在学生学习的立场，从全面观照学生学习的角度，进行有效的调控。

4. 有效的全程评估

把评估放在这里讲，实在是因为这是一个敏感而重要的话题。学科项目化学习的开展，意味着学生评价将更以表现性评价为主，也就是强调以建构主义为基础的、与教学取向相一致的评价取向，其核心思想是把评价作为促进学生学习的一个重要动力。评价与教学的整合，不但注重对学习结果的评价，也注重对学习过程的评价。学科项目化学习评价将不再只是单纯的纸笔测试，而更关注的是包括对高阶思维、非智力因素等多方面的表现性评价。

项目化学习的评价设计具有以终为始、逆向设计的特点。称之为"逆向"，只是因为表现性评价在设计的逻辑顺序上与传统的内容驱动的教学模式——从教材到教学再到评价——的思路颠倒。其主要表现是：

第一，评价设计先于项目的教学活动设计。项目活动一开始，我们就要明确学习的方向和达成的目标，然后要清楚怎样的行为和成果才算达成目标，之后才能进入到驱动性任务设计中。因而，逆向设计首先就要基于学习目标设计评价标准，这样，设计的评价标准就能服务于学习目标，从而使教学指导更具有针对性。

第二，始终关注项目化学习目标的实现。项目化学习的逆向设计关注的是学生学会了什么，而不仅仅是教了什么或学了什么。因为一开始就明确了学习目标，也就是评价目标，学生就很能明白学习中的轻重缓急顺序，并据此随时调整自己的努力方向和程度，更精确地指向学习。这样的项目化学习，始终由评价标准来引领、调整、完善学生的学习，以更好地走向学习目标，真正实践"学"为中心的教学理念。

三、功能与意义

学科项目化学习适宜与课程标准、教科书等相融合，让综合化的学习方式渗透在平时的教学过程中。以学生为中心的学习是项目化学习的标志，学科项目化学习的特点在于，它是对日常学、教行为的变革，真正突破课堂改革纸上谈兵的困境；同时，项目化学习还是课程的一种组织形态。学科项目化学习的推进，其重要功能是促进“标准—教学—评价”的一体化，支持学生的学习和成长。

1.激发主动学习

项目化学习设置的情境往往与学生的学习、生活相关，这可以激发学生的兴趣，刺激学生的内在动力；同时，指向高阶思维的项目带有学习的挑战性，这是一个重要的学习促进因素，会贯穿整个学习过程。有教师设计阅读《红星照耀中国》的项目化学习，将之放进新闻采访的情境中，要求学生跟随斯诺的脚步一同来到中国苏区对特定人物和事件进行采访与新闻报道。后续阶段，学生通过自主组队成立采访团队，设计采访提纲并开展采访和写作活动。这就将静态的阅读转化为动态的活动，通过阅读和写作活动的配合，深化了对作品的理解。

2.引导真实学习

学科项目化学习要变革以听讲为主的教学模式，通过学习规划和学习设计促进学生开展真正的实践性学习，通过评价标准的先期制订来指导学生每个阶段的学习行为。比如进行有关演讲的单元整体教学，有教师把演讲教学简化成阅读教学，分析演讲词的观点、论证思路、语言风格等，这都无法使学生真正提升演讲能力。另有教师对演讲单元进行项目化学习设计，用驱动性问题激发学习兴趣，以师生设计的评价量规来规范和指导学生的学习，引导学生把握演讲词的特点，了解撰写演讲稿的技法，学习演讲的技巧，最后用演讲比赛的方式展示学习成果。这可以让学生在多样实践性学习活动中理解演讲的核心概念，提高在公开场合的演讲能力。同时，演讲的项目化学习还能促进学生迁移运用概念性知识，实现听说读写能力的整体提升，适应真实世界语言运用的需要。

3. 倡导多样学习

项目化学习是多种学习样态的综合，一个项目的研究过程可能会涉及调查、访问、拍摄、查阅、整理、争辩、写作等学习行为，学生在持续性的学习活动中锻炼了综合能力，发展了核心素养。如英语学科以抗疫为背景开展了主题为“英文图表中的生命教育”的项目化学习，其中就包含有海报制作、图表设计、演讲视频录制、小论文创作，就学习形式而言，既有个人独立阅读和研究，也有同伴、教师和社会人士的交流互动。又如语文学科以“我们的网络时代”为研究主题的项目化学习，包含了收集网络词语、开展问卷调查、进行小型辩论等环节，融合多样的活动方式、多种文本样式的阅读，引导学生在具体的任务或活动中把听说读写能力具体化。

4. 注重整合学习

当前学校课程多，学生学习负担较重，其实，有些课程之间是有内在联系的。如果我们能找到一个将其融为一体的载体，那么，学校的课程完全可以实现整合。比如有教师就将学科课程、研究性学习和社会实践活动融为一体，设计了一个主题为“身边的文化遗产”的项目化学习，将阅读、写作等学习行为与查资料、做调研等实践活动结合起来，其中包含了语文、历史（与社会）、地理、社会实践等学科因素。学科项目化学习还可以将知识、能力和价值观的培养融为一体，如历史与社会学科开展“家族寻根”的项目化学习，学习的过程就是培养家庭观念、促进家庭和睦的过程，这样的价值观是有意无意地在学习过程中渗透的，而并非是学习教材文本内容后再来强调和谐的重要性、家庭的重要性。

四、问题与建议

当前的学科项目化学习在一些地方已呈星星火燎原之势，但有些项目因各种各样的问题，反而影响了学科教学的效率。

缺乏严谨的学习设计。有些教师组织项目化学习，精心设置情境，丰富学习形式，开展多样活动，整个过程学生兴致很高，氛围很好，可是由于学习目标不清晰，或活动脱离了目标，导致只有外在活动的壳，而没有学科思维的魂。学科项目化学习不是学科的活动化，关键不在于外在形式的活泼，而是学科核心知识在情境中的再建构与创造。包蕴着核心知识的学科学习目标是统摄项目活动的内在灵魂，项目活动的设计与实施不能让学习目标和学习过程脱节。各项活动都要能指向清晰的学习目标，并能通过活动设计使目标得到最大化的落实。项目化学习是在对传统的机械操练的教学的批判中产生的，承载着改变机械、低阶、被动接受式学习的使命，旨在培养学生的高阶思维能力。

过于关注学习的结果。我们很多教师开展项目化学习都非常注重学生的成果展现，试图以学生成果的精彩来表明项目的成功。由此带来的后果是，非学生因素参与到项目中的比例过高，有些类型的项目往往由教师和家长过多代劳，而缺乏让学生不断尝试、体验失败、经历反思的过程。开展项目化学习，教师要树立“过程大于结果”的观念，不是不要结果，而是要更加关注结果产生的过程，也就是学生经历真实学习、深度学习的过程。过程中学生表现出的动手实践、同伴讨论、概念理解、知识建构等，才是项目评价的重点。

任意扩张学科化项目。项目化学习的开发和实施要结合现实情况因时、因地制宜。只有适合于当前教育教学的主体氛围，项目化学习的开展才能持久。任意扩张项目，只能使项目流于形式。学科项目化学习可以基于基础性课程来开发和实施。将教材、作业本等中的相关学习内容转化成有体系的项目，引导学生在学习活动中，通过自主、合作和探究性的深度学习，形成一定的成果。比如有初中语文教师将抗击疫情与教学内容“演讲”相结合，开发了“战‘疫’演说家”的项目。目前的大单元教学、单元重构教学都是这方面的尝试。项目的开发如果与校园文化、地域文化结合起来，会产生新的激活点，有可能使项目更系统、更有深度，而且更贴合学生的需求，更能激发学生的探索。

（浙江省教育厅教研室　章新其）

项目12

疫情中的“数”与“形”①

一、项目简介

疫情是一本生动而深刻的教科书，是一堂真实而特殊的生命教育课。疫情当下，处处是鲜活的教育素材和丰富的数学信息，看似冰冷的数据背后实则包含着无数温暖与感动。本项目以新冠肺炎疫情为背景，以生命教育为主题，将数据分析观念、问题解决能力、审辨式思维、创新思维、合作沟通能力等素养有机融合，引导学生学会科学理性地认识数据、直面疫情、尊重生命。因此，在大数据中提升理性数据分析能力、进行生命教育是本项目的出发点。

通过梳理数学知识，本项目系统设计了小学五年级数学项目：“数”说疫情、“形”说疫情、“色”说疫情、“图”说疫情、“我”说疫情。同时，这五个方面内容又分别对应着不同的数学学科素养与中国学生发展核心素养。项目时长 4 周。

二、驱动性问题

在疫情防控中，涌现出了大量的数据与图形信息。面对疫情中的数据，我们如何获取和理性分析信息，如何进行推断决策呢？面对疫情中的图形，我们应该如何读图、计算、再创造呢？

---

① 本案例由杭州市上城区教育学院提供，项目主要成员有邵虹、黄建。

三、学习目标

小学数学项目化学习突出数学学科素养，并且以学科素养为核心串联整体设计。具体设计思路如图 1 所示。

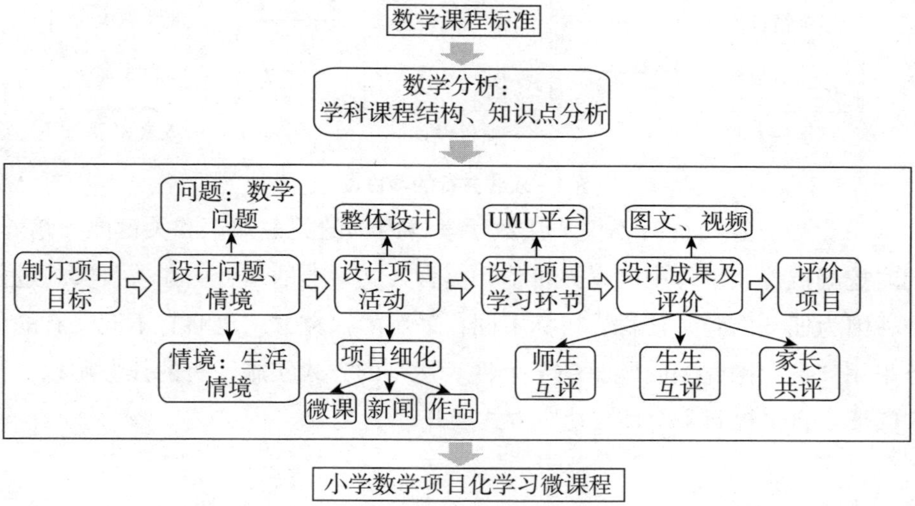

图 1　项目设计流程

该项目化学习基于数学课程标准，通过学科课程结构与知识点分析确定目标，经历问题、情境设计—项目活动设计—项目学习环节设计—成果及评价设计—项目评价的过程，逐步形成小学数学项目化学习课程。可见，小学数学项目化学习的设计十分注重数学学科素养的有机融合。

此项目立足当下真实社会事件，基于综合素养导向，挖掘有教育意义的问题和信息，通过“数”“形”“色”“图”“我”五个方面来让学生走进疫情。“数”说疫情指向数据分析、自我管理；“形”说疫情指向问题解决、技术运用；“色”说疫情指向理性分析、善于反思；“图”说疫情指向合情推理、理性思维；“我”说疫情指向综合应用、珍爱生命。

本项目采用学科素养与人文素养双线并行的方式设计。（见图 2）

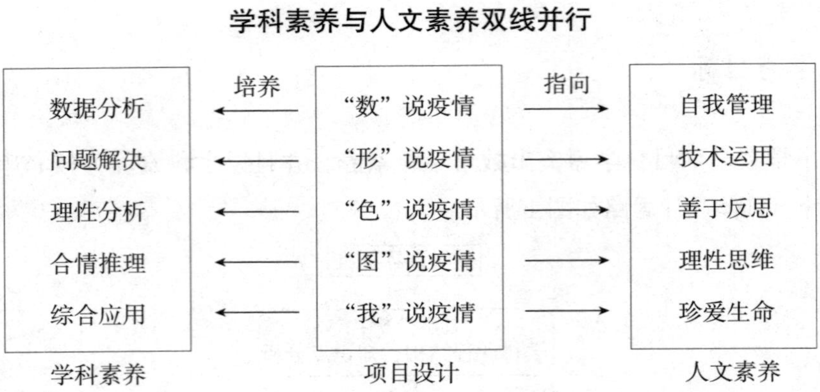

图 2　双线并行的项目设计

每个项目在设计时不仅关注数学学科内部的关键知识和关键能力培养，同时挖掘抗疫大事件中的育人价值，蕴含人文素养的培育。在项目实施过程中，因为任务内容、素材、目标不同，采用的探究方式也略有不同。有的任务采用“自主探究 + 问题驱动 + 个性表达”的方式实施，有的任务则以“自主阅读 + 自主提问 + 个性表达”方式展开。

四、项目评价

学习评价的主要目的是全面了解学生学习状况，激励学生学习，改进教师教学。本项目采用过程性评价与终结性评价相结合的方式进行考评。各任务分值如图 3 所示。

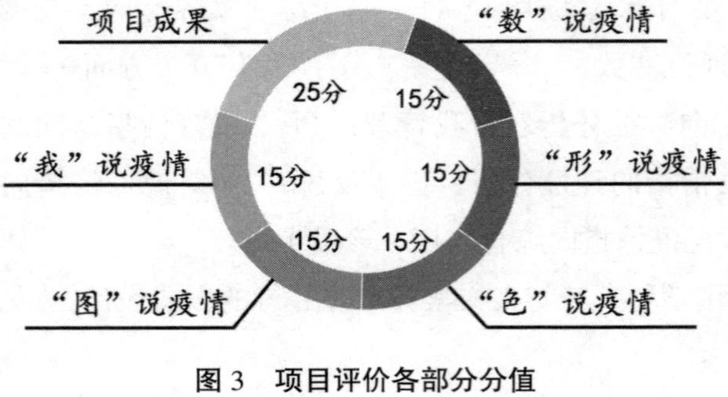

图 3　项目评价各部分分值

（一）项目过程性评价

1. 项目化学习习惯与态度评价（见表1）

表1 项目化学习习惯与态度评价

评价指标				评价等级		
一级指标	二级指标			自评	他评	家长评
我会参与	★★★：积极举手发言，积极参与讨论与交流	★★：能举手发言，会参与讨论与交流	★：少有发言，较少参与讨论与交流	☆☆☆	☆☆☆	☆☆☆
我会合作	★★★：在团队中与成员良好合作，在小组内起到领导作用，能给出建议，并且对小组贡献大	★★：帮助协作，推动小组工作，对最终成果有一定贡献	★：有参与讨论、协作，但是参与度不高	☆☆☆	☆☆☆	☆☆☆
我会探究	★★★：有强烈的求知欲，不断提出与项目有关的问题，并努力寻找答案	★★：能提出与主题有关的问题，希望找到答案，能在遇到困难时与同伴讨论寻求解决方案	★：能提出问题，有时问题偏离主题，对问题不做进一步思考	☆☆☆	☆☆☆	☆☆☆
我会创新	★★★：学习中有明显的创新意识，且观点有一定的合理性	★★：学习中有一定的创新意识	★：在学习中开始培养创新意识	☆☆☆	☆☆☆	☆☆☆

2. 项目化学习过程性评价

项目化学习过程性评价聚焦学生项目的完成情况。为了更全面地了解学生的思维水平，项目评价量规的设计围绕主观题与客观题两个方面展开，其中主观题的得分以水平层次进行区分。学生完成每个项目后，教师可对照项目评价量规对学生的水平进行量化考评。

项目评价量规

（二）最终评价等级

为了更有效地促进学生个性化发展，在项目结束时，每个学生都会收到一张个性评价单。个性评价单由三部分组成：个人基本信息、分项等级评价、综合评价。其中，分项等级评价中既包含了对每个任务的评价，又体现了整个项目的成果。综合评价部分会根据学生的各项目得分情况形成一张雷达图。（见图 4）

个性评价单

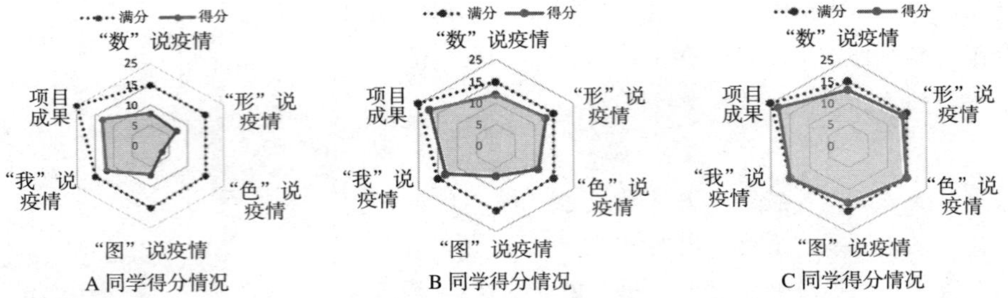

图 4 项目得分情况雷达图

为了让项目评价更加适合五年级的学生，我们为每个等级的数据分析师分别配上了一个卡通人物形象，其形象设计由吕一苇同学提供，从中我们亦可见到疫情、数学、技术、美术等元素的融合。具体等级评价如表 2 所示。

表 2 项目总评

项目分数	60—0 分	80—61 分	100—81 分
数据分析师	初级数据分析师	中级数据分析师	高级数据分析师
卡通形象	 铭铭	 依依	 舒舒

五、项目实施

（一）任务一："数"说疫情

任务目标

目标一：通过自主探究，能从疫情相关新闻中获取数学信息，正确理解与问题解决有关的数学信息，并且从众多信息中选择对解决问题有效的信息。

目标二：通过设计小报（视频），学会从用眼、作息、饮食等方面进行自我管理。

核心问题

核心问题一：疫情期间，你能用数学的眼光看待身边的"数"吗？

核心问题二：如何从用眼、作息、饮食等方面进行自我管理？

活动安排

活动一：自主阅读，感受疫情

疫情之下，2020年的关键词

一场突如其来的新冠肺炎疫情，让武汉瞬间成为全世界的关注中心，各种新闻如潮水一样涌来，有些振奋人心，有些却体现了生命的无常。请自主阅读以下材料。（见图5）

1 关键词1：宅

2020年1月23日，受新冠肺炎疫情影响，浙江率先启动重大公共突发卫生事件一级响应。春节期间，车水马龙的杭城街道只剩下防疫宣传声回荡，人们都戴上了口罩。2月4日凌晨，杭州市人民政府宣布实施"防控疫情　人人有责"十项举措。全市所有村庄、小区、单位实行封闭式管理，除特殊需要外，倡导每户家庭每2天指派1名家庭成员外出采购生活物资。近14天有疫情重点地区旅居史的市外返回人员，须在1小时内主动向居住地村、社区报告等。2月9日，杭州推出健康码，实施三色动态管理……

2 关键词2：爱

为阻断疫情向校园蔓延，确保师生生命安全和身体健康，1月29日，教育部印发"停课不停学"有关工作安排的通知，以确保疫情期间学生能在家通过网络正常学习。杭州市胜利实验学校坚持"五育并举"，倡导德育、体育为先，智育、劳育、美育共发展。

从2020年1月中旬开始，班主任还要求同学们每天及时上报是否体温正常、是否有密接亲属确诊等相关信息。2月14日，学校老师走进周边的9所小区，为全校902名同学发放近7000本书。为了组织学生更好地进行居家学习，每周胜利实验学校的老师都会为学生们推出近20节微课，其中包括疫情速递、居家锻炼、学科学习、艺术分享、心理健康、家务劳动等课程……。在UMU平台上，老师们对每一份作业都会细致点评，进行实时的线上答疑、个性化的评价与反馈，老师们一天的工作时间不少于8小时。

图5　自主阅读材料1、2

活动二：获取信息，解决问题

新互联课堂基于 UMU 平台，最大的特色是能实时积累数据。图 6 是 2 月 10 日（线上学习第一天）×× 学校 UMU 平台访问量统计图。

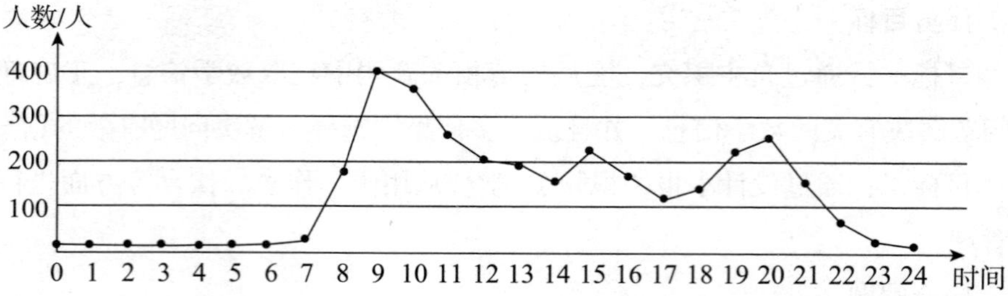

图 6　2 月 10 日 ×× 学校 UMU 平台访问量折线统计图

问题 1：读取信息

（1）2 月 10 日（　　）时线上访问人数最多；

（2）从（　　）时到（　　）时，平台访问人数增长最快。

问题 2：提出建议

（1）你觉得为什么 18 时开始平台访问人数又开始增多？

（2）当平台访问人数过多时，容易造成网络堵塞。为了帮助同学们更有效地学习，如果你是班主任，你能否为同学们第二天的网络学习提出合理建议？

活动三：个性表达，自我管理（阅读材料见图 7）

3

关键词3：健康

这次疫情，让所有人都重视起健康的话题，健康管理这个概念开始真正走进大众的心里。作为小学生，我们如何在疫情期间保持健康呢？请你从菜单中任选一个完成，你可以设计数学小报，也可以拍摄小视频。

自选菜单一：用眼健康

自新冠肺炎疫情发生以来，全民居家网上办公、学习，眼部健康告急！你是否感到视觉疲劳？孩子们长时间上网课该如何保护视力？请你设计一份疫情护眼小贴士吧！

自选菜单二：科学作息

转眼间，"停课不停学"线上学习活动已经开展近一个月，相信你已经开始慢慢适应了居家学习的节奏。请你设计一份科学的居家学习运动作息表。

自选菜单三：美食相伴

对于一般人群来说，我们该如何通过饮食加强营养？居家防疫期间，我们又应该吃什么？让我们一起破解防疫期间的营养健康密码吧！请你设计一份一日三餐居家"私房饮食"秘籍。

图 7　自主阅读材料 3

在整个任务实践过程中要处理好学与评之间的关系，具体如图8所示。

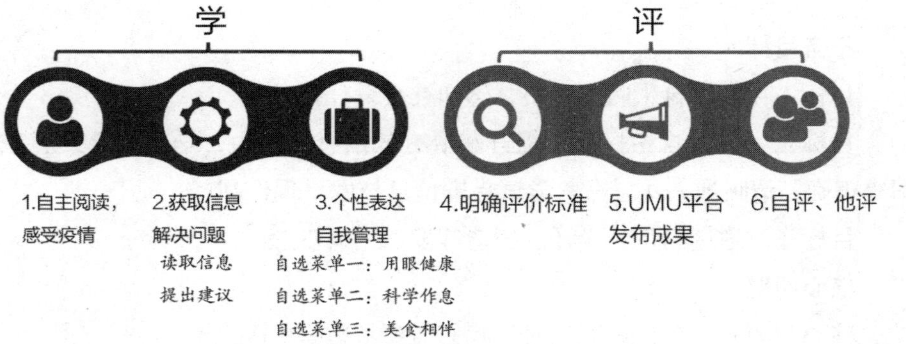

图8 “数”说疫情中的学与评

首先，引导学生进行自主阅读，感受疫情；其次，自然地引出线上学习统计情况（出示折线统计图），学生解决问题，尤其是问题2中的第2问，学生需要转化身份，以班主任的角色提出合理的建议；最后，学生从用眼、作息、饮食三个角度设计小报或拍摄视频。在明确了评价标准后，学生在UMU平台发布自己的成果，根据表3进行自评和他评。

表3 “自选菜单”评价量规

评价维度	一级指标	二级指标	分值（1—5分）
呈现方式	直观性	呈现方式直观、清晰，便于他人获取信息	
	多样化	能用图、表、文字等方式呈现，且相辅相成	
呈现内容	全面性	内容丰富，考虑周全	
	合理性	能从疫情实际出发，对方案设计的设想进行合理呈现	
可达成性	可达成性强，能够付诸实践，并且通过实践达到预期目标		

评价量规与活动一起发布，这样将评价标准前置不仅能让学生明确要做什么，还清楚要怎么做。

（二）任务二："形"说疫情

任务目标

目标一：通过自主阅读材料，感知社会责任；

目标二：通过自主探究，提升获取有效信息的能力，学会用算式、象形图等正确、清晰地表达思考，尝试借助信息技术呈现作品；

目标三：通过测量、设计、创造等发展空间观念。

核心问题

核心问题一：在计算面积时，我们需要考虑哪些因素？

核心问题二：面积相等的两个图形具备哪些特征？

活动安排

活动一：自主阅读，感知责任（阅读材料见图 9）

中国速度，中国科技

中央财政拨付湖北省中央基建投资补助资金5亿元，主要用于支持武汉雷神山、火神山两个医院的基本建设和设备购置，以及相关医院重症治疗病区建设。武汉火神山医院不到24小时出台设计方案，36小时内完成5G信号覆盖，几十家500强企业提供建筑材料，7500名建设者连续10个昼夜建成……

这些惊人的数字，都和武汉火神山医院息息相关。所有人都明白，这是一座和死神赛跑的医院。我们更应该明白，这是一座体现中国速度、中国质量、中国基建、中国科技的救命医院！

图 9　自主阅读材料《中国速度，中国科技》

图 10 和图 11 分别是火神山医院的效果图和平面设计图。

图 10　火神山医院效果图

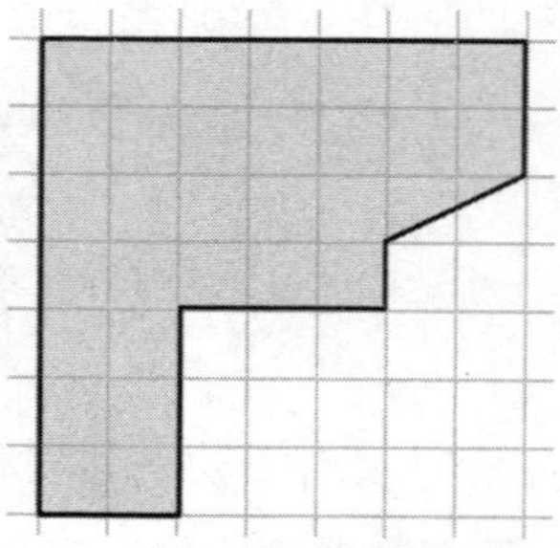

图 11　火神山医院平面设计图

活动二：勇于探究，理解责任

问题 1：测量

已知图 11 中每个小正方形的边长约 33 米。请你在图中标出你需要的数据，并且算一算火神山医院的建筑面积约多少平方米。

问题 2：设计

如果你是设计师，你能否在图 12 中设计一座“火神山医院”？图 12 中每个小正方形的边长约 33 米（要求：面积和图 11 中图形面积相等）。

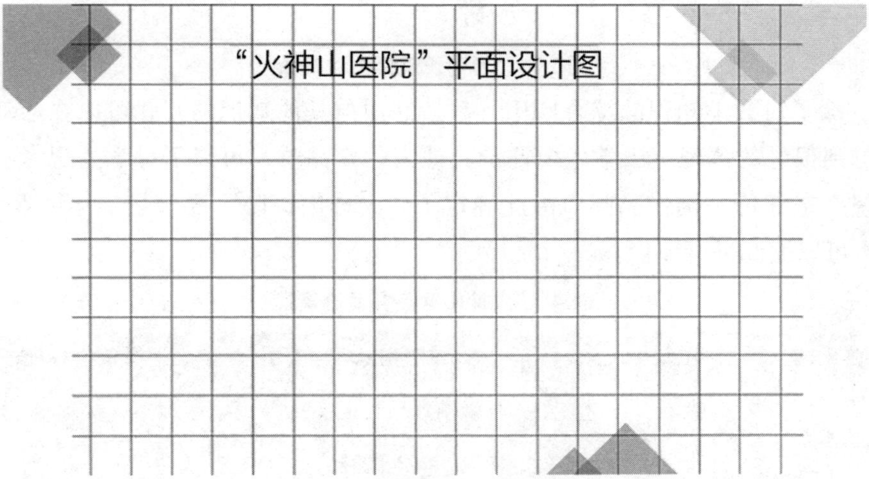

图 12 “火神山医院”平面设计图

活动三：技术应用，个性表达

①请你用 1—2 副纸牌，搭出又稳定又实用的“医院”，或借助电脑进行三维建模。

②请你画一张思维导图（可以借助软件），介绍“医院”的功能。

本活动在实施过程中会涉及学生数学知识的应用能力培养，学生活动路径如图 13 所示。

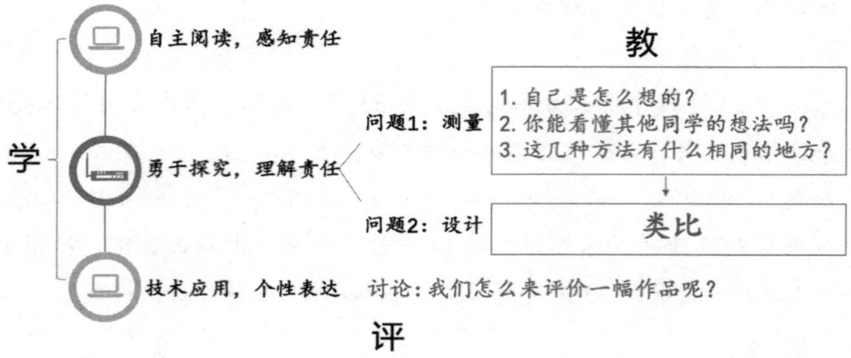

图 13 “形”说疫情活动路径

除了对数学知识的综合应用，数学知识与其他知识的互联可以在活动三中得到很好的体现。当学生要评价其他人的作品时，可以引导学生思考：我们怎么来评价一幅作品呢？由此确定了“火神山医院”评价量规（见表 4），学生可以据此进行评价。

表 4 “火神山医院”评价量规

评价维度	一级指标	二级指标	分值（1—5 分）
艺术	美感	工艺良好，外观精致	
	设计	设计自然、协调，突出医院的理念	
数学	如：利用三维建模时用到平移、旋转、轴对称等知识		
人文	需求	能够解决用户的真实需求	
	功能	能够充分考虑到使用者（医护人员、患者）的特征	
创意	搭出的模型或借助电脑进行三维建模的“医院”具有创意，与原建筑不同		

（三）任务三：“色”说疫情

任务目标

目标一：通过自主阅读，理解不同时间疫情风险五色图之间直接或间接的联系，借助图的颜色变化感受疫情的变化。

目标二：能根据数学信息之间的联系提出数学问题。

目标三：通过介绍浙江省疫情情况，以及提出科学防控建议等活动，体会浙江省科学防控疫情的成效。

核心问题

核心问题一：你是根据哪些数学信息提出问题的？

核心问题二：你是怎么进行预测和推断的？理由是什么？

活动安排

活动一：自主阅读，走进疫情（阅读材料见图 14）

疫情风险五色图

浙江省自然基金重大项目“大数据图谱驱动的新型冠状病毒感染预测预警及溯源技术研究”课题组，通过筛选疫情传播风险因素，赋值计算各地传播风险指数，创新研究绘制浙江省新冠肺炎疫情风险五色图，准确预测、预警我省疫情趋势。根据2月15日和2月18日的浙江省疫情五色图，以及浙江省县域疫情风险等级变化情况，解决如下问题。

图 14　自主阅读材料《疫情风险五色图》

表 5　浙江省县域疫情风险等级变化情况

评估截止日	县（市、区）个数				
	高风险	较高风险	中风险	较低风险	低风险
2月9日	1	12	12	53	12
2月12日	1	11	13	17	48
2月15日	1	10	9	11	59
2月18日	0	7	7	9	67

活动二：获取信息，提出问题

问题 1：结合以上阅读材料，你能提出两个数学问题吗？

Q1：________________________________

Q2：________________________________

问题 2：化“数”为“形”

根据表 5 的数据，在图 15 中画出中风险县（市、区）个数折线统计图。

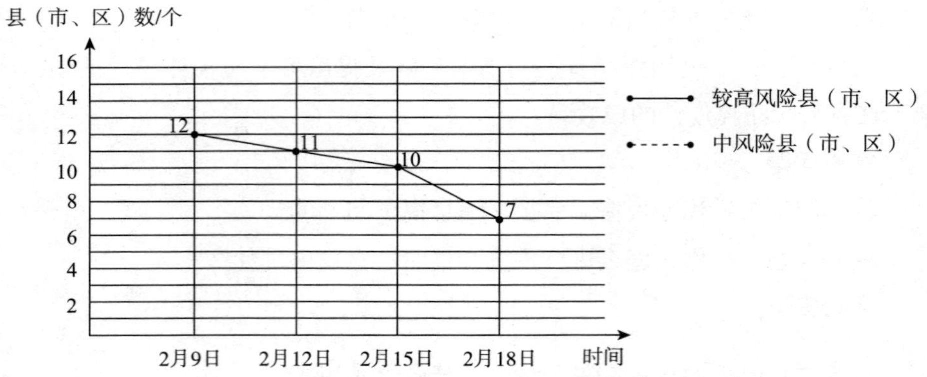

图 15　较高、中风险县（市、区）个数折线统计图

结合这幅复式折线统计图，你能提出三个数学问题吗？

Q1：＿＿＿＿＿＿＿＿＿＿＿＿＿＿＿＿＿＿＿＿＿＿＿＿＿＿＿＿＿

Q2：＿＿＿＿＿＿＿＿＿＿＿＿＿＿＿＿＿＿＿＿＿＿＿＿＿＿＿＿＿

Q3：＿＿＿＿＿＿＿＿＿＿＿＿＿＿＿＿＿＿＿＿＿＿＿＿＿＿＿＿＿

活动三：个性表达，解决问题

问题 3："四色"变"一色"

2020 年 3 月 1 日，浙江省疫情风险五色图呈绿色（全省均为低风险地区）。关于新冠肺炎疫情防控工作，浙江省人民政府新闻办公室将在 3 月 2 日举办第三十一场新闻发布会。如果你是防控中心的工作人员，你能否根据疫情风险五色图作一场新闻发布会？一方面和大家介绍浙江省的疫情防控情况，另一方面根据现状提出进一步的科学防控建议。（你可以采用视频、图文等方式呈现）

此活动的推进与设计一致，具体实践流程如图 16 所示。

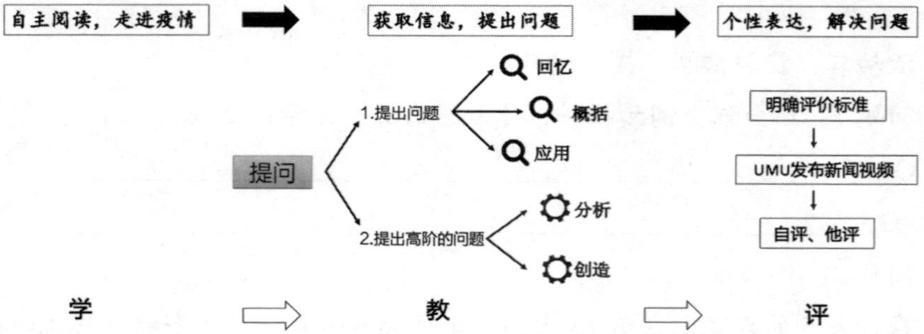

图 16　"色"说疫情活动路径

其中，评价量规如表6所示，根据量规做出评价。

表6 “新闻发布会”评价量规

	水平层次4	水平层次3	水平层次2	水平层次1	水平层次0
信息组织、信息分析	反馈的信息组织出色，条理清晰，分析比较完整	有条理地组织信息，能发现部分信息与信息之间的联系	信息有组织，但条理性差，能发现部分信息	信息组织缺乏条理，无分析	未做任何尝试，离题或不清晰
信息交流、信息表达	所有反馈信息的陈述都恰当有效	反馈信息的陈述清晰可理解	反馈信息的陈述模糊，对问题的理解不确切	反馈信息的陈述凌乱，思路不清晰，信息表达随意	
根据信息提出建议	能从几个方面有序给出建议，比较合理	能给出建议，比较合理，但建议在组织上缺乏条理性	能给出建议，但是没有根据原有信息做出判断	不能给出合理建议	
运用数学	在整个问题解决过程中准确地运用数学知识	能恰当运用数学知识，且只有微小的错误	一些数学知识的运用不恰当或有问题	几乎未能表现出恰当地使用数学知识的能力	

（四）任务四：“图”说疫情

任务目标

目标一：通过自主探究“图”说疫情任务，结合统计图表认识疫情中的“反超”“反弹”；学会分析全国各省、国外疫情中的“反超”“反弹”等现象。

目标二：通过对比分析折线统计图，体会统计图也会“撒谎”，学会数形结合，理性分析。

目标三：通过自主选题，发展个性表达的能力，培养审辨式思维，提升对国家防疫工作的认同感，增强民族自豪感。

核心问题

核心问题一：在读折线统计图时，我们需要关注哪些要素？

核心问题二：如何思辨地解读数据、挖掘数据背后的信息，从而理性分析数据呢？

活动安排

活动一：自主阅读，获取信息

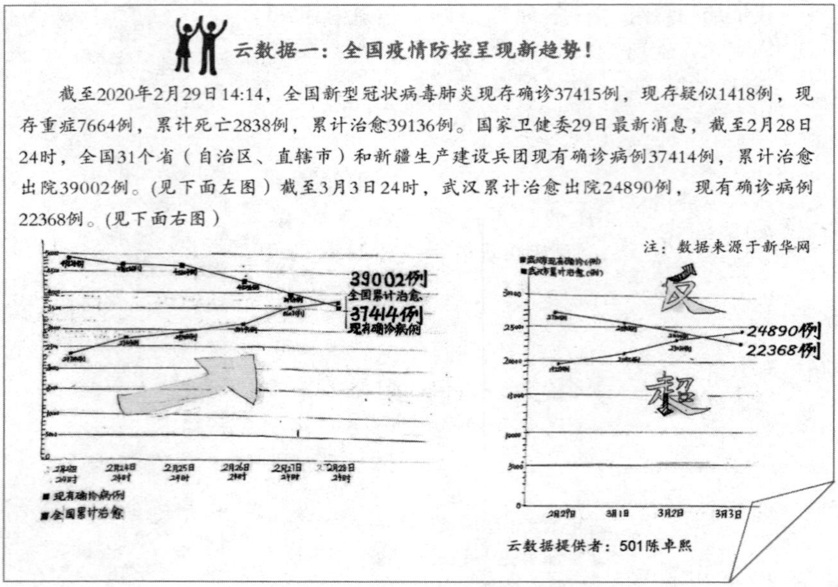

云数据一：全国疫情防控呈现新趋势！

截至2020年2月29日14:14，全国新型冠状病毒肺炎现存确诊37415例，现存疑似1418例，现存重症7664例，累计死亡2838例，累计治愈39136例。国家卫健委29日最新消息，截至2月28日24时，全国31个省（自治区、直辖市）和新疆生产建设兵团现有确诊病例37414例，累计治愈出院39002例。(见下面左图）截至3月3日24时，武汉累计治愈出院24890例，现有确诊病例22368例。(见下面右图）

注：数据来源于新华网

云数据提供者：501陈卓熙

图 17　自主阅读材料《云数据一》

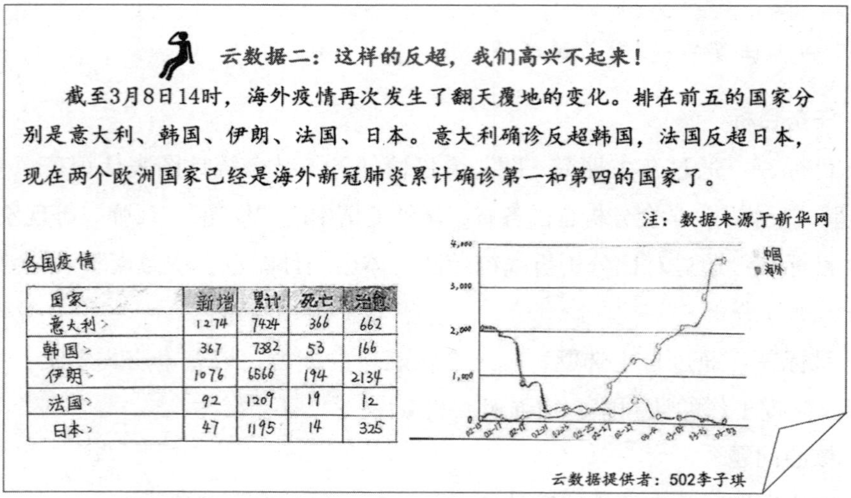

云数据二：这样的反超，我们高兴不起来！

截至3月8日14时，海外疫情再次发生了翻天覆地的变化。排在前五的国家分别是意大利、韩国、伊朗、法国、日本。意大利确诊反超韩国，法国反超日本，现在两个欧洲国家已经是海外新冠肺炎累计确诊第一和第四的国家了。

注：数据来源于新华网

各国疫情

国家	新增	累计	死亡	治愈
意大利>	1274	7424	366	662
韩国>	367	7382	53	166
伊朗>	1076	6566	194	2134
法国>	92	1209	19	12
日本>	47	1195	14	325

云数据提供者：502李子琪

图 18　自主阅读材料《云数据二》

云数据三：河北省新增确诊病例“反弹”

下面的两幅折线统计图反映了2月8日至2月10日河北省新增确诊病例情况。

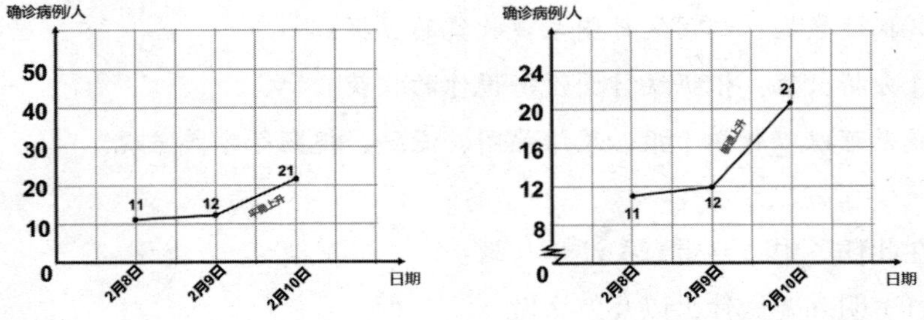

云数据提供者：数学黄老师

图 19　自主阅读材料《云数据三》

活动二：任务驱动，解决问题

问题 1：读取信息

（1）根据图 17 中数据，全国累计治愈出院人数在 2 月 26 日达到了（　　）例。

（2）根据图 17 中数据，2 月（　　）日，全国累计治愈人数比现有确诊人数多；3 月 2 日，武汉累计治愈人数比现有确诊人数（　　）。

问题 2：信息解读

（1）如图 17 所示，两条线的相交点表示什么意思？

（2）根据图 18，截至 3 月 8 日 14 时，法国的死亡病例占其新增病例的几分之几？

问题 3：理性分析

（1）如果你是中国疫情防控中心的专家，看到图 18，关于疫情防控，你想对欧洲国家说些什么？

（2）图 19 中的两幅图反映的河北省新增确诊病例数量情况是否一致？为什么看上去两条折线不一样？通过这两幅图的对比，你觉得我们在看折线统计图时要注意什么？

活动三："图"说疫情，个性表达

①明确主题：选择一个你最感兴趣的话题；

②收集数据：从网上收集与疫情有关的数据；

③描述数据：利用统计图呈现收集的数据；

④分析数据：根据统计图说一说你的收获。

成果可以以数学小报、思维导图、漫画、视频等方式呈现。

在此任务中，要重点关注学与教：

（1）明确要做什么以及怎么做。

（2）知道怎么做会更好。

为了做到第一点，我们为学生提供了 4 个微课（如图 20 所示）。

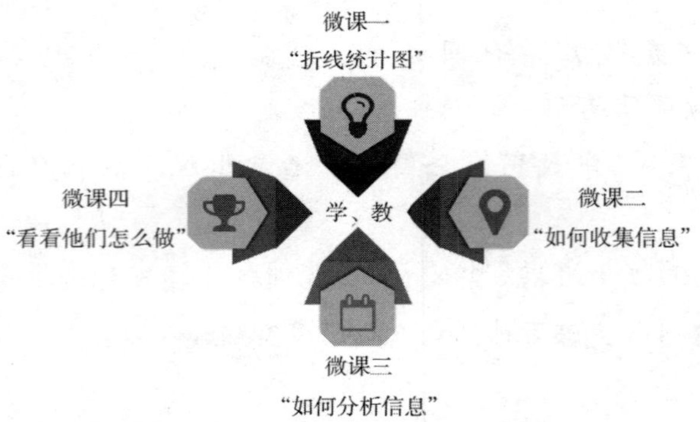

图 20　学习微课群

在微课一中，学生可以自学折线统计图的相关知识，明确折线统计图是如何产生的，它的价值与意义，以及如何画图、读图；微课二中，突出学生收集信息的渠道与手段；微课三中，重点关注学生分析能力的提升；微课四中提供学生讲解的一些视频。四个微课的学习循序渐进，为学生提供了具有针对性的帮助。明确做什么以及怎么做，同时知道怎么做更好也是学生需要思考的问题。由此，分别对应着上述的四点，为学生提供了"图"说疫情评价量规（见表 7）。

表 7 “图”说疫情评价量规

评价内容	评估标准	得分 1—5 分
主题明确	能从一个方面切入并从多维角度展开研究。	
数据收集	能借助网络平台等渠道，收集与疫情相关的数据信息。	
个性表达	能运用收集到的数据、图表（条形统计图、折线统计图、扇形统计图）等，从数学角度形象生动地展示与疫情相关的情况。	
数据分析	能分析得出直接信息、间接信息、推理信息等。	

（五）任务五：“我”说疫情

任务目标

目标一：通过自主探究，能从疫情中的政策、物资、资金、人员四个方面获取有关的数学信息。

目标二：通过时光倒流、展望未来等活动，感受生命的价值。

核心问题

根据疫情中的政策、物资、资金、人员四个方面的信息，你对“生命的价值”有什么新的认识？

活动安排

“我”说疫情任务围绕“自主阅读，获取信息”“自主选择，个性表达”“综合应用，反思回顾”三个活动展开。活动一，学生通过多样素材的阅读，发展信息获取的能力。活动二，学生通过个性选择，从不同的维度回顾疫情，多角度感受生命的价值。活动三，在前面活动基础上，进行综合应用和反思回顾。具体流程见图 21。

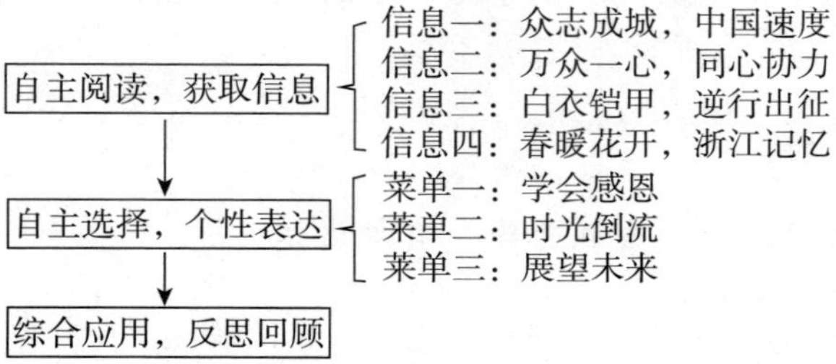

图 21 “我”说疫情活动安排

六、项目成效

（一）丰富了学生对疫情的全面认识

疫情就发生在学生身边，通过梳理、重组疫情中的有效信息，可以使学生走进疫情、认识疫情。在材料的选择上，聚焦疫情展开。以疫情中的人为核心，收集了确诊病例、疑似病例、医护人员等信息，拐点、反超等疫情中的事件，火神山医院则是疫情中的物。

在呈现方式上，一方面数据的呈现形式多样，在开展项目化学习前学生已经学习了象形图、单式（复式）条形统计图、统计表等相关知识。为了丰富学生呈现数学信息的形式，项目设计时，关注到折线统计图、疫情风险五色图等的利用，让学生通过读图、画图、制作视频等活动深入了解疫情。

另一方面，数据设计从点到面，再从面到点，层层递进有序展开。从自身的健康管理到小区、杭州市、浙江省、全国、全球的疫情防控，而在呈现全国防控成效时，聚焦武汉的防疫政策、人员、捐款、物资等方面展开。由此可见，数据的多样呈现能让学生从数形结合的角度认识疫情，数据的递进呈现能让学生全面看待疫情。

（二）提升了教师对数学项目的设计能力

项目的设计具有复杂性与综合性。通过本项目的设计，教师先后经历了多次迭代修改，目标的定位是设计的关键，同时目标的制定又与活动的设计息息相关。活动的设计不仅要考虑到数学学科知识，还要涉及疫情的实际背景，综合考虑本项目以疫情中的“数”与“形”为核心来展开设计。项目评价要综合考虑过程性评价和结果性评价，设计合理的维度对学生进行分项多元评价。通过这整个过程，教师对数学项目的设计能力得到了提升。

七、项目反思

（一）疫情信息——合理选择、有机组织

正如夏雪梅博士所说，数学项目化学习也需要满足支持学生学习的条件，

否则还是会成为“花瓶”。可见，满足支持学生学习的条件是数学项目化学习落实的关键。如何为学生提供支持学习的条件呢？

1. 从疫情素材到项目资源

疫情中的教育资源：上城区小学数学教师团队积极组建疫情资源库，将“抗疫”素材转化为跨学科主题研究和综合实践项目学习内容，聚焦疫情本身开发了疫情“与生命、与自然、与健康、与社会、与教育”等富有说服力、真实又生动的教育资源。而此项目就是基于疫情资源库创编出的产物。

项目化学习的必然趋势：项目化学习强调真实情境、复杂问题、超越学科、合作完成、成果导向及评价跟进，是素养立意课改的必然趋势。上城区小学数学教师团队重视引导学生从人文和科学并重的视角观察、思考疫情的发生发展，凸显项目化学习对学生的价值引领和在培养学生的责任担当、问题解决和创新精神方面的价值。

2. 从探究性作业到项目化学习

让项目化学习落地：众所周知，数学学科的项目化学习目标更指向数学思想，问题更复杂，知识点更综合。基于以上三点，可以将它与数学探究性作业的设计相结合，将项目化学习真正融入数学日常教学。如在学习完折线统计图后，我们可以为学生布置任务四，任务四中涉及信息的获取、整理、分析、评价等，在此任务中，学生可以综合应用统计图的相关知识走进疫情。基于上述思考，日常教学可经历数学基础作业—数学探究性作业—数学作业群—数学项目化学习的实践探究过程，数学作业其实亦可以实现与项目化学习的融合与对接。项目化学习可以以这种方式走进日常教学。

让项目化学习扎根日常教学：抗击疫情项目基于数学学科统计图表的知识，引导学生经历收集数据、分析数据、预测推断的过程，培养学生的数据分析观念。以学科和人文素养为导向的项目化学习，探索基于学科和跨学科的综合实践活动，挖掘抗疫大事件中的育人价值，培养学生的创造性、批判性思维，合作沟通与问题解决能力等。这种项目化学习定位，体现了学科学习中学和教方式的变革与真实问题解决情境的相整合。

（二）学科融合——循序渐进，由表及里

项目化学习中的内容是具有综合性的。本项目在几个任务中涉及了统计图表、图形的面积、平面图形与立体图形的认识等内容。同时，项目中隐含着层层递进的能力线。从数据的甄别与选择到数据的梳理，从数据的呈现与描述到数据的分析，从数据的反思与评价到数据的预测，使学生在数与形的探索中逐步达到对知识的层层深入。从分析到评价，从评价到创造，这些过程更指向学生能力的逐步提升。除了数学学科思维的发展，其中又蕴含着丰富的多学科融合的“点”。（如图 22 所示）

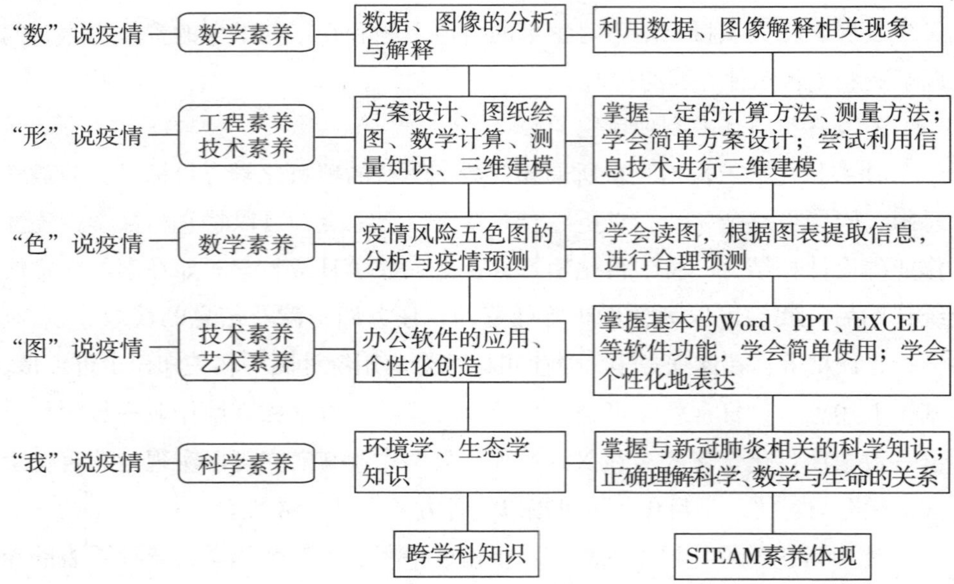

图 22 项目化学习中学科的融合

（三）生命教育——理性与感性的碰撞

数学项目中的生命教育其实就隐藏在一个个数据中。如：透过抗疫政策、物资、人员、资金中的数据，可以看出国家、社会对疫情的关注，我们身处其中无时无刻不感受着这份温暖。生命教育还体现在统计图的每一次变化上，无论是疫情好转还是疫情反弹，透过每一次数据的变化，都可以看到生命的

脆弱与坚韧。生命教育更体现在一个个故事当中。回望过去是珍视生命，穿越时空是善待生命。

疫情背景下，小学数学五年级项目化学习正是用数与形联通每一份不可言的情感。或许，这正是大数据中最理性的生命教育。

点评

项目化学习促综合素养发展

此项目以新冠肺炎疫情为背景，以生命教育为主题，将数据分析观念、问题解决能力、审辨式思维、创新思维、合作沟通能力等素养有机融合，引导学生学会科学理性地认识数据、直面疫情、尊重生命，在疫情大数据中提升数据理性分析能力，体会生命的价值。

凸显数学要素。无论是对数据的收集、分析，还是基于数据的核心问题设计，对图形的丰富解读，教师都让枯燥的数学统计变得有趣、丰富、直观。同时，教师还十分注重数据统计在生活中的运用，具有即学即用的实用性，能帮助学生解决疫情中的实际问题。其实，项目中还隐含着层层递进的能力线。从数据的甄别与选择到数据的梳理，从数据的呈现与描述到数据的分析，从数据的反思与评价到数据的预测，学生在数与形中逐步达到对知识的层层深入。从分析到评价，从评价到创造，这些过程都指向学生能力的步步提升。

建构项目系统。本项目通过梳理数学知识，系统设计了小学五年级数学任务：“数”说疫情、“形”说疫情、“色”说疫情、“图”说疫情、“我”说疫情。这五个任务又分别对应着不同的数学学科素养与学生发展核心素养，并基于项目实施，形成了疫情背景下小学五年级数学项目化学习案例。项目设计有目标，项目过程可监测，项目成果有提炼。这样的实践为其他年级的项目化学习提供了参考。

学、教、评一致，落实核心素养。项目伊始，在确定学习项目时，便指向素养目标。项目实施过程中，将评价前置，让学生明确评价标准。对项目成果进行等级评价，包括项目化学习习惯与态度的评价和对各任务的过程性评价。此项目化学习的评价将外部评价与自我评价相结合，特别关注学生的自我评价，以此提升学生自我评价的能力。

该项目基于疫情大数据，以提升数据理性分析能力作为出发点，从而最终提高学生的综合素养。

（浙江省教育厅教研室　斯苗儿）

项目⑬

绘形绘意：英文图表中的生命教育①

一、项目简介

疫情是最真实的课程，英语读图能力是学生英语学习素养的重要组成部分。各类媒介中出现的英文图表是学生了解世界疫情和英语学习的真实素材。基于此，我们设计了八年级“英文图表中的生命教育”学习项目，具体内容如表 1 所示，让学生在英文图表阅读中提升英语信息获取能力，从跨文化视角观察和认识世界，对事物做出正确的价值判断，体验生命价值，感悟人生意义，树立人类命运共同体意识，成长为有社会责任感的人。该项目内容共六个板块，时长六个课时（90 分钟 / 课时）。

表 1　项目内容整体架构

6Ps（六种图表）		6I（六个“我”子项目）		
1	Poster 海报	1	I am a narrator（我是解说员）	指向科学防疫
2	Picture 绘图	2	I am with you（和你在一起）	指向人文关怀
3	Pie chart 饼图	3	I love life（珍爱生命）	指向生命教育
4	Map 分布图	4	I am a designer（我是设计师）	指向艺术审美
5	Graph 数据图	5	I praise truth（讴歌真理）	指向人类命运共同体意识
6	Mind map 思维导图	6	I am a member（我是一员）	指向社会责任与担当
该项目化学习主要成果形式：英文海报、英文图表、宣传视频、调查报告等				

① 本案例由杭州市西湖区教育发展研究院胡美如老师提供。

二、驱动性问题

疫情期间，世界各地涌现出许多疫情防护和战“疫”的动人故事——科学防疫、医患真情、生命数据、志愿奉献、全球协作等。小小的英文图表，如科学防疫海报、疫情关爱绘图、疫情分布图等，让我们从图文的视角直接或间接地感受到了世界各地与疫情相关的真实场景。疫情面前，生命百态尽呈，这正是我们探索和重塑生命个体新认知的良好契机。

你能制作一本以“珍爱生命”为主题的宣传册，并录制一个同主题演讲视频，参与生命认知的讨论吗？

为制作这个视频，你需要会正确地使用英语读图策略，科学地选择防疫英文图表信息，感悟疫情主题英文图表中散发出的人性关怀，体验疫情面前的国际理解和全球协作，思考人的生命价值、人生意义和社会担当。

三、学习目标

本项目学习目标按照六个不同的子项目，从核心概念、素养（能力）水平、学习手段维度进行综合表述，整体如图 1 所示。

英文图表中的生命教育

I am a narrator（我是解说员）	I am with you（和你在一起）	I love life（珍爱生命）	I am a designer（我是设计师）	I praise truth（讴歌真理）	I am a member（我是一员）
获取科学防疫的英语科普介绍、防御贴士、隔离指南、口罩使用等方面的信息，能从众多英文图表信息中筛选对科学防疫有效的信息，能抓住科学防疫（问题解决）的关键信息，用英文介绍科学防疫。	梳理疫情期间亲朋、爱人、医患之间互相关怀和关爱的英文绘图，疫情心理关爱主题图，世界各国为抗疫付出努力的数据图，获取“爱”的主题信息，感受温暖与爱，学会感恩，传递爱。	阅读、分析疫情期间世界各国感染和死亡情况英文数据图表，渗透生命教育、环境教育，探讨生命的价值与意义，增强对生命的尊重和理解。	分析整理世界各国疫情主题英文图表的设计，如语言组织、色彩、内容、图案、结构等，探讨生命中的美学，能理解图表中的美，并会进行迁移和应用，设计和创造新的图表以表达对生命的珍爱。	审视世界各国疫情主题英文图表内容，获取信息，对其中有关种族歧视、观点分歧的内容用英语进行分析探讨，透过疫情增强英语学科素养中的国际理解，树立人类命运共同体意识。	收集和整理世界各国疫情主题英文图表中的战“疫”故事，感受故事主人公对社会的责任意识，探讨“我”的社会责任，理解“关爱生命，人人有责”。

图 1　学习目标架构

四、项目评价

本项目化学习采用过程性评价和终结性评价相结合的方式进行综合评估，过程性评价以分项目问题探究和阶段成果为主要内容。表 2 列出了评价框架。

表 2　评价框架

评价目标	评价类型	评价方法与工具	评价者
核心知识 （读图能力）	过程性评价 终结性评价	纸笔测试 表现性任务	教师
学习实践 （项目化学习）	过程性评价	表现性任务 评价量规 档案袋	学生 同伴 教师
学习过程中的成果 （海报、图片、视频等）	过程性评价	评价量规 表现性任务 档案袋	学生 同伴 教师
最终学习成果 （研究报告 + 视频）	终结性评价	展览与汇报 成果质量评价量规 成果报告评价量规 跨学科成效评价量规 KWL 表	学生、同伴、教师、家长、图表专家、其他社会人员

具体分值和所占比例如表 3 和图 2 所示。

表 3　各分项评分

分类	内容	分值
阶段性成果（问题探讨 + 阶段成果）	项目一：I am a narrator	14
	项目二：I am with you	16
	项目三：I love life	15
	项目四：I am a designer	13
	项目五：I praise truth	16
	项目六：I am a member	18
最终成果	大成果：In “6Ps”：Life during the Coronavirus	8

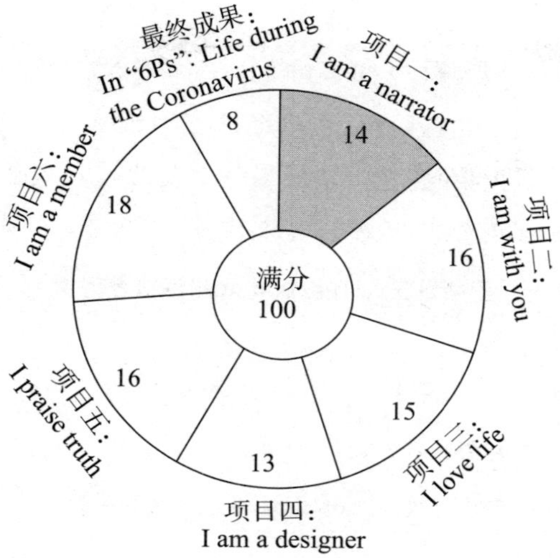

图 2 各项目分值

项目化学习分项评价细则如下。

（一）阶段性项目化学习评价细则（见表 4）

表 4 阶段性项目化学习评价细则

子项目一：I am a narrator（我是解说员）	
问题 1—问题 9 （第 3、9 小题各 2 分，其余每小题各 1 分）	11 分
阶段成果 1：A Poster（英文海报制作）	3 分
子项目二：I am with you（和你在一起）	
问题 1—问题 8 （第 2、4 小题各 2 分，第 6 小题 3 分，其余每小题各 1 分）	12 分
阶段成果 2：A Graph / A Pie chart / A Mind map（英文图表制作）	4 分
子项目三：I love life（珍爱生命）	
问题 1—问题 8 （第 2、6、8 小题各 2 分，其余每小题各 1 分）	11 分
阶段成果 3：A Picture / A Mind map（英文绘图）	4 分

续表

子项目四：I am a designer（我是设计师）	
问题 1—问题 8 （第 8 小题 2 分，其余每小题各 1 分）	9 分
阶段成果 4：A Design（英文图表设计）	4 分
子项目五：I praise truth（讴歌真理）	
问题 1—问题 8 （第 2、4 小题各 2 分，第 6 小题 3 分，其余每小题各 1 分）	12 分
阶段成果 5：An Eassy（英文小论文）	4 分
子项目六：I am a member（我是一员）	
问题 1—问题 9 （第 2、6 小题各 2 分，第 9 小题 3 分，其余每小题各 1 分）	13 分
阶段成果 6：A Speech（英文演讲视频）	5 分
最终成果（大成果）	
最终成果 / 大成果：A Brochure & A Video （英文小手册和英文演讲视频）	8 分
总分	100 分

（二）项目成果评价标准（见表 5）

表 5　项目成果评价标准

分类	内容	评价量规	评价者
阶段性成果	成果 1：英文海报制作（A Poster）	英文海报评价量表：制作科学防疫英文海报，备注 50 字左右英文注释和说明。	学生 同伴 教师 家长 图表专家 ……
	成果 2：英文图表制作（A Graph / A Pie chart / A Mind map）	英文图表评价量表：制作数据图表，并备注 80 字左右英文注释和说明。	

续表

分类	内容	评价量规	评价者
阶段性成果	成果3：英文绘图（A Picture / A Mind map）	英文绘图评价量表：绘制一幅“珍爱生命”主题图，并撰写50字左右英文注释和说明。	学生 同伴 教师 家长 图表专家 ……
	成果4：英文图表设计（A Design）	英文设计评价量表：设计一个疫情主题相关图表，并撰写80字左右图表设计报告。	
	成果5：英文小论文（An Eassy）	英文论文评价量表：撰写80字左右有关疫情背景下的国际理解、人类命运共同体小论文。	
	成果6：英文演讲视频（A Speech）	英文演讲评价量表：撰写80字左右疫情背景下“I am a member（我是一员）”抗疫英文演讲稿，录制演讲视频。	
最终成果	大成果：英文小手册和英文演讲视频（A Brochure & A Video）	英文小手册评价量表和英文演讲评价量表：结合总项目6个子项目的项目化学习，制作一个英文小册子——In“6Ps”：Life during the Coronavirus，并拍摄同名英文介绍视频。	学生 同伴 教师 家长 图表专家 ……

最后，依据六个子项目的得分，并结合真实生活情境，设计“英文图表设计师”进阶式评价量表，如图3所示。

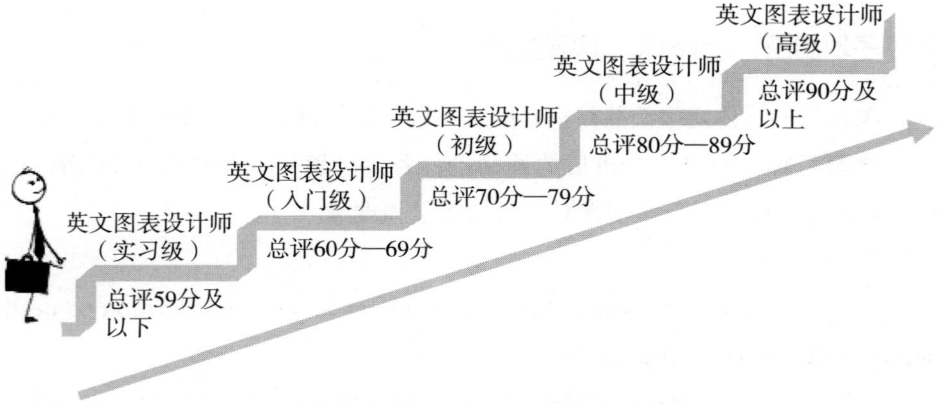

图3 “英文图表设计师”进阶式评价量表

五、项目实施

“英文图表中的生命教育”总项目下属六个子项目，下面以子项目三“I love life（珍爱生命）”为例，介绍“英文图表中的生命教育”项目的具体实施。基本流程为“四环八步”，其中四环为信息搜索与读图、问题链与讨论、图片绘制与修订、展示分享与评价四个主要环节，再细分为八个步骤。

总项目的实施以任务的形式串联。一般子项目周期为一周，项目产品耗时较多的大项目周期为两周，整个项目持续两个月（项目化学习周里程碑见表 6）。

表 6 项目化学习周里程碑

小项目周期：一周；大项目（英文演讲视频录制、英文小手册 + 英文演讲视频录制等）周期：两周。（每周时间为第一周周六至第二周周五）以子项目一和子项目六为例。					
小项目		大项目			
第一周周末（Weekends）	周一至周五（Weekdays）	第一周周末（Weekends）	周一至周五（Weekdays）	第二周周末（Weekends）	周一至周五（Weekdays）
收集和筛选 I am a narrator 主题英文图片，读图	问题链与讨论、海报设计与制作、展示交流与评价	收集和筛选 I am a member 主题英文图片，读图	问题链与合作讨论等，初步完成项目化学习	完成脚本编写与修订	拍摄视频，进行展示与评价

子项目三：I love life（珍爱生命）

项目三的具体实施按照目标，围绕核心问题展开，分为四环节八步骤。

学习目标：阅读并分析疫情期间世界各国的感染和死亡英文数据图表，探讨生命的价值与意义，增强对生命的尊重和理解。

学习活动：

Activity 1：Search for the “6Ps” online to get as much information on death because of COVID-19 as possible.

（活动一：在线搜索，查找信息，尽可能多地了解因为疫情而死亡的主题信息。）

Activity 2：Read the posters by yourself.

（活动二：自主读图。）

Activity 3：Try to search for information online about the cause of COVID-19 and the reason why COVID-19 caused death, then complete the questions.

（活动三：在线搜索与疫情起因、生死攸关的信息图表，完成问题链。）

Activity 4：Work in groups and have a discussion on the cause of COVID-19, value of one's life and how to stay healthy.

（活动四：小组讨论，深入探讨新冠肺炎的起因、生命的价值、如何保持健康。）

Activity 5：Work in groups to discuss how to create one of "6Ps" to present the topic about life and death.

（活动五：小组合作，讨论如何绘制以生死意义为主题的图表。）

Activity 6：Create one of your own "6Ps" by drawing and post it on a website.

（活动六：绘制图表，在线展示。）

Activity 7：Self-assessment and interactive assessment.

（活动七：自主评价和互动评价。）

实践安排（"四环八步"）：

子项目三"I love life（珍爱生命）"的具体实施，基本流程为"四环八步"。其中"四环"为信息搜索与读图、问题链与讨论、图片绘制与修订、展示分享与评价四个主要环节；"八步"为新冠肺炎主题图片搜索、读图、提问、讨论、绘制、修订、展示和评价八个步骤，如图4所示。

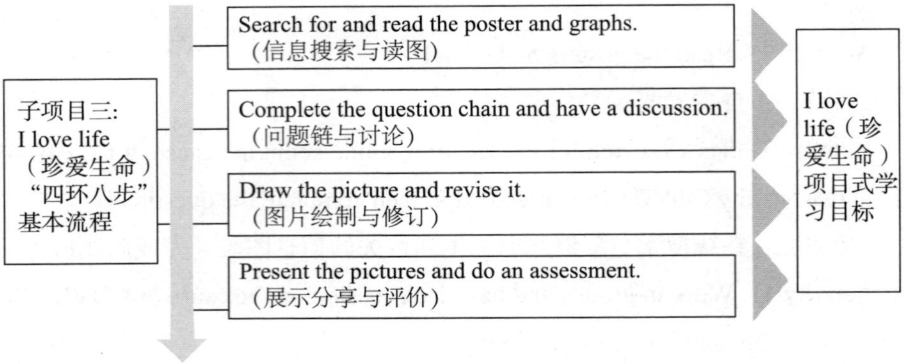
子项目三:
I love life
（珍爱生命）
“四环八步”
基本流程
Search for and read the poster and graphs.
(信息搜索与读图)
Complete the question chain and have a discussion.
(问题链与讨论)
Draw the picture and revise it.
(图片绘制与修订)
Present the pictures and do an assessment.
(展示分享与评价)
I love life（珍爱生命）项目式学习目标

图 4　I love life（珍爱生命）项目实施流程

环节一：信息搜索与读图

在子项目三中，学生使用平台搜索信息。通过搜索新冠肺炎主题英文图表，对所选信息和图片进行比较、分析和筛选，完成课前预先学习任务。

Step 1：Search for some posters and graphs on COVID-19 on the net.

搜索：自主搜索信息。

Search the internet and choose 10 posters or graphs you think typically to be presented，shared and discussed like those in the following.

阅读材料

Step 2：Read the posters and graphs on COVID-19.

读图：Coronavirus and animals（冠状病毒与动物）。

Read the posters and graphs on COVID-19 and get the basic information.

表 7　I love life（珍爱生命）项目绘图基本信息

（1）Type of 6Ps：	
（2）Title：	
（3）Theme：	
（4）What we can see：	
（5）Why it's produced：	

项目化学习过程中，学生不仅要完成自己在小组中的分工和任务，更要发展批判性思维，进行问题解决。信息搜索与读图任务给了学生在真实生活情境中自主学习、选择、分析和比对的学习。

环节二：问题链与讨论

基于问题的学习有助于学生进行建构学习。好的问题是指向和突出大概念的。在项目化学习中，驱动性问题涉及核心知识，比较适合以问题的形式呈现出来。对于较抽象难以一步解决的问题，可以通过问题链的设计，引领学生对问题进行分解，一直追问到本质。通过问题链，学生可以探索内容中难以理解的关键概念、主题、问题和思想，促进深度学习和理解。

Step 3：Complete the question chain.

提问：问题串接，形成问题链。

Read the “6Ps” and raise some questions related to key points.

1. 读图（扫描上页二维码获取，下同）：COVID-19 origin（新冠溯源）

Question 1：What animals are mentioned in the poster above?

Question 2：What's your opinion on the viewpoint COVID-19 originally came from the wildlife markets?

2. 读图：The most at risk（易感染人群）

Question 3：What has something to be with the COVID-19 risk according to the graph?

Question 4：Who is most at risk of getting the coronavirus? What do we need to do with those at risk?

3. 读图：Coronavirus cases in New York（纽约病例速增）

Question 5：How do COVID-19 cases grow in New York according to the graph?

Question 6：What do you think of the growth of the cases? How do you feel? What does it bring to lots of families related?

4. 读图：Worries about Coronavirus（对新冠疫情的担心）

Question 7：How much are Americans worried about COVID-19 according to the poster?

Question 8：Do you think it's necessary for those to pay attention to people's worries and depression during the COVID-19 pandemic?

Step 4：Discuss in groups and complete the question chain.

讨论：小组讨论，完成问题链。

本项目旨在引发学生进行问题讨论和分析，如表 8 所示。最终聚焦的核心问题是"如何珍爱生命？""如何在疫情防控中贡献自己的一分力量？"，从而引发学生珍爱生命，懂得珍惜生命，并力所能及地为社会做出自己的贡献。

表 8　I love life（珍爱生命）项目问题拓展、讨论和分析

10 个拓展问题	问题分析
1. Was the COVID-19 from the animals?（病毒来源于动物吗？）	通过查阅图书、搜索网络、请教专家等方式，进行思辨性思考，培养高阶思维和创新能力。
2. How did the COVID-19 come to human beings?（病毒是如何传播给人类的？）	
3. How can we prevent the COVID-19?（如何控制病毒扩散？）	调查疫情期间的各种防疫手段，用戴口罩、勤洗手、保持社交距离等方式将无形的病毒隔离。
4. What's the meaning of wearing masks?（戴口罩的意义是什么？）	
5. How do COVID-19 cases grow?（疫情发展情况怎样？）	这三个问题可以帮助人们意识到疫情的严重性以及疫情带来的代价，从而引发人们去思考疫情的起因以及后续防疫措施，意义重大。
6. How can we reduce the number of the ones who got infected?（如何减少病毒感染的人数？）	
7. Are both life and death great in the epidemic?（疫情中的生与死是否都是伟大的？）	
8. What can we do to help with epidemic prevention and control?（作为青少年，我们如何在疫情防控中贡献自己的一分力量？）	和杭州英文报纸 Hangzhoufeel 工作人员联系，也可以利用网络的帮助，探索多种可能性。在此过程中，思考人生的价值和意义。

续表

10个拓展问题	问题分析
9. What can we do to appreciate our life?（如何珍爱生命？）	这两个问题事关生命这个重大议题。思考生命存在的意义，从生活中感受生命的美好，从那些逆行英雄及无名英雄的事迹中，感受生命的伟大。
10. How can we show our respect to everyone?（如何尊重生命？）	

环节三：图片绘制与修订

以任务为学习载体，赋能学生自主学习。通过交流和讨论，增强学习内驱力，促进自主学习与自我管理能力的提升。环节三通过设计的任务，让学生积极参与图片绘制与修订。

Step 5：Discuss and draft a picture.

绘制：讨论和草图绘制。

Discuss in a group and complete the outline. The outline sample below may be helpful.

A picture（Up）

Background：________________

Figures：________________

Plot：________________

Theme：________________

Comments on loving life：________

By group ________

图5 I love life（珍爱生命）项目绘图框架样本

Step 6：Draw and Revise the picture.

修订：绘制和修改图片。

Work in groups. Revise the picture with the help of the checklist below. If you mark “No”, then go back to the picture until you fix it.

表 9　I love life（珍爱生命）项目绘图评价量规

Checklist for a picture	Yes	No	Fixed
Is the theme clear in the picture?			
Are the key points all included in it?			
Is the size of the picture proper?			
Is the sentence grammatically correct and concise?			
Is the picture arranged in a neat way?			
Is the color of the picture attractive?			
Is the picture creative and attractive?			

设计项目化学习的过程学习评价量规，可以为学生的过程性学习、表现性学习提供指导性参考。如表 9 所示的项目化学习绘图评价量规，以提问形式为学生讨论修订提供了进程评价的参照指标，指导学生从主题、介绍、颜色、呈现方式、创造性等多维度进行自主评估，既指导了项目化学习的推进，同时也是进程评估的参考。

环节四：展示分享与评价

项目的展示效果是双向的，同学之间彼此借鉴，取长补短。项目展示小组通过展示不仅得到好评和肯定，同时也会得到一些批评和改进意见。学生以四人为一小组，各小组按序在班级进行交流分享，从图片的标题、主题、内容、设计等维度展示和介绍各组的项目化学习成果，不仅介绍项目成果，同时介绍项目推进过程。

Step 7：Present the picture.

展示：图片展示。

1. Four members present the picture together.

2. Each member presents different parts of the picture.

表 10　I love life（珍爱生命）项目小组展示分工参照表

Member	Task
Student 1	Present the title and theme of the picture.
Student 2	Present the specific content of the picture.
Student 3	Present the design of the picture.
Student 4	Make a short summary of the whole presentation.

应用学习科学中最重要、最有挑战性的任务之一就是开发测量学习结果的有效工具。本项目中所设计的评价量规，从内容、设计、展示等多维度进行评价。学生根据评价量规，不断改进和完善本小组的项目推进过程。在自评和讨论的过程中，学生的自我反思和修订能力得到提升。评价量规如表 11 所示。

Step 8：Assess the picture.

评价：图片评价。

表 11　I love life（珍爱生命）项目评价量规

Group Number：	
Rating Scale	Good-Poor
Content	
Is the theme clear?	5 4 3 2 1
Is the sentence correct in grammar?	5 4 3 2 1
Is it well-organized in format?	5 4 3 2 1
Design	
Is it attractive and creative?	5 4 3 2 1
Does it have beautiful handwriting and good format?	5 4 3 2 1
Does it have suitable color and pictures?	5 4 3 2 1
Presentation	
Is it presented clearly?	5 4 3 2 1

续表

Do they cooperate well?	5 4 3 2 1
Is the performance great?	5 4 3 2 1

英语项目化学习的成效需要学习的有效设计，和谐的互动合作和立体多维的评价跟进。评价的维度体现任务的不同维度，从知识、技能、策略到心智态度，充分体现对基于问题解决、基于迁移应用的高阶思维的关注。评价也从以教师为主转换为生生、家校、社区等多元主体的互动、交叉式评价。随着项目化学习作品在线公共平台的展示，评价的结果也会更直接、及时地向学生公开。全程性评价给项目化学习注入持续推进的动力。评价量规的设计有助于提升学生自主评价、互动评价的能力，促进学生综合素养提升。

在整个项目化学习过程中，教师更多的是指导者、帮助者、支持者、监督者，学生在小组合作学习过程中各自承担角色和任务。教师在整个项目学习进程中持续收集学生过程性学习的数据和资料，做好指导和支持。

六、项目成效

（一）学生成长

1. 学习设计，增强内驱

“英文图表中的生命教育”项目化学习源于对英语学科本质和世界关联的思考。英文图表作为学习载体，为学生提供了真实的话题情境和地道的语言素材。通过对基于驱动性问题、问题链、协作任务、微项目、操作指令、任务指导单、评价量规等项目化学习资源的设计，通过学生的自主、探究、合作学习，增强学生自主学习内驱力，提升学习互动实效。

2. 触发思维，解决问题

本项目化学习引导学生开展基于真实情境，触及知识内在本质，触动内心情感，促进高阶思维发生、复杂技能形成和问题解决能力提升的大概念学习。通过对学习内容的感知、体验、思考、阐述，实现对学习的迁移应用，实现指向核心素养的语言学习目标。学生在英文图表阅读中提升英语信息选取能力，从跨文化视角观察和认识世界，对事物做出正确的价值判断。

3. 综合指向，提升素养

在此次项目化学习过程中，面对疫情主题的英文图表，学生能正确地使用读图策略，能科学地选择图表信息，能从读图中悟出人性关怀和生命价值，体验国际理解和全球协作，感受人生意义和社会担当。

通过本项目的学习，学生可拥有六个“能”：

（1）能有效收集、整理、选择有效文本信息，运用读图策略，读懂英文图表。

（2）能通过阅读英文图表中的文本，进行分析、比较，建立文本与文本、文本与自我、文本与世界的关联。

（3）能通过分析英文图表字里行间的证据，做出预测，得出结论，进行概括。

（4）能倾听他人观点，并进行分析，做出合理评价。

（5）能从所接触的英文图表中悟出人性关怀和生命价值，体验国际理解和全球协作，从读图中感受人生意义和社会担当。

（6）能深刻理解英文图表中的信息概念，拥有从多个角度观察、理解世界的审辨式思维。

（二）项目成果

“英文图表中的生命教育”项目化学习的成果主要由六个子项目成果和一个整体性项目大成果组成，具体如表 12 所示。

表 12 “英文图表中的生命教育”项目成果汇总表

成果 1：英文海报制作（A Poster）
成果 2：英文图表制作（A Graph / A Pie chart / A Mind map）
成果 3：英文绘图（A Picture / A Mind map）
成果 4：英文图表设计（A Design）
成果 5：英文小论文（An Essay）
成果 6：英文演讲视频（A Speech）
大成果：英文小手册和英文演讲视频（A Brochure & A Video）

学生通过英文海报、图表制作，小论文的撰写，演讲视频的录制以及小手册制作提升信息素养，发展数据处理能力、高阶思维能力、系统性思维、批判性思维和自我评价能力。正如有学生在本项目大成果的视频演讲中所说的："Not only doctors, but also ordinary people have to make the society better. We should stay at home. We mustn't go out and spread the virus. It is also our contribution to the world. I am a member, we are one. Everyone should work together to defeat the virus. I believe we can do it!"学生通过项目化学习体验生命价值，感悟人生意义，树立人类命运共同体意识，成长为有社会责任感的人。

七、项目反思

（一）体会

"英文图表中的生命教育"项目的实施给英语的教与学带来了全新的体验。六大板块内容的核心知识以问题的形式呈现，与真实生活链接，通过六个"我"的分板块系列问题链的问题，追问本质。在英文图表的读图活动中，学生不仅仅是在"做"和参与，更是对知识的深度理解和内化，即在复杂情境下进行灵活心智转换，促进学生将英语读图转为有意义的学习实践。整个项目化学习指向高阶思维培养，从一开始就用具有挑战性的问题创造高阶思维的情境，激发学生学习内驱力，以英文图表为载体，聚焦概念性知识，探索和重塑生命个体新认知，促进学生对关爱生命的本质的理解，并能在生活中迁移应用。

（二）思考

1. 英语项目化学习哲学视角的方法融入

英语项目化学习设计与实施的哲学立场有助于在项目化学习设计与实施过程中充分融入哲学思考。英语项目化学习设计与实施不仅是一种教育行为，还是一种思维方式，它让人思考在项目化学习设计与实施中如何指向英语学科高阶思维目标。

2. 整合视角的英语项目化学习设计与实施

通过项目化学习内容与学、教的整合，英语教师在实现综合、立体的项目化学习内容架构的同时，让英语项目化学习从“项目开发”走向“项目理解”。项目化学习设计需考虑问题解决、批判性语言能力、情境化教学、跨文化交流、整合学习方法等问题。

3. 信息技术嵌入的英语项目化学习实施

基于信息技术的英语项目化学习实施，建构了英语项目化学习数字教育资源体系。通过数字化、项目化学习设计与实施，英语项目化学习内容、实施方式与信息技术三者的关系从教学的融合走向嵌入，形成信息技术嵌入其中的项目化学习设计与实施。

4. 英语项目化学习在常态教学中的运用

在升学压力下，许多一线英语教师不敢尝试项目化学习，虽然也感受到项目化学习的益处，但碍于学业、家长、学校等多重压力，不敢触碰，或者即使偶尔尝试，也只是在拓展性课程学习中。如何将项目化学习融入英语单元整体教学、作业设计是现实的难题，也是教学变革的突破口。

点评

有效的自驱性学习设计

“英文图表中的生命教育”项目通过自驱性学习设计为学习者创造了自主、探究、合作、展示学习的自驱性学习任务，使学生参与到深入和持久的学习思考中，引导学生反思学习过程与产出。通过自驱性学习和成果展示，整合学生的语言技能训练、大概念学习，使学生体验学习责任和自我期望，提升英语学科素养。

“英文图表中的生命教育”项目化学习凸显了学生自驱性学习设计的特点，具体如下。

一、信息搜索，自主处理资源

激发学生学习内驱力的要素之一是设计学生看来真实的、相关的、有意义的挑战。课例中的信息搜索与读图学习环节，通过学生在预先学习中对资源的搜索、解释、分析和筛选，引导学生自主开发、利用和管理学习资源，培养学生信息检索、加工和自主处理资源的能力。

二、赋予选择，自主投入学习

选择意味着学生拥有探索令他们着迷的事物的自由。这样的学习任务会成为学生追逐的“热点”。“英文图表中的生命教育”项目化学习的资源选择、问题讨论、草图绘制、成果展示等环节都具有一定的开放性和选择性，赋能学生的自主学习，为学生提供交流和讨论的空间，使学生的学习过程体验具有很大的不可预测性。学生一定程度上拥有自主决定学习内容、学习成果和学习过程的权利和空间。

三、预设挑战，自主破解难题

确定的问题、困境能激发学生的学习内驱力。子项目三中的驱动性问题是：如何透过疫情感悟珍爱生命？如何在疫情防控中贡献自己的一分力量？这样的问题对学生的讨论具有一定的挑战性，能激发学生在合作讨论中打开思路，分享思想，并生发出新的提问。绘图任务设计则通过构建链接生活的问题或困境驱动学生继续学习，基于问题解决进行难题破解。在挑战中，学生积极思考问题，走出困境。

四、过程反馈，自主调整学习

子项目三中的绘图参考指标、评价量规给予学生指导，同时给学生的项目化学习提供了过程性反馈，学生根据参考指标和评价量规，不断改进和完善小组的过程性学习，并进一步思考如何解释和拓展想法，设计和修订解决方案，以及在现实生活中该解决方案的效果及可持续性。

“英文图表中的生命教育”通过项目化学习设计，将课程教学的内容与项目研究的学习进程进行镶嵌研发，促进学生在英文图表阅读中提升英语信息选取能力，从跨文化视角观察和认识世界，对事物做出正确的价值判断，体验生命价值，感悟人生意义，树立人类命运共同体意识，成长为有社会责任感的人。

（浙江省教育厅教研室 章新其）

项目14

战“疫”演说家①

一、项目简介

演讲是人们应对各种交际场合的必备技能，也是现代社会公民应具备的基本素质。它不仅对个人的成功至关重要，也影响一个国家在国际竞争中的地位。演讲与语文素养、思辨能力、应变能力等息息相关，需要通过学习和实践加以提升。本项目在八年级实施，以战“疫”为活动背景，用真实的驱动性问题激发学生的学习兴趣，整合初中语文统编教材“演讲”单元，设计了学习演讲词、学习“讲”和“演”、举办演讲比赛三个主要活动，共 8 个课时，最终要求每个学生完成一次打动人心的演讲，提高演讲能力和语文核心素养。

二、驱动性问题

2020 年春节，新冠肺炎疫情暴发，随后蔓延全国。国内有人盲目从众，传播谣言；有人逆行武汉，支援前线。面对新冠肺炎疫情下的种种社会现象，该如何演讲，才能打动人心，传播正确思想，扩大影响力呢？

三、项目化学习目标

1. 通过探究性活动，把握演讲词的主要特点，理解演讲词的核心概念。

① 本案例由杭州市采荷实验学校谢飞跃老师提供。

2. 通过实践性活动，掌握“讲”和“演”的技巧。

3. 通过小组合作，培养人际交往能力，完成“战‘疫’演说家”优秀演讲作品。

项目整体设计见图 1。

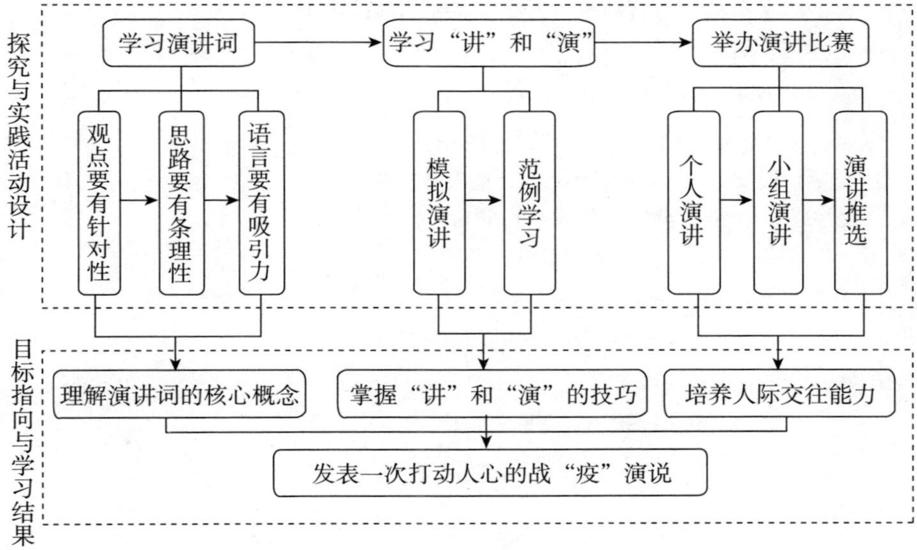

图 1　项目设计框架图

四、项目评价

项目整体评价设计见表 1。

表 1　项目评价表

评价项目		评价指标	评价等级				评价结果		
			A	B	C	D	自我	同学	教师
终结性评价	演讲词	①演讲观点针对听众、社会现象、场合 ②演讲思路清晰、有条理、过渡自然 ③演讲语言真挚，能打动、感染听众							

续表

评价项目		评价指标	评价等级				评价结果		
			A	B	C	D	自我	同学	教师
终结性评价	演讲表达	①发音准确，抑扬顿挫 ②手势、站姿、移动、点头等肢体语言自然 ③与听众有充分的眼神交流							
表现性评价	人际交往	①能认真倾听他人观点，不打断他人 ②友善表达自己的观点，让他人愿意接受 ③在组内承担组员或组长的角色，积极参加讨论，认真完成组内任务							
	过程资料	①演讲提纲内容完整 ②演讲脚本详细具体，包含动作等设计，有修改痕迹 ③个人演讲视频录制完整、清晰							
综合评语									

注：评价等级分 A、B、C、D 四级。各等级指标分别为：A——达成三项指标，B——达成两项指标，C——仅达成一项指标，D——未达标。

五、项目实施

（一）入项活动

1. 情境驱动

学生观看两段新闻视频：《84 岁的钟南山院士再次走上疫情前线》《双黄连抢购风波》。学生看完视频后，教师组织学生分组讨论以下两个话题：

（1）84 岁的钟南山院士逆行武汉，拉下全国警报，对此，你有何思考？

（2）连夜排队抢购双黄连事件折射出疫情下哪些社会问题？

讨论完成后，将小组观点整合成 200 字左右的新闻短评发在 QQ 群分享交流。

【小组短评 1】我们感动于钟院士无私忘我、舍己为人的奉献精神，他不顾 84 岁高龄，毅然奔赴疫情前线。我们感动于钟院士敢于担当的精神，他临危受命，深入武汉，耐心调查，探寻新冠病毒的真相。我们感动于钟院士实事求是、忠于真理的科学精神，他严谨求证，仔细分析，才发出“病毒会人传人”的警告。只有具有奉献、担当、科学精神的人，才能解救人民于危难之中，才能赢得国人的敬意。我们的社会需要更多像钟南山院士这样的人，我们青少年更要学习、继承和发扬钟南山精神，维护和平安定的生活。

【小组短评 2】2020 年春节，武汉突发新冠肺炎疫情。双黄连在一夜之间被当作“神药”抢购一空。这反映出面对突发事件时群众缺乏理性思考的问题。经验告诉我们，在突发事件面前疯狂抢购的行为是荒谬的，但仍有群众“奋不顾身”，这说明人们独立思考的批判精神依旧有待提高。另外，造成抢购现象的另一“推手”——媒体，也对此负有很大责任。在互联网时代，消息传播迅速具有两面性。虚假消息的快速传播会在极短时间内造成极大的社会危害。因此，媒体和个人都应该保持理性和负责的态度，不信谣，不随波逐流，把谣言扼杀在萌芽之中。

教师点评小组新闻短评，并提出驱动性问题：针对疫情下的种种社会现象，如何演讲，才能打动人心，传播正确思想，扩大影响力？

2. 项目分组

（1）教师提供学习成果样例——比尔·盖茨《面对病毒爆发，全世界都没准备好》、张文宏《关于流行病毒，你必须知道的真相》。学生根据学习成果样例和已有知识，讨论拟定评价量规。学生初步拟定的评价量规如表 2 所示。

表 2　学习成果评价量规

角度	评价内容标准	总分	得分
演讲词	紧扣主题、角度新颖、内容饱满、观点鲜明	30	
	逻辑严密、思想积极向上	10	
演讲实践	普通话标准、吐字清晰、声音洪亮	15	
	富有感情，肢体语言和面部表情得当	15	
	演讲流畅、语速得当、能脱稿	15	

续表

角度	评价内容标准	总分	得分
演讲实践	和听众互动，激发听众共鸣	5	
	仪容仪表得体	5	
	演讲时间控制在规定时间内	5	

（2）学生进行头脑风暴，根据所见所闻讨论疫情下的社会现象，并表明自己的观点。学生根据自己感兴趣的话题结伴组建项目小组。学生所选话题与分组如表 3 所示。

表 3　项目化学习话题选择与分组

社会现象	观点	分组
歧视问题：疫情初期，有人谈“鄂”色变，歧视武汉人	新冠肺炎疫情在武汉暴发，并不是武汉人的错，这种歧视会令武汉人寒心	章颢轩（组长）、丁逍镒、伍越、郑嘉琪、朱易晗
环境问题：新冠肺炎疫情的流行可能是因人类食用野生动物而起	蝙蝠等野生动物对维护生态平衡有重要作用，人类不能肆意破坏自然，否则终会受到惩罚	张乐（组长）、杜一濛、楼展佑、宋佳盈、包涵
偶像观：84 岁高龄的钟南山逆行武汉，抗击肺炎	青少年崇拜演员、歌手，而和平年代默默付出、潜心科研，危难时刻挺身而出的人更值得我们尊重和学习	陈缪涵（组长）、丁晨轩、葛宸菲、周予蓁、娄依泽
……	……	……

（3）教师提供项目化学习进度表，小组拟定学习进程表。第 1 组同学制定的学习进程表如表 4 所示。

表 4　第 1 组项目化学习进程表

时间	任务	时间节点	负责人	完成情况
第一周	学习演讲词 学习“讲”和“演” 修订评价量规	3 月 3 日 3 月 5 日 3 月 6 日	个人、教师	

续表

时间	任务	时间节点	负责人	完成情况
第二周	完成演讲词撰写 完成演讲脚本设计 完成演讲视频录制	3月9日 3月11日 3月13日	个人	
第三周	组内分享个人演讲视频并相互提出修改建议 小组选出组内优秀演讲作品 小组合作，修改小组的优秀演讲作品	3月16日 3月18日 3月20日	个人、组长	
第四周	举办“战‘疫’演说家”演讲比赛并评奖 优秀作品宣传	3月25日 3月26日	教师、筹备组	

（二）知识与能力建构

1．学习演讲词

教师基于统编教材配套的《作业本》内容，修改并设计了三个探究性学习活动，指导学生通过学习教材中的四篇演讲词，探究演讲词的特点，了解“怎样的演讲词才能打动人心”。

（1）观点要有针对性

【探究活动一】①学生默读四篇演讲词，根据演讲词的内容（也可查阅资料帮助理解），分析四篇演讲词的构成要素，完成表格（见表5）。（画线部分为学生填空内容，下同）

表5 演讲词的构成要素

构成要素 \ 演讲词	《最后一次讲演》	《应有格物致知精神》	《我一生中的重要抉择》	《庆祝奥林匹克运动复兴25周年》
演讲者身份	诗人、学者、民主战士	物理学家、诺贝尔奖得主	计算机文字信息处理专家，被誉为“当代毕昇”	法国教育家、社会活动家、现代奥林匹克运动创始人

续表

演讲词 构成要素	《最后一次讲演》	《应有格物致知精神》	《我一生中的重要抉择》	《庆祝奥林匹克运动复兴 25 周年》
演讲的时间	1946 年 7 月 15 日	1991 年 10 月	1998 年 10 月	1919 年 4 月
演讲的背景	李公朴被国民党特务暗杀，追悼会上有特务捣乱，闻一多拍案而起，发表演讲	丁肇中被授予“情系中华”征文特别荣誉奖时，发表了这篇演讲	在北京大学演讲	“一战”结束仅 5 个月，顾拜旦出席了在瑞士洛桑举行的国际奥委会全体委员会并发表演讲，阐述了奥林匹克运动的精神内涵
演讲的观点	反动派必将灭亡，人民必定胜利	应有格物致知精神	要大力扶植年轻人	奥林匹克主义将呈现出更为开阔的视野，这将凸显它即将扮演的崭新角色的意义
听众的构成	昆明的进步人士、青年学生；混入的少部分国民党分子	参加“情系中华”大会的各界人士	北京大学学生	国际奥委会全体委员
听众的反应	悲愤、振奋	深受启发	受到热烈欢迎	激动、兴奋

②完成表格后，小组讨论打动人心的演讲词的观点与其他要素之间的关系。

第 2 小组讨论实录：

生 1：演讲词的观点与演讲者的身份、听众的构成和社会背景密切相关。

生 2：演讲词的观点取决于演讲者的资历、经历和听众的构成。

生 3：演讲词的观点和演讲背景有关，比如这四篇演讲词都关注社会问题，其中第一篇关注政治民主，第二篇关注科学研究，第三篇关注年轻人，都有一定的现实意义。

（2）思路要有条理性

【探究活动二】①学生再次阅读《应有格物致知精神》和《我一生中的重要抉择》，补全这两篇演讲词主体部分的思维导图（见图 2、图 3）。

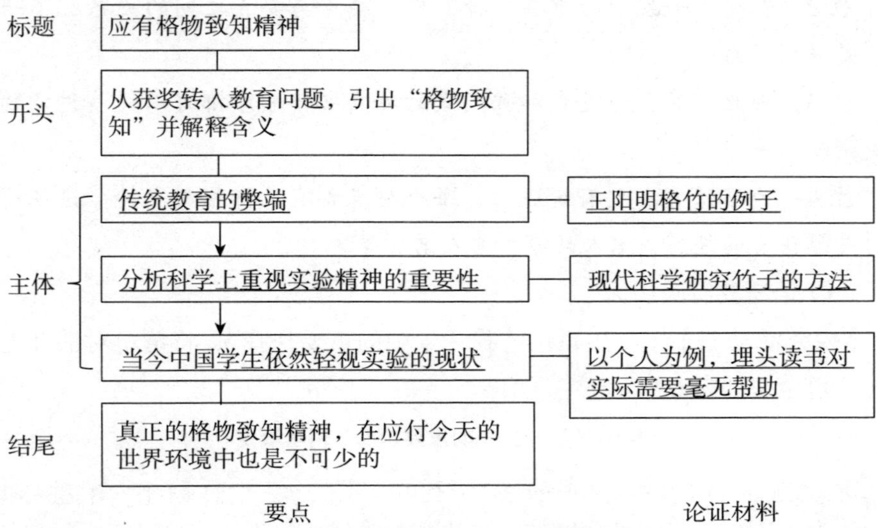

图 2 《应有格物致知精神》演讲思维导图

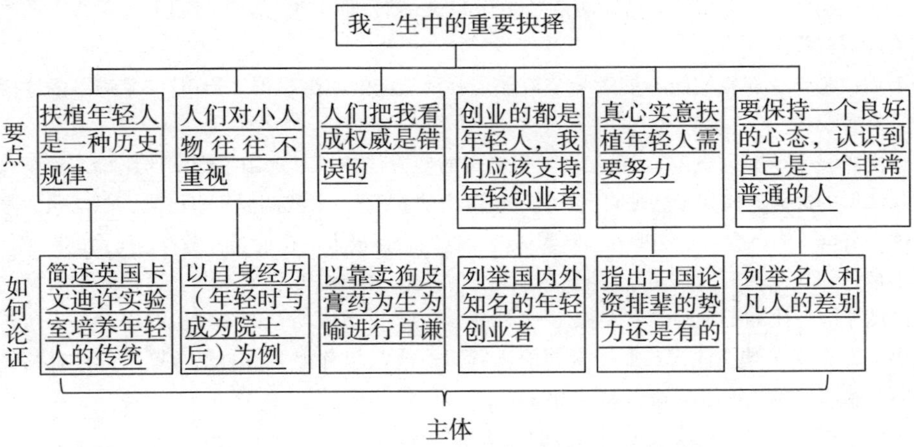

图 3 《我一生中的重要抉择》演讲思维导图

②完成思维导图后，学生探究打动人心的演讲词是怎样围绕观点来设计思路的。

第 3 小组讨论实录：

生 1：在《应有格物致知精神》中，各要点是按照递进的逻辑顺序安排的，符合听众的认知规律。

生 2：在《我一生中的重要抉择》中，要点与要点之间的关系就不一样了，是并列关系。

生 3：由此可见，递进式和并列式的要点安排顺序都可以使演讲词的思路更清晰。

生 4：为了让要点更有说服力，每个要点都有论证材料支持。论证材料可以是演讲者的经历、名人故事、名人名言等。

（3）语言要有吸引力

【探究活动三】①学生默读《我一生中的重要抉择》，将情境对话补充完整（情境填空如表 6 所示）。

表 6 《我一生中的重要抉择》情境填空

小文：你还记得老师说过的演讲词的括号里的内容是什么吗？它们又有什么作用呢？ 小林：我当然知道。括号里的内容是记录演讲现场演讲者的动作、声调或者听众的反应的。它能让读者通过记录稿更好地感受现场的氛围。 小文：我做了一下统计，这样的括号共有 11 处，仔细一看，都和“笑声”“掌声”两个关键词有关。 小林：是呀。那我们能不能做一个梳理，看看王选的演讲赢得“笑声”“掌声”的原因分别有哪些？ 小文：我来研究“笑声”，我发现赢得笑声的地方往往是王选用了幽默的比喻，甚至自我调侃的地方，比如王选把自己比作“快落山的太阳”，自我调侃年事已高，只能跟大家讲一下奋斗的体会，亲切平和，幽默风趣，这些表达极大地拉近了演讲者与听众的距离。 小林：那我来研究“掌声”，我发现赢得掌声是因为演讲者的观点、表达得到了大家的高度认同，比如王选讲的名人和凡人差别的观点，受到了听众的一致认同。 小文：看来王选的演讲虽然很长，语言看似平淡，却有着不错的现场效果，富有感染力，我想这也是演讲者精心设计的结果。 小林：我还觉得，这篇演讲词语言的平淡也是有理由的，从演讲的听众角度去考虑，听众都是比王选年幼许多的大学生，与演讲者的年龄差距更像是祖孙，因而王选就选择了非常平和的语言，循循善诱，耐心地诉说自己的人生经历。

②完成情境填空后，学生浏览四篇演讲词，探究这些演讲词引起听众兴

趣的语言技巧。

第4小组讨论实录：

生1：演讲词的语言也讲究针对性，要考虑听众的文化水平、年龄结构等。

生2：运用比喻，可以让演讲词的语言更形象，比如王选把自己比作“快落山的太阳”。

生3：可以合理运用副词和问句来加强语气，增加语言的力量感。比如在《最后一次讲演》中，闻一多先生运用了一些程度副词和语气副词增强语气，如“最卑劣最无耻”“究竟犯了什么错”中的“最”和“究竟”能激发听众对国民党特务的愤怒之情。

生4：所以打动人心的演讲词，在语言方面要注重针对性、形象性和力量感。

2. 学习“讲”和“演”

（1）模拟演讲

【实践活动一】①演讲是以“讲”为主、“演”为辅的一种表达方式。学生阅读《超级演说家》第二季总冠军刘媛媛的演讲词《年轻人能为世界做什么》，分析演讲的构成要素，模拟演讲并录制视频。

学生模拟演讲视频片段

②学生上传视频，教师提供刘媛媛的原版演讲视频，请学生比对原版视频和模拟视频，根据评价量规，填写模拟演讲自评表。学生完成的自评表如表7所示。

表7 学生模拟演讲自评表

演讲视频	优点	不足
刘媛媛版	①语音标准，吐字清楚 ②富有感情，肢体动作和面部表情到位 ③演讲流畅，脱稿 ④与听众有眼神交流，很投入	声音有些沙哑

续表

演讲视频	优点	不足
模拟版	①语音标准，吐字清楚 ②脱稿演讲，语速得当	①一边想演讲词，一边想动作，导致有些肢体动作不协调。没有动作时始终双手握拳在胸前，身体前后摇晃厉害 ②面对镜头，眼神有些呆滞 ③富有情感，但是情感变化少
模拟演讲经验总结	①搭配自然的动作，不是为了动作而设计动作，手势幅度不能太大 ②要将演讲词烂熟于心，以说话的方式表达 ③对部分句子进行朗读分析，标注重音、语调等	

（2）范例学习

【实践活动二】学生从优秀演讲学习库（陈岚《一代人的乡愁》、王帆《新时代青年》、梁植《约定》、马丁《父与子的战争》、曹兰若冰《和世界豪赌一场》、林正疆《正义的温度》、陈铭《父亲》、刘媛媛《寒门贵子》）中选择 1—2 个演讲视频，认真观看并完成“演说家”学习笔记。学生的学习笔记如表 8 所示。

表 8 “演说家”学习笔记

我观看的演讲		《正义的温度》
演讲词最打动人心之处（观点、素材、语言）		这篇演讲引用了演讲者曾经接手的一个案子，反映了社会上特殊的弱势群体不为人知的生存境遇——犯罪后被社会歧视、被亲人厌恶。事例新颖，富有吸引力。
值得学习的地方	“讲”方面	①声音浑厚有力，富有感染力。语气诚恳，打动人心。吐字清楚，几乎没有口误或者口头禅的出现。 ②事例与观点结合，更有说服力。先讲了年轻人说的话与做的事，然后说明自己的观点——让正义更有温度。事例陈述和观点表达比例恰当。 ③节奏把握恰当。在讲述自己与年轻人之间的事情时，语速较慢，使观众听得清楚。在讲述观点时，语速较快，富有情感，这样可以快速煽动听众情绪，使听众产生共鸣。

续表

我观看的演讲		《正义的温度》
值得学习的地方	“演”方面	①与听众有充分的眼神交流。如在举例时，眼神温和，似与听众交谈。在议论时，眼神坚定，使演讲更加深入人心。 ②在演讲时，前后走动，使演讲更加自然。 ③着装正式，有精神。

3. 修订评价量规

【活动设计】（1）根据探究性和实践性活动所学，以小组为单位修改评价量规，每组提交一种方案。第5小组评价量规修订成果如表9所示。

表9 第5小组修改后的演讲评价量规

评分项目	评分维度	具体要求	评分（每项满分为10分）
中心	中心、演讲目的	所讲内容紧紧围绕演讲中心，演讲目的明确	
内容	开头、结尾	开头吸引人，结尾让人印象深刻，开头和结尾所占比例合理	
	论证材料	论证材料鲜明具体，清晰准确，且类型丰富	
	语言文字	语句通顺，句式变化丰富	
结构	层次、过渡、条理	层次清晰，过渡语运用巧妙自然，能让听众对演讲内容充分明了	
表达	语速、语调、音量	声音清楚悦耳，速度快慢合理，音量适中	
	口齿、情感	发音清晰，没有口头禅；语言抑扬顿挫，富有情感	

续表

评分项目	评分维度	具体要求	评分（每项满分为 10 分）
体态	身体语言	与听众有充分的眼神交流，手势、移动、点头、站姿等肢体语言自然，且有助于表达	
	着装、仪表	着装与演讲主题贴合，仪表大方	
其他	脱稿、即兴、时间	脱稿完成，且能根据现场情况灵活应变；演讲时长控制在规定时间内	
得分（满分 100 分）			

（2）全班逐项讨论，共同修订，形成最终的评价量规（见表 10）。

表 10　最终的演讲评价量规

评分项目	评分维度	具体要求	评分（每项满分为 10 分）
演讲词	观点	①演讲的观点贴近社会热点、针对听众共鸣点 ②有启发教育意义 ③观点新颖、明确突出	
	开头、结尾	①开头吸引听众，有现场感 ②结尾点明观点，令人印象深刻 ③开头、结尾所占比例合理	
	思路	①思路清晰，按照一定逻辑顺序展开，符合听众认知规律 ②过渡巧妙自然，承上启下	
	论证材料	①新颖具体，重点突出 ②类型丰富	

续表

评分项目	评分维度	具体要求	评分（每项满分为10分）
演讲词	语言	①语言通俗易懂、口语化 ②句式富有变化 ③真情实感，适当使用排比、反复、比喻等修辞	
表达	准确流畅	①发音正确，吐字清楚 ②没有口头禅 ③流畅、熟练、自然	
	抑扬顿挫	①音量合适 ②语速合适，根据内容需要变化 ③富有情感，根据内容需要变化；有重音、停顿等	
体态	身体语言	①与听众有充分的眼神交流 ②手势、站姿、移动、点头等肢体语言自然	
	着装	着装与演讲主题贴合，仪表大方	
其他	脱稿、即兴、时间	①脱稿完成 ②能根据现场情况灵活应变 ③演讲时间控制在规定时间内	
总分（满分100分）			

（三）探索与形成成果

【自主任务】①根据所学和评价量规，搭建演讲词提纲（见表11），小组互评并提出建议。

②收集相关素材，完成个人的演讲词。完成演讲词后，设计演讲脚本（见表12）。

③根据演讲词脚本、评价量规练习演讲，选择简洁的背景，录制演讲

视频。

学生完成的演讲提纲、脚本设计如表 13、表 14 所示。

表 11　演讲词提纲

我的演讲题目：__________	
听众分析	
演讲观点	
开头	
主体部分	要点一： 材料 1： 材料 2： 要点二： 材料 1： 材料 2： 要点三： ……
结尾	

表 12　演讲词脚本设计任务

演讲词脚本	设计理由
脚本设计提示：在需要特殊处理之处做标记：如重音用“.”，停顿用“/”，在“[ ]”中写出肢体动作等。	

表 13　学生的演讲提纲

我的演讲题目：因为有“你”	
听众分析	全体同学
演讲观点	致敬所有战“疫”工作者，因为有“你”，我们才有取得最终胜利的信念。
开头	疫情之下，全国人民众志成城，万众一心，构建起一道抗击病毒的铜墙铁壁。他们是这个春节最亮丽的“风景线”，更是最美的逆行背影！
主体部分	要点一：仰望这道风景线，我们看到了充满大爱，闪耀希望的光芒。 材料：84 岁高龄的钟南山院士、摘下口罩时满脸疲惫红肿的医务人员、主动请战的医护人员。 要点二：仰望这道风景线，我们看到了充满忠诚，闪耀担当的光芒。 材料：无数党组织和党员参与抗“疫”工作。 要点三：仰望这道风景线，我们看到了充满拼搏，闪耀智慧的光芒。 材料：新冠病毒疫苗研发项目正式立项，预计在 40 天内完成大规模生产制备。
结尾	现在的幸福生活是来之不易的，是你们把日月揽在胸怀，把期盼扛在双肩，用汗水和泪水创造的。隔离病毒，但不隔离爱，因为爱，是最好的屏障。因为有“你”，我们才有取得最终胜利的信念；因为有“你”，这必将是一个令人难忘的 2020 年！

表 14　学生的演讲词脚本设计

演讲词脚本	设计理由
因为有“你” 尊敬的老师们、亲爱的同学们： 大家好！ 我是邓奕涵。今天我演讲的题目是“因为有‘你’”，致敬 / 所有战“疫”的工作者。	“致敬”后停顿，将长句化为短句，短促有力，使致敬更加庄重、诚恳。
我们正走过一个 / 特别的冬天，我们正经历一场 / 严峻的考验。没有军号和硝烟，却行走在危险的边缘。没有刀枪和利剑，却捍卫着生命的尊严！	此段用缓慢的语速营造一种沉重的氛围。

续表

演讲词脚本	设计理由
扶危渡恶，是忍者的担当。疫情之下，有使命在召唤。在千钧一发的生命线，在防控疫情的最前线，钟南山院士、无数的白衣天使、全国各地的党员干部纷纷走到一线，直面病毒，主动请战［右手握拳，举到胸前］……，全国人民众志成城，万众一心，构建起一道抗击病毒的铜墙铁壁。他们是这个春节最亮丽的“风景线”，更是最美的逆行背影！	画线句快读，体现出疫情形势的紧急。“无数”“各地”重读，体现出参战人员的人数之多。握拳动作能体现他们主动请战的坚定。
仰望这道风景线［目光注视远方］，我们看到了充满大爱，闪耀希望的光芒。武汉疫情暴发后，84 岁高龄、曾经历过 SARS 的钟南山院士又一次冲锋到第一线；医务人员在长时间辛勤工作后摘下口罩，满脸疲惫红肿；全国无数的医护工作者主动请战，舍小家，顾大家，支援一线。在大家的共同努力下，我们看到了一幅幅动人的战斗画卷，看到了 2020 年最有情感的“风景线”。仰视他们，我们就好像看到了人世间最博大的爱和永不熄灭的希望［右手自下而上缓缓举起，伸向前方，说完后轻轻放下］。	目光注视远方，好像在注视前线人员奋战的情景。 “84 岁”“又”重读，突出钟南山的奉献精神，令人感动。 “满脸”重读，体现医务工作者面部的伤痕之多。 这个动作体现了演讲者对党员干部发自内心的敬意与赞美。
仰望这道风景线［右手斜向上慢慢举起，眼神坚定地看一下手指的方向］，我们看到了充满忠诚，闪耀担当的光芒。在后方，各级党员干部放弃节假日休息，积极行动，开展宣传活动，做好防护隔离，抓好后勤工作，哪里有危险，他们就在哪里；相关部门严厉打击抬高物价、趁火打劫的违法行为；志愿者们主动给公交车消毒……。一名党员就是一面旗帜，一支部队就是一个堡垒。无数的党组织和无数的党员用力量把力量传递，用生命把生命点燃！仰视他们，一切困难都迎刃而解，抗击病毒的战役终会胜利！	画线句快读，体现形势危急，中间逗号处停顿一下，“就在”重读，体现他们不怕牺牲的奉献精神。 画线句语气激昂有力，“力量”“生命”重读，体现党组织与党员的奉献精神。“终会成功”重读，体现在他们的努力下疫情定能被战胜的信心。
仰望这道风景线［目光坚定地注视听众］，我们看到了充满拼搏，闪耀智慧的光芒。上海传来好消息，新冠病毒疫苗研发项目正式立项，预计在 40 天内完成大规模生产制备。“空谈误国，实干兴邦”，这是习近平总书记告诉我们的。与新型冠状病毒的抗争，就是这个春节最坚强的“风景线”。仰视他们，我们就好像看到了上下五千年 / 中华民族智慧的光芒。	“40 天”“大规模”重读，体现科研人员能力之强、生产速度之快，体现中国的科研水平日益提高。 “五千年”“中华民族”重读，体现民族自信，引发共鸣。

续表

演讲词脚本	设计理由
有人曾说：“我们并非生活在和平的年代，只是生活在和平的国家。如果你觉得岁月静好，一定是有人在替你负重前行。”是啊，现在的幸福生活是来之不易的，是你们把日月揽在胸怀，把期盼扛在双肩，用汗水和泪水创造的[双手握拳，放在胸前]。隔离病毒，但/不隔离爱，因为爱，是最好的屏障。因为有“你”，我们才有取得最终胜利的信念；因为有“你”，这必将是一个令人难忘的2020年！终有一天，我们会摘下口罩，到我们想去的地方，歌唱我们/亲爱的/祖国[右手向斜上方举起，目光注视前方]！ 谢谢大家！	“是你们”重读，突出感谢的对象，表达敬佩和感激之情。 “亲爱的”重音轻读，表达对祖国、对社会、对战疫工作者诚挚的感谢与敬佩之情，体现对祖国大好河山的赞美与向往之情。

（四）评论与修订

1. 每名组员将演讲词文本、脚本设计、视频打包发送到项目小组QQ群。组员打印评价量规，按照图4所示，进行互评分工，对其他组员的演讲词和演讲视频分别做出评价。在评价时注意肯定他人演讲中的优点，并有依据地提出修改建议，措辞要有鼓励性，可以参考这些句子：

· 如果可以把背景音乐调小，你的演讲会更吸引人。

· 你在语调上还有很大的进步空间，比如结尾要用对话的语气，不要出现朗诵腔调。

· 你的演讲中的统计数据很有震撼力，如果再配上手势加以强调，效果会更好。

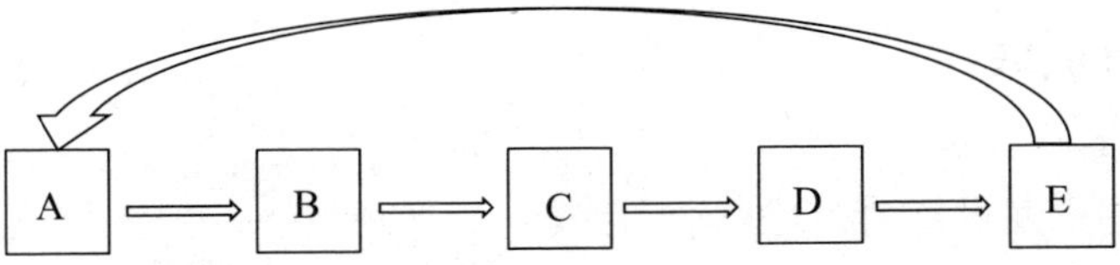

图4 组内互评分工图

2. 教师浏览每名学生的个人演讲成果和互评记录，补充修改建议。每名组员根据同伴和教师的修改建议，继续修改演讲词。

3. 小组借助钉钉视频会议举行线上演讲赛，每名组员根据评价量规对其他同学的演讲做出评分，最后选出小组最佳战“疫”演说家，参加班级比赛。

4. 组员根据自己的演讲经验和评价量规，完善小组优秀演讲作品。小组优秀演讲作品将作为小组项目化学习成果参加班级“战‘疫’演说家”演讲比赛。

第 6 小组优秀演讲作品

（五）公开成果

1. 制订线上“战‘疫’演说家”演讲比赛活动方案，各小组提交参赛作品的演讲词、脚本、推荐理由、介绍词。演讲比赛筹备小组制作 PPT，撰写主持稿，邀请家长和教师评委等。

2.“钉钉群”线上直播演讲比赛。在直播过程中，听众在被打动、受感染、有疑惑的地方打出鼓掌、鲜花、微笑、疑惑等表情。全体同学和评委根据评价量规打分。专业评委对每组优秀演讲作品进行点评。组员帮忙记录评委的修改建议，并根据听众的表情或评论，记录听众的反应，用于后期演讲的调整。

3. 每组的代表选手进行即兴演讲，讲述小组演讲成果的筹备过程、对演讲的认识及收获和感受。

4. 分别评选出最打动人心的“战‘疫’演说家”（一等奖）、最具潜力的“战‘疫’演说家”（二等奖）、最受欢迎的“战‘疫’演说家”（三等奖）和最佳“战‘疫’演说家”训练团，把优秀作品推送到微信公众号上进行宣传。

六、项目成效

1. 提升演讲能力，培养学习兴趣

在项目化学习结束后，学生在跟同伴、家长做经验分享时，能够根据听众群体，调整演讲的观点、论证材料和语言。学生踊跃报名参加“战‘疫’好声音”宣传活动，他们利用课余时间收集家长的战“疫”故事，撰写演讲词并录制音频，为“战‘疫’”贡献力量。

2. 注重自主发展，提高核心素养

学生在项目化学习中制订进度表，学会自我监督和时间管理；评价量规明确了学习目标，提高了学习效率，激发了学习内驱力。项目化学习以真实情境激发学生探究和实践的兴趣，以“演讲”带动听、说、读、写能力的培养，同时增加师生、生生之间的交流频率，不仅能锻炼学生的倾听、沟通能力，还能让学生学会建设性地解决冲突和矛盾。

3. 增加社会参与，培养责任意识

疫情下的项目化学习引导学生关注社会现实，如偶像问题、责任意识、网课学习等，并在活动中深入思考，用演讲的方式表达自己的看法并影响他人。把最终的项目化学习成果推送到微信公众号上进行宣传，为学生提供社会参与的渠道，培养他们的社会责任感。

七、项目反思

1. 给予成长空间，收获意外惊喜

项目化学习改变了传统的教学关系，强调让学生与同伴、与真实情境、与教师、与自己对话。笔者在项目化学习实施过程中，让学生自主探究、合作学习、自主实践。从公开成果看，学生能力的提升是有目共睹的，成果也大大超过预期。

2. 整合设计活动，提升专业素养

在项目化学习中，教师既要系统设计，又要考虑每个细节。依据统编教材，整合《作业本》来设计活动，可以少走弯路。但每个活动都需要教师“下水”尝试，使要求和指导更加明确。虽然项目化学习的备课量远超过日常备课量，但确实有助于教师的专业成长。

3. 指向高阶思维，减少琐碎练习

项目化学习指向高阶思维，高阶思维又带动了低阶思维，避免了琐碎、重复的练习。如在模拟演讲和演讲脚本设计中，学生巩固重音、停连、语调、情感基调等朗读方面的知识；在演讲框架搭建过程中，学生迁移并运用了议论文的写作技巧等。

点评

以逆向设计驱动学生深度学习

逆向设计从教学目标出发，设置相应的评估方式，再安排相关的教学规划，这样的顺序与传统的内容驱动的教学模式不一致，可以称其为评价驱动的教学模式。该项目案例的设计采用的就是这种模式。

首先是以终为始，评价设计先于教学活动设计。该案例一入项就以比尔·盖茨和张文宏二人的演讲词作为学习成果样例，引导学生根据已有知识和经验，讨论拟定评价量规，确立活动评价围绕演讲词、表达、体态等方面进行。这样的逆向设计，以终为始，每个活动的开展都明确指向评价标准。比如整个项目活动的学习任务就是按照这个思路来设计的，分成“学习演讲词”和“学习‘讲’和‘演’”、举办演讲比赛三个主要活动。而为了让学生掌握演讲“表达”和“体态”方面的技巧，教师精心设计了实践活动，让学生录制模拟演讲视频，再与原版视频进行比对，对照评价量规分析自己模拟演讲中的优点和不足，最终总结技巧和经验。评价量规是评价的标准，也是学习的方向和目标，还是不断矫正和完善学习的指挥棒。该项目的设计有利于在紧张的课时安排中提高演讲教学的效率，也有助于学生完成符合评价标准的更高质量的演讲作品。

其次，该案例中，教师对学习目标的关注贯穿整个项目。如在“学习演讲词”和“学习‘讲’和‘演’”两个活动后又设计了“修订评价量规”的活动。每个小组提交评价量规提案，再由全班逐项讨论，最后制定完善后的评价量规，其本质是对前两个活动的学习目标达成情况的检验。在“评论与修订”中，每个组员根据评价量规对其他组员的演讲作品进行点评，则是对每名学生“演讲稿写作”和“演讲表达实践”的学习目标达成情况的关注。而组员互评和教师点评都有助于学生修改完善、实现学习目标。在最后的“战

'疫'演说家"演讲比赛中，全体学生、教师和专家评委的点评是对整个项目化学习目标落实情况的检阅。

最后，本项目案例强调以学生为中心开展自主探究学习。逆向设计把复杂的、以表现为基础的评价嵌入其中，完全改变了教与学的性质。基于演讲实践性强、综合性强的特点，该案例摒弃了传统的教学模式，"以学为中心"的理念给予学生充裕的实践，引导学生开展自主、合作、探究的学习，为学生提供进行自主建构意义的机会。如在"入项活动"中，教师让学生根据感兴趣的话题自由组建项目小组并制订小组的学习进度表，充分发挥学生的自主性。在"知识与能力建构"中，学生自主阅读演讲词并完成相关活动，在教师引导下，共同讨论并理解演讲的核心概念，培养探究精神。在"评论与修订"中，教师尊重个体差异，注重学生互评，并指导学生如何委婉地提出修改建议，培养人际交往和合作学习的能力。

（浙江省教育厅教研室　章新其）

项目 15

生物学视角的新冠病毒①

一、项目简介

本项目以新冠肺炎疫情期间遇到病毒检测、疫苗制备和各类谣言等真实问题作为情境，一方面侧重于整合高中生物学知识找到解决这些问题的办法，另一方面思考疫情中发生的种种社会现象和问题。项目总时间为 4 课时和一定的课后时间。高中生物学知识整合部分适合高三生物选考生，社会问题思考部分适合高中各年级的学生。

本项目化学习思维导图如图 1 所示。

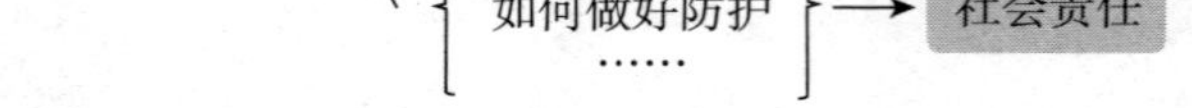

图 1 本项目化学习的思维导图

二、驱动性问题

当新冠病毒肆虐全球时，医生们对患者进行病毒核酸检测；国家正在积

① 本案例由杭州学军中学紫金港校区提供，项目主要成员有吴谦、吴承玫。

极研发新冠肺炎疫苗；针对病毒起因和传播的各类谣言四起。我们如何利用所学的生物学知识来探究怎样进行病毒检测、如何制备疫苗，并破除谣言呢？

三、学习目标

1. 利用所学知识理性分析疫情期间面临的科学问题。

2. 关注社会热点问题，激发社会责任感，培养诚信、独立思考等优良品质，实现自我成长。

四、项目评价

（一）过程性评价

分析新冠病毒的核酸检测方法、探讨疫苗制备过程及驳斥人为制造谣言的部分采用的是网络在线课程、实时互动的教学方法。课程中设置很多在线互动环节，利用提供的资料，在网页、引物设计软件上进行在线的引物设计、蛋白质结构预测、酶切位点设计等操作，并能将结果及时反馈到课堂上。这些操作可以拓展学生对生物技术的学习深度，还能激发学生的学习兴趣。学生课后也能利用所学的知识自行探索感兴趣的生命科学内容。基于此，我们设置了实践操作评价量规（见表1），用于进行过程性评价。

表1　实践操作评价量规

评价项目	标准描述	5分	4分	3分	2分	1分
引物设计	能够理解引物的用途，能够顺利地利用Primer-5软件进行引物的设计，并能检查PCR（聚合酶链式反应）产物的长度					
序列比对	能够对不同的DNA序列、氨基酸序列进行比对，并能对结果进行合理分析					

续表

评价项目	标准描述	5分	4分	3分	2分	1分
在线翻译	熟练掌握中心法则中 DNA 表达的流程，能够使用在线翻译软件将 DNA 序列转为相应的氨基酸序列					
蛋白质三维模型构建	能够利用 Swiss-Model 操作系统顺利地完成对蛋白质三维模型的构建					

（二）终结性评价

在基于新冠肺炎疫情的学生社会责任教育部分，通过传统的授课方式，学生学习了国内外、战“疫”前线和后方、舆论场的诸多新闻，因而能从各个角度对疫情进行深入的思考，养成诚信、敬畏生命的价值观和自然观。在课程之后，还能将自己的思考感悟和家人的抗疫故事以各种形式记录下来，以文章、诗歌、绘画、PPT、照片、小视频等形式呈交。

本项目化学习设置了作品评价量规（见表 2）来对最终上交的作品进行评价。不仅教师可以用此量规进行评价，学生也可以用此量规进行互评、自评，提高了评价的全面性和客观性。

表 2　作品评价量规

评价项目	标准描述	5分	4分	3分	2分	1分
课后探索	能利用课上所学的知识或方法在课外对感兴趣的知识进行探索					
内容角度	作品完整，内容翔实					
美学角度	作品整洁美观，如视频作品的画质，音频作品的清晰度，图画作品的构图，文字作品的书写、排版，软件制作作品的美观等					
科学角度	作品不出现科学性错误，尊重科学、传播科学					

续表

评价项目	标准描述	5分	4分	3分	2分	1分
立意角度	作品反映了特定的社会问题，或作品侧重于探讨某些重要的值得关注的问题					

五、项目实施

本项目可分为4个课时（即4个任务），分别以新冠肺炎疫情期间的不同热点事件为具体情境，以网络课程的方式展开教学，并设置了多个互动环节。前3个课时旨在发展学生的科学思维和科学实践能力，第4个课时旨在激发学生的社会责任感和爱国情怀。

（一）任务一：COVID-19的核酸检测

1. 任务目标

以新冠肺炎疫情期间的核酸检测为情境，熟悉、深入了解PCR过程，加强课本与实际生活的联系。

2. 学习活动

利用Primer-5软件自行设计针对新冠病毒某一基因的PCR引物。

3. 教学过程

（1）背景介绍

对突然暴发的新冠肺炎疫情进行简单的介绍，包括COVID-19的致病机理、各基因功能，以及相关的免疫学知识等。

（2）提出问题

新冠肺炎疫情暴发之初，如何快速、准确地检测样本中的病毒，对疑似病例进行确认诊断是非常急迫的任务。我国科学家已经完成了对COVID-19的全基因组测序，并向全世界共享了这些数据信息。有了病毒的序列信息，只需要对样本进行核酸检测并与已知的序列信息进行比对即可。那么该如何对样本进行核酸检测呢？

（3）明确问题的解决思路

通过查阅资料和小组讨论，找到了浙科版高中《生物学》选修 1 学过的 PCR 办法。PCR 可以特异性地扩增基因组的某个特定基因序列，可用于后续的序列比对等多种场合。学生回忆 PCR 的具体流程，教师介绍 PCR 过程中引物的作用等。

（4）通过学生活动与实践解决问题

经过学习和训练，学会使用生物信息学的数据库。在开放的数据库中查找 COVID-19 的基因组序列信息，挑选 COVID-19 的任一基因，自己动手利用 Primer-5 软件设计针对该基因进行 PCR 扩增所需的特异性引物。

（5）理论联系实际

学生前往国家微生物科学数据中心的官方网站，该网站上记录有官方提供的核酸检测所需的引物的序列信息，根据官方提供的引物反推出该引物对应的 COVID-19 的基因。学生在此过程中增强了参与感和认同感。

4. 课后作业

寻找一些感兴趣的基因，利用所学的引物设计知识设计针对这些基因的 PCR 引物。还可以思考别的可以用于 COVID-19 检测的方法。

5. 时间安排

内容介绍约 25 分钟，动手操作约 15 分钟。

（二）任务二：用基因工程的方法制备新冠肺炎疫苗

1. 任务目标

以新冠肺炎疫情期间的疫苗研发为情境，熟悉、深入了解通过基因工程的手段制备疫苗的过程，加强课本与实际生活的联系。

2. 学习活动

以寻找合适的限制酶为切入点，尝试构建重组 DNA 分子。

3. 教学过程

（1）背景介绍

可以预见，新冠肺炎疫情将会持续较长的一段时间，为了预防疫情的扩大和蔓延，除去必要的隔离、防护手段外，疫苗的研发也刻不容缓。我国对疫苗研发高度重视，已经开展了多个疫苗研发的项目，走在了世界前列。疫苗是浙科版高中《生物学》必修3免疫章节的重要内容，其原理并不复杂，但对疫苗的来源却并未有详细的介绍。

（2）提出问题

疫苗的本质为抗原，疫苗必须具有特异性才能诱发机体产生特异性的抗体。如何才能大量获得病毒的某一单一蛋白，作为潜在的候选疫苗呢？

（3）明确问题的解决思路

通过查阅资料和小组讨论，找到了浙科版高中《生物学》选修3介绍的大量获得某一目的蛋白的方法：基因工程。基因工程有一系列的操作步骤，其核心步骤是构建重组DNA分子。因此，只要挑选COVID-19的外壳蛋白基因（Spike基因）作为目的基因，与合适的载体连接起来形成重组DNA分子，即可大量合成外壳蛋白，作为潜在的候选疫苗。

（4）通过学生活动与实践解决问题

重组DNA分子的构建需要选择合适的载体及限制性核酸内切酶。2020年2月初，我国的一个科研团队成功地将Spike基因连接到了pCMV质粒上，为疫苗研发创造了良好的开端。确定了pCMV质粒之后，如何挑选合适的限制性核酸内切酶便成了问题。学生通过小组讨论，明确了选择限制性核酸内切酶的注意事项。首先需要两种不同的酶进行双酶切，防止出现自连现象；其次目的基因内部不能有相应的酶切位点。Nebcutter是一个在线的酶切位点预测工具，按照要求找寻合适的酶切位点，进行Spike基因与pCMV质粒的连接。

4. 课后作业

寻找一些感兴趣的基因，挑选合适的限制性核酸内切酶，让它们与pCMV质粒相连。

5. 时间安排

内容介绍约30分钟，动手操作约10分钟。

（三）任务三：用生命科学知识驳斥有关 COVID-19 的谣言

1. 任务目标

以新冠肺炎疫情期间的一则传言“新冠病毒是人工合成的”为情境，保持不轻信、不盲从的态度，学会用科学思维进行思考。通过对这一传言的合理性进行理性分析，辩驳其真伪，最终养成相信科学、冷静判断的良好习惯。

2. 学习活动

以在线的核酸序列、蛋白质序列比对为切入点，尝试对传言进行理性分析，辨别真伪。

3. 教学过程

（1）背景介绍

新冠肺炎疫情期间各类新闻铺天盖地，除了有积极的抗疫信息之外，也充斥着许多居心叵测的谣言。谣言不仅荒唐，而且可恨。有些谣言可信度极低，很容易被看穿；但有的谣言会打着科学的幌子，迷惑性极强。如何辨别传言的真伪便成了一大难题。

（2）提出问题

2020 年 1 月 31 日，印度科学家刊登了一篇论文，直言新冠病毒为人工产物，新冠病毒中含 4 个类似于艾滋病毒基因片段。这个说法可信吗？

（3）明确问题的解决思路

遇到这样的传言，要保持不轻信、不盲从的态度，用科学思维进行理性分析。分小组进行探讨和研究，确定探究这个传言真实性的思路。首先需验证文章中提到的新冠病毒中是否含 4 个与 HIV（人类免疫缺陷病毒）相近的 DNA 序列。若真的存在，再分析这些序列人为插入的可能性，最终得出结论。

（4）通过学生活动与实践解决问题

文章中提到了 4 段氨基酸序列，认为它们与 HIV 基因片段相近。从公开数据库中获取 COVID-19 和 HIV-1 的序列信息，经过查找、比对，发现 COVID-19 中的确存在这 4 段序列，但 HIV-1 的官方序列信息中并不存在这几段序列。文章中指出这 4 段序列有的来自肯尼亚某患者体内的 HIV 变种，有的来自印度某患者体内的HIV变种，但这些变种的序列信息尚未被收录，所以这种说法的可信度很低。而且，这4段序列都非常短，物种间含相似的序列片段的可能性本来也很高，并不能证明就是外源插入的。文章中还提到这些插入有利于COVID-19与宿主细胞的结合，但利用Swiss-Model进行蛋白质三维模型构建后，发现插入前后的蛋白质空间结构几乎无任何改变，这样的说法就显得没有依据了。总体来看，这个传言的可信度非常低。

4. 课后作业

寻找疫情期间传播广泛的一些传言，试图用科学分析的方法辨别它们的真伪，发动身边的家人和朋友一起破除谣言，传播科学。

5. 时间安排

内容介绍约30分钟，其间穿插的动手操作约10分钟。

（四）任务四：2020新冠肺炎疫情下的思考

1. 任务目标

思考疫情中发生的种种现象和问题，增强社会责任感和担当意识。

2. 学习活动

根据疫情中种种现象，思考“诚实”“责任担当”“敬畏自然”“独立思考”“歧视”“自我成长”等话题。

3. 教学过程

这一部分的教学遵照了传统教学方法，以教师讲为主，学生思考为辅。讲授的内容选取了疫情期间的多个代表性的事例，引导学生思考关于“诚实”“责任担当”“敬畏自然”“独立思考”“歧视”“自我成长”等有价值的话题。

4. 课后作业

课程结束后，学生将自己的思考感悟和家人的抗疫故事以各种形式记录下来，以文章、诗歌、绘画、PPT、照片、视频等形式呈交。

5. 时间安排

纯授课，约40分钟。

六、项目成效

（一）项目成果

该案例中设计的 4 节课在由中国教师研修网、中国教研网携手中国联通集团发起的“心系荆楚，名师驰援：特级教师助力湖北公益送教”活动中作为徐建忠名师系列课程正式向湖北地区开课。4 节课的总点播量超过 27000 余人次。这 4 节课还在由杭州市教育局联合华数集团、中国电信和中国移动等主要运营商通过电视、电脑和手机端，推出的 2020 年春季学期延迟开学期间的特别课堂——“杭州共享课堂”中上线。

可扫描以下二维码观看这 4 堂课。

“COVID-19 的核酸检测”网课

“用基因工程的方法制备新冠肺炎疫苗”网课

“用生命科学知识驳斥有关 COVID-19 的谣言”网课

“2020‘新冠肺炎’疫情下的思考”网课

（二）学生作品与收获

除了完成课时的学习之外，学生还递交了形式多样的作品。通过这个项目的学习，学生不仅收获了许多生物学知识，提升了实践操作能力，更重要的是学会了用所学知识来理性分析生活中遇到的问题，学生关注社会问题的意愿大大增强了。

比如，有同学以日常生活中听到、看到的传闻“双黄连是神药”为切入点，查找了诸多资料，发现双黄连并非神药，只是一种有缓解部分症状疗效的普通中性药而已。这种独立思考能力正是我们希望学生养成并具备的。从学生作品中，我们看到他们正在发展这种不轻信、不盲从、理性分析的宝贵精神。有部分学生是抗疫一线战士的子女，通过这次项目化学习，他们更深刻地了解到了疫情的严重性，对待父母奔赴前线的态度也由最初的不理解转变为支持与敬佩。

在学生作品里我们看到，学生们在进行研究、思考的同时，也懂得了作为国家未来的他们需要勇敢地承担起社会责任。

七、项目反思

（一）开展项目的体会与思考

在萌发本次项目化学习的最初意向之后，我们陆续收集了疫情期间国内外的各类信息和新闻报道，最终将目标定为从生物学知识获取和社会责任培养两大方面对学生进行主题教育，并进一步将生物学知识获取方面的教育拆解成三个主题，每个主题都围绕一个与新冠肺炎疫情密切相关的真实情境。确定了教学目标后，我们仔细梳理了教学逻辑，进行了精细的课程设计，在较短的时间内完成了 PPT 的制作，使课程得以呈现。由于疫情期间线下课程都处于停滞状态，因此我们用线上课的方式完成了这几节课的教学。其中，生物学知识获取方面的三节课还充分利用了网课的优势，带领学生使用 Primer-5 这一程序进行引物的设计、使用在线网站进行序列信息的比对和分析等。网络教学平台可以实现即时的师生互动，为这几堂课的实施也创造了非常好的条件。

在项目实施之前，我们对学生的反应有两方面的顾虑。一是担心学生不够热情，不够关注时事，因而参与度不够；二是担心上课内容涉及的知识过于专业，用到的生物信息工具过于复杂，学生难以很好掌握，无法达到良好的学习效果。但在实施的过程中，我们的顾虑逐渐被打消。学生对新冠肺炎疫情及背后的生物学知识展现出了非凡的兴趣，课堂上认真、专注，课后积极主动地利用课堂上学到的生物信息工具主动分析新冠病毒相关的研究，收集信息，并用各种方式展现自己的思考与想法。这表明，我们的学生对时事其实非常关心，只是平时的教学中关注时事、参与社会问题讨论的机会比较少而已。此外，学生们对生物信息工具的掌握非常迅速，大部分学生能成功地利用生物信息工具完成引物的设计、蛋白质空间结构的预测以及 DNA 序列的比对等。他们不仅能够在课堂上使用这些工具，也在课后主动利用这些工具查询自己感兴趣的小课题，展现出了强大的学习能力及兴趣驱动的探索欲望。

虽然这次的项目化学习得到了教师和学生们的一致认可，但仍存在很多的不足。首先，课程的题目和设置的情境是教师挑选的，学生的参与较少。如果时间和其余条件允许，应当让学生主动地进行调查，然后从中挑选一些具有意义的课题深入展开探索。其次，情境问题的解决过程其实是良好的教育机会，我们应当鼓励学生主动地去解决问题，让学生参与到寻找解决办法的过程中来。最后，学生们上交的作品种类繁多，既有自主构建的新冠病毒各种蛋白质的三维结构模型，也有反映新冠肺炎疫情期间工作、生活的照片；有的以 PPT 的形式呈现，有的则以全家一起拍摄视频的形式呈现……。学生的作品多，但相应的评价机制没有跟上，较难进行细致、有效的教学评价。同时，由于线下教学的困难和学生作品的电子化程度较高，我们难以将这些作品进行全校乃至更大范围的公开展览。

从学科知识的角度看，本项目以新冠肺炎疫情中遇到的病毒基因检测、疫苗制备、病毒中是否人为插入 HIV 基因片段等真实问题为情境，整合了高中生物学必修教材中病毒结构、DNA 结构与复制、中心法则等内容，以及选修教材中有关 PCR 扩增、基因工程等内容，并尝试与选考试题内容相结合，通过“提出问题—设计在线学习活动—在线网络教学中开展有效的师生互动—设计开放性学生作业进行多元化评价”这样的教学模式增进学生对目前的疫情及防控措施的科学理性认识，不轻信谣言，促进学生学科核心素养的提升。

从学生品格塑造的角度，本项目收集了本次新冠肺炎疫情中各方面的新闻，教师用传统的教学方式带领学生从不同的角度看待这次疫情中的人情冷暖，激发学生的共情能力，帮助学生树立正确的世界观、价值观。在教师引领下，学生以物化作品的形式表达自己和家人面对疫情的思考，实现自我成长。

总体来看，本案例基本上达到了预期目标。但在学生参与度方面、教学评价方面仍有一定的提升空间。

（二）教师个人成长的感想

本次项目化学习的设计时间紧、任务重，非常具有挑战性。我们查阅了大量的资料，提出了许多的设想，通过多次的否定和修正，最终确定了最后的版本。辛苦之余，收获满满，教学能力得到了很大的锻炼。

首先，我们明确了生物学科核心素养的培养需要适当的情境。学校并不是孤岛，课堂并不只有单纯的文本知识，我们应当选择一些真实的生活情境以适当的方式呈现在学生面前，并多给学生表达和展示的机会，用于培养他们的社会责任感。此外，我们应当多在课堂中设置有效的教学互动，鼓励学生利用科学思维解决遇到的问题，锻炼他们的科学思维和科学探究能力。

其次，教师是一个需要不断学习、与时俱进的职业。新冠肺炎疫情突如其来，使得正常的线下教学被打乱，学校只能转而开展线上教学。线上教学对于大多数老师来说都非常陌生，但却是未来的大势所趋。作为一名教师，必须具备很强的学习能力，同时应当积极探索各类先进的教学方法，这样既提升了自己的教学技能，又为学生做出了良好的表率。

最后，任何一个教学项目存在不足都是难免的。正视不足，努力改进，这才是对待教学课题的正确态度。一直保持着这样诚恳的态度，才能在教学的道路上走得稳，走得远。

点评

学科项目化学习中学习方式的转变

项目化学习实施的挑战之一在于面对真实的问题，以跨学科形式来解决，而现有的课堂教学大多是基于学科的；挑战之二在于项目化学习强调情境化、以学生为中心、合作、实践，其意义在于转变学生学习方式。区分跨学科项目化学习与学科项目化学习常常会将焦点落在第二个挑战上。对于学科项目化学习来说，在日常教学中由于受时间、评价等因素影响，实践中探索不多，因此类似于“生物学视角的新冠病毒”的案例显得比较难得。

首先，从学科项目化学习的目标设置来说，强调知识的应用以及学科思维和方法。该项目凸显了“以真实问题为情境，侧重相关的高中生物学知识的整合”“科学思维和科学探究”，这种整合性地解决问题，相对于以单一学科知识来解决问题来说，无疑是具有较大价值的，跟核心素养背景下强调结构化知识相一致。

其次，围绕真实问题解决设计系列任务。核酸检测、制备疫苗、辨别传言等问题都是疫情期间热门的话题，也是真实的问题，解决这些问题有不同的路径和思路，该项目从生物学角度来进行探究。从这个角度来说，学科项目化学习不如跨学科项目化学习那样具有开放性，而是有一定的限定。这也是学科项目化学习的特点之一。任务的设计跟相应的问题相匹配，而一个个具有一定关联性的任务形成了系列任务，构成了完整的项目。该项目中几个任务之间属于并列的关系，而常见的系列任务还有递进关系。并列关系系列任务解决的几个问题具有相关性，但没有顺序关系；而递进关系系列任务解决的几个问题具有逻辑上的顺序关系，都是围绕驱动性问题而展开的。

最后，关注学生的社会性成长。项目化学习的价值不仅在于知识的应用，而且在于项目实施过程中促进学生的社会性成长，包括合作学习、在实践中认识自我等。该项目关注到了这一点，专门设置了任务四，让学生进行“责任担当”“敬畏自然”“独立思考”“自我成长”等话题的思考，增强学生的社会责任感和担当意识。

（浙江省教育厅教研室　管光海）

参考文献

傅冰，2005. 从中美教育比较的视角看如何培养学生的创造力 [J]. 思想·理论·教育（20）：51–54.

李颖，2013. 全英文授课模式的动因论：超学科分析的视角 [J]. 中国外语，10（1）：47–53.

林崇德，胡卫平，2012. 创造性人才的成长规律和培养模式 [J]. 北京师范大学学报（社会科学版）（1）：36–42.

刘景福，2002. 基于项目的学习模式（PBL）研究 [D]. 南昌：江西师范大学：11–14.

莫兰，2004. 复杂性理论与教育问题 [M]. 陈一壮，译 . 北京：北京大学出版社：25–27.

莫兰，2001. 复杂思想：自觉的科学 [M]. 陈一壮，译 . 北京：北京大学出版社：151.

孙崇勇，李淑莲，张文霞，2016. 创造性 4C 认知量表（PC4CS）中文版的信、效度检验 [J]. 中国健康心理学杂志，24（7）：1046–1050.

王燕华，2010. 穿越问题与方法的复杂丛林：多学科高等教育研究的新境界 [J]. 高等教育研究，31（5）：41–42，38.

夏雪梅，2018. 项目化学习设计：学习素养视角下的国际与本土实践 [M]. 北京：教育科学出版社 .

闫寒冰，王巍，2020. 跨学科整合视角下国内外 STEM 课程质量比较与优化 [J]. 现代远程教育研究，32（2）：39–47.

杨世钧，2015. 引入多学科元素，提升小学美术教学效果 [J]. 内蒙古教育（理论版）（6）：77.

臧莺，2012. 创造力是中国学生的“短板”：时报专访国际著名数学家丘成桐 [J]. 基础教育论坛（8）：37–38.

张华，2018. 论理解本位跨学科学习 [J]. 基础教育课程（22）：9.

张肇丰，2000. 试论研究性学习 [J]. 课程·教材·教法（6）：42–45.

朱小虎，2016. 基于 PISA 的学生问题解决能力研究 [D]. 上海：华东师范大学国际与比较教育研究所：6–7.

Barbot B，Heuser B，2017.Creativity and Identity Formation in Adolescence：A Developmental Perspective[M]//Barbot B，Heuser B.Creative Self.Salt Lake City：Academic Press：87–98.

Beghetto R A，Kaufman J C，2007.Toward a Broader Conception of Creativity：A Case for Mini–c Creativity[J]. Psychology of Aesthetics Creativity and the Arts，1（2）：73–79.

Bell S，2010.Project–Based Learning for the 21st Century：Skills for the Future [J]. The Clearing House，83（2）：39–43.

Blumenfeld P C，Soloway E，Marx R W，et al，1991. Motivating Project–Based Learning：Sustaining the Doing，Supporting the Learning[J]. Educational Psychologist，26（3–4）：369–398.

Buck Institute for Education，2018. Gold Standard PBL：Essential Project Design Elements[EB/OL].[2020–01–23]. http: //www.bie.org/object/document/gold_standard_pbl_essential_project_design_elements.

Buck Institute for Education，2018.Gold Standard PBL：Project Based Teaching Practices[EB/OL].[2020–01–23]. http: //www.bie.org/object/document/gold_standard_pbl_project_based_teaching_practices1.

Chisholm L，2005.Bridges for Recognition Cheat Sheet：Proceedings for the SALTO Bridges for Recognition：Promoting Recognition of Youth Work Across Europe[R].SALTO–Youth Inclusion Resource Center：3–12.

Geary D C，2002.Principles of Evolutionary Educational Psychology[J].Learning and Individual Differences，12（4）：317–345.

Geary D C，2006.The Origin of Mind：Evolution of Brain，Cognition and General Intelligence[J]. Genes Brain and Behavior（1）.

Guilford J P，1967.Creativity：Yesterday，Today and Tomorrow[J].Journal of Creative

Behavior，1（1）：3–14.

Hung W，2015.Cultivating Creative Problem Solvers：The PBL Style[J]. Asia Pacific Education Review（16）：237–246.

Inan F A，Lowther D L，2010. Factors Affecting Technology Integration in K–12 Classrooms：A Path Model[J].Educational Technology Research and Development，58（2）：137–154.

John-Steiner V，Mahn H，1978. Sociocultural Approaches to Learning and Development：a Vygotskian Framework[J].Educational Psychologist，31（3–4）：191–206.

Kilpatrick W H，1918.The Project Method[J]. Teachers College Record，19：319–335.

Mansilla V B，2010. Learning to Synthesize：the Development of Interdisciplinary Understanding [M]//Frodeman R. The Oxford Handbook of Interdisciplinary.Oxford：Oxford University Press：289.

OECD，2018. PISA 2015：Draft Collaborative Problem Solving Framework[EB/OL].[2020–04–10]. http://www.oecd.org/pisa.

Osguthorpe R T，Graham C R，2003. Blended Learning Environments：Definitions and Directions[J]. Quarterly Review of Distance Education，4（3）：227–233.

Strobel J，van Barneveld A，2009.When Is PBL More Effective? A Meta–Synthesis of Meta-Analyses Comparing PBL to Conventional Classrooms[J].Interdisciplinary Journal of Problem-Based Learning，3（1）：44–58.

Sulaiman F，Coll R K，Hassan S，2014.An Investigation of the Effectiveness of PBL Online on Students' Creative Thinking：A Case Study in Malaysia[J].International Journal of Humanities and Social Studies Invention，3（8）：49–55.

Sweller J，Clark R E，Kirschner P A，2011.Teaching General Problem Solving Does Not Lead to Mathematical Skills or Knowledge[J].European Mathematical Society Newsletter（3）：41–42.

Walker A，Leary H，2009.A Problem–Based Learning Meta Analysis：Difference Across Problem Types，Implementation Types，Disciplines，and Assessment Levels[J]. Interdisciplinary Journal of Problem–Based Learning，3（1）：12–43.

出 版 人　李　东
策划编辑　池春燕
责任编辑　池春燕
版式设计　郝晓红
责任校对　贾静芳
责任印制　叶小峰

图书在版编目（CIP）数据

重新定义学习：项目化学习15例 / 浙江省教育厅教研室组织编写；张丰主编. —北京：教育科学出版社，2020.9（2024.6重印）
（学习素养·项目化学习的中国建构丛书 / 夏雪梅主编）
ISBN 978-7-5191-2340-6

Ⅰ. ①重… Ⅱ. ①浙… ②张… Ⅲ. ①课程设计—研究 Ⅳ. ①G423

中国版本图书馆CIP数据核字（2020）第185447号

学习素养·项目化学习的中国建构丛书
重新定义学习：项目化学习15例
CHONGXIN DINGYI XUEXI：XIANGMUHUA XUEXI 15 LI

出版发行	教育科学出版社		
社　　址	北京·朝阳区安慧北里安园甲9号	邮　　编	100101
总编室电话	010-64981290	编辑部电话	010-64989441
出版部电话	010-64989487	市场部电话	010-64989009
传　　真	010-64891796	网　　址	http://www.esph.com.cn

经　　销	各地新华书店		
制　　作	北京博祥图文设计中心		
印　　刷	保定市中画美凯印刷有限公司		
开　　本	720毫米×1020毫米　1/16	版　　次	2020年9月第1版
印　　张	20.5	印　　次	2024年6月第15次印刷
字　　数	297千	定　　价	58.00元